先秦文学中的楚国形象

彭民权 著

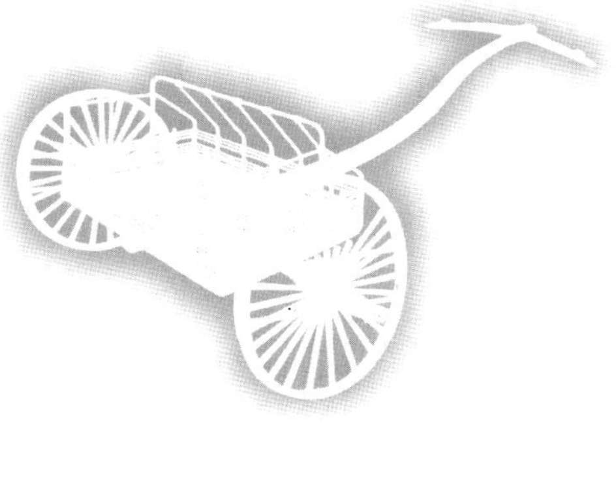

武汉大学出版社
WUHAN UNIVERSITY PRESS

图书在版编目(CIP)数据

先秦文学中的楚国形象/彭民权著.—武汉：武汉大学出版社，2019.10
ISBN 978-7-307-21217-6

Ⅰ.先…　Ⅱ.彭…　Ⅲ.①中国历史—研究—楚国(？-前223)
②中国文学—古典文学研究—先秦时代　Ⅳ.①K231.07　②I206.2

中国版本图书馆CIP数据核字(2019)第230747号

责任编辑:白绍华　　责任校对:李孟潇　　整体设计:韩闻锦

出版发行：**武汉大学出版社**　(430072　武昌　珞珈山)
(电子邮箱：cbs22@whu.edu.cn　网址：www.wdp.whu.edu.cn)
印刷：武汉中远印务有限公司
开本:720×1000　1/16　印张：16.5　字数:237千字　插页:1
版次:2019年10月第1版　2019年10月第1次印刷
ISBN 978-7-307-21217-6　定价:59.00元

目　录

导　　论

第一节　研究视野及相关理论梳理

从汉代开始，包括《楚辞》研究在内的楚文化研究一直持续不断。古人对《楚辞》的研究十分深入。从东汉王逸的《楚辞章句》到清代王夫之的《楚辞通释》，多部《楚辞》研究经典著作出现，其中很多观点至今无法超越。20世纪以来，楚文化研究更是高潮迭起，成绩斐然。20世纪30年代，针对楚族来源问题的不同观点陆续提出，北来说、东来说及西来说均出自这一段时期。特别是中华人民共和国成立以后，随着几次楚墓及楚竹简的考古发现，楚文化研究进一步深入。迄今为止，楚文化研究著作与论文多达几千种。

中华人民共和国成立以来，学界将研究的重点放在通过古代典籍与考古发现来还原楚国历史上。正是在此基础上，多部楚国史以及楚国政治、经济、文学、哲学、宗教等专门史纷纷出版。应该说，这种研究路向很有意义，也很必要。然而，通过古籍还原历史的研究方式存在不小的隐患。这种研究的基石在于古代典籍的合法性，以及古代典籍与历史本身的等同。一旦古代典籍失去这种不言自明的合法性，或者说，当我们意识到古代典籍与历史本身的距离，这种研究就不得不面临合法性的质疑。这里就涉及历史叙事与文学叙事的关系问题。

一、历史叙事与文学叙事

就现有学科体制而言，文学与历史是两个泾渭分明的学科，二者的区别显而易见。由此，历史叙事与文学叙事也存在巨大的差异。一般来说，历史叙事以曾经发生过的真实历史事件为对象，遵循真实原则，力求还原历史真实，揭示历史规律。文学叙事则出自文学家的想象与虚构，通过虚构的故事与人物等，来展现符合审美规律的艺术世界。也就是说，历史叙事与文学叙事的区别就在于：历史叙事遵循的是真实原则，而文学叙事则以虚构为能事。因此，历史学家总认为自己书写的是真实发生的历史，而文学文本中场景与事件无论描写多真，读者也不会当成真实的历史。正如诺思鲁普·福莱所说："在某种意义上说，历史是神话的对立面，对一个历史学家说他的书是神话一定会使他感觉受到了侮辱。"①

然而，历史叙事与文学叙事的区别也并不是永远泾渭分明。很多时候，历史叙事与文学叙事很难截然分开。特别在新历史主义那里，历史叙事与文学叙事关系密切，甚至不分你我。美国历史学家海登·怀特在《作为文学虚构的历史本文》一文中对历史叙事这样界定："历史叙事是指叙事作为语言人工品，用来构成已逝去因此不再受试验和观察所控制的结构模式和工序。"既然历史叙事是语言人工品，那么"历史的语言虚构形式同文学上的语言虚构有许多相同的地方，它们与科学领域的叙述不同""历史叙事也是形而上学的陈述，这种说明昔日事件和过程的陈述同我们解释我们生活中的文化意义所使用的故事类型是相似的"。②他因此得出结论说："历史文件不比文学批评者所研究的本文更加透明。历史文件所揭示的世界也不是那么易于接近的。历史文件和文学本文均不是已知的。实际上，历史文件所表现出来的世界之不透明度随着历史叙事的生产而不断增长。"③

---

① 转引自[美]海登·怀特：《作为文学虚构的历史本文》，见张京媛主编：《新历史主义与文学批评》，北京：北京大学出版社 1993 年版，第 161 页。

② 转引自[美]海登·怀特：《作为文学虚构的历史本文》，见张京媛主编：《新历史主义与文学批评》，北京：北京大学出版社 1993 年版，第 161 页、第 167-168 页。

③ 转引自[美]海登·怀特：《作为文学虚构的历史本文》，见张京媛主编：《新历史主义与文学批评》，北京：北京大学出版社 1993 年版，第 169 页。

正如德国哲学家加达默尔所说："真正的历史对象根本就不是对象，而是自己和他者的统一体，或一种关系，在这种关系中同时存在着历史的实在以及历史理解的实在。"①那个曾经发生过的历史已经湮没在时间的洪流中，我们永远无法将它复原。我们现在见到的，只是被历史学家理解与阐释的历史。举例来说：先秦那一段历史，已经永远不可复原了。我们现在知道的"春秋五霸""战国七雄"，都是《左传》《战国策》《史记》等历史文本传达给我们的。因此，我们见到的历史实际上是一种"效果历史"，是曾经发生过的历史与历史学家对这段历史的理解与阐释的统一。《左传》《战国策》《史记》等历史文本，正是它们的作者对某一段历史的理解与阐释的产物。很显然，我们不能将《左传》《战国策》《史记》等历史文本与历史本身等同起来。然而，这些历史文本所传达的历史，虽然经过作者的建构，但毕竟是对那一段历史的理解与阐释，也在一定程度上折射出那段历史。历史学家的困境在于：既要通过那些历史文本找出历史的真相，又要防止将历史文本等同于历史本身。

对于我们来说，加达默尔为解决这一困境而提出的"效果历史意识"，不失为一个可行之策。"效果历史意识"实际上并非一种方法，而是一种思维方式。这种思维方式要求我们意识到：我们每个人都处于历史之中，因而不可能像全知全能的上帝一样凌驾于历史之上来观照历史。我们对历史的理解也属于历史的一部分。这样我们就很容易明白，历史文本也是前人对历史的理解。因而，对待那些历史文本，我们既不能将其等同于历史本身，也不能将其作为宰制的对象，而应平等地与其对话。在对话中，将我们的视角与前人的视角相融合，从而形成一种新的视角。这也就是加达默尔所说的"视域融合"。既然我们将历史文本视为前人的理解，我们的理解也是历史的一部分，而历史已经无法再现，那么，我们也无法凌驾于历史文本之上来认定其真伪。因此，历史文本所讲述的历史的真伪对我们来说没有多大的意义。我们关注的是，

① [德]汉斯-格奥尔格·加达默尔：《真理与方法》，洪汉鼎译，上海：上海译文出版社2004年版，第387页。

前人如何来讲述这段历史，以及他们为什么要这样讲述历史。

实际上，很多历史学家早已意识到这种困境，并从思维方式上进行了成功转型。英国历史学家科林伍德认为，历史学家首先是讲故事的人。他们通过“构成性想象”，将那些未经加工、毫无意义的历史事件编造成看似真实的故事。① 同样的观点，钱锺书也说过：“一桩历史掌故可以是一个宗教寓言或‘譬喻’，更不用说可以是一篇小说。”②按照这种观点，历史叙事与文学叙事在讲故事这一点上完全相同。这样，历史叙事不再是真实的，它与文学叙事一样，都是虚构的。美国历史学家海登·怀特进一步认为历史叙事就是文学叙事。他说：“绝大多数历史事件都可以有多种不同的编码方式，结果就有关于历史事件的不同解释，赋予它们以不同意义。”③在他看来，历史事件本身是没有悲剧和喜剧之分的，从一个角度看是悲剧，从另一个角度看却是喜剧。但历史学家呈现给我们的历史，已经是被他们编码过的历史，事件是悲剧或喜剧已经被固定下来。比如，秦王朝因农民起义而灭亡，这一事件从秦王朝的角度看是悲剧，从广大农民以及汉王朝的统治者的角度看却是喜剧。《史记》《汉书》等历史文本对秦朝之暴虐大加鞭挞，显然站在后者的立场，因而秦朝之灭亡在这些文本中喜剧的成分更多。不仅如此，海登·怀特还以为，历史学家与小说家一样，都“运用人物刻画、主题再现、语气和视角的变化、不同的描写策略等手段将事件编成故事”。④ 这种见解很有道理。中国古代尤其先秦两汉时期的历史文本，都具有浓厚的文学色彩，很多既是经典历史文献，也是文学经典。比如《左传》《史记》，它们被列为“正史”，历代史家都将其奉为经典。但它们在讲故事的技巧、手法以及艺术感染力上也达到了炉火纯青的境界，《左传》《史

① 参见[美]海登·怀特：《后现代历史叙事学》，陈永国、张万娟译，北京：中国社会科学出版社 2003 年版，第 175-176 页。

② 钱锺书：《七缀集》，北京：三联书店 2002 年版，第 165 页。

③ [美]海登·怀特：《后现代历史叙事学》，陈永国、张万娟译，北京：中国社会科学出版社 2003 年版，第 177 页。

④ [美]海登·怀特：《后现代历史叙事学》，陈永国、张万娟译，北京：中国社会科学出版社 2003 年版，第 176 页。

记》也因此成为后代文学不可逾越的高峰。

既然历史叙事与文学叙事都是一种建构，是对历史的阐释，而非历史本身。那么，我们今天所面对的楚国历史，正是由众多历史文本与文学文本建构起来的。我们选择“先秦文学中的楚国形象”这一课题，并不想通过先秦文本来还原楚国历史。在我们看来，先秦文本建构的楚国历史的真伪，已经无法辨别，也没有必要辨别。对我们来说，先秦文本只是其作者对先秦历史的理解与阐释。先秦的作者们，从各个角度为我们讲述了一段楚国历史。在他们讲故事的过程中，一个个楚国形象被建构起来。我们感兴趣的是：先秦文本建构了怎样的楚国形象？它们是怎样建构这种形象的？各种文本建构的楚国形象有何差异，以及造成这些差异的原因何在？

二、文化诗学①

既然我们认为，历史叙事与文学叙事在很多方面具有相似性，那就意味着我们的研究视野是跨学科的。这也就是文化诗学的研究视野。本书对先秦文学中的楚国形象的研究，将主要借鉴文化诗学的研究方法与研究视野。

实际上，在西方，“文化诗学”与“新历史主义”往往指称同样的群体与研究路向。新历史主义的代表人物斯蒂芬·格林布拉特（Stephen Greenblatt），在多篇文章中极力提倡文化诗学。其在1980年出版的专著《文艺复兴自我造型：从莫尔到莎士比亚》中提倡文化诗学的研究方法。1986年他在西澳大利亚大学所作的演讲《通向一种文化诗学》中更是明确将其研究概括为“文化诗学”。对于何为“文化诗学”，格林布拉特提出了相对清晰的解释：“与此类工作有着亲缘关系的文学批评，因而也必须意识到自己作为阐释者的身份，同时有目的地把文学理解为构成某一特定文化的符号系统的一部分；这种批评的正规目标，无论多么

---

①　本节关于文化诗学的内容，大部分已发表。见拙文《走向对话的文化诗学》，《文艺争鸣》2012年第4期。

难以实现，应当称之为一种文化诗学(Poetics of Culture)。”并且说：“它的中心考虑是阻止自己永久地封闭话语之间的来往，或者是防止自己断然隔绝艺术作品、作家与读者生活之间的联系。毫无疑问，我仍然关心着作为一种人类特殊活动的艺术再现问题的复杂性。……我们的阐释任务，因而必须更加敏感地去把握上述事实的后果，对文学文本世界中的社会存在以及社会存在之于文学的影响实行双向调查。”①显然，格林布拉特将文学视为某一特定文化的符号系统的一部分，因而反对像新批评那样将文本单独割裂开来，仅仅专注于研究文本的语言、结构等形式层面，而忽视文本背后的文化语境。对于格林布拉特来说，文学研究必须从文本分析出发，揭示某个特定时代的文化语境。

这种从向内转到向外转的研究路向，也是中国文化诗学一直坚持的。中国文化诗学的主要倡导者童庆炳先生认为：“‘文化诗学’的基本根据是文学作为文化的一种，它本身不但不会消失，而且其相对的独立性也不会消失。”②作为文化的一种，文学自然不能不折射出某种特定的文化，而文学研究也要揭示文本背后的文化语境。在他看来，文学有三个向度：语言的向度、审美的向度和文化的向度。这三个向度在文学中是同时展开的。因此，他对那种纯粹向内转的研究方法予以批评：“一段时间以来，我们的文学批评囿于语言的向度和审美的向度，被看成是内部的批评，对于文化的向度则往往视而不见，这样的批评显然局限于文学自身，而对文本的丰富文化蕴含置之不理，不能回应现实文化的变化。”③

既然文化诗学将文学当成文化的一部分，要揭示文本背后的文化语境，这就意味着文化诗学必然具备跨学科的研究视野与研究方法。这一点，也成为美国文化诗学与中国文化诗学的共同之处。美国文化诗学提

---

① ［美］斯蒂芬·格林布拉特：《〈文艺复兴自我造型〉导论》，见《文艺学和新历史主义》，《世界文论》编辑委员会编，社会科学文献出版社 1993 年版，第 80 页。

② 童庆炳：《植根于现实土壤的“文化诗学”》，《文学评论》2001 年第 6 期。

③ 童庆炳：《文化诗学——文学理论的新格局》，《东方丛刊》2006 年第 1 期。

倡抛开现有的科学主义学科划分体系，打破文学与人类学、历史学、艺术学、社会学等人文学科的界限，用宏观文化的视野去观照文学。格林布拉特在《文艺复兴自我造型》一书中明确宣称“企图实践一种更为文化的(cultural)或人类学的批评(anthropological criticism)”①。美国新历史主义的另一位代表人物海登·怀特更是将历史叙事等同于文学叙事。对于文化诗学的跨学科性，童庆炳先生说得更为清楚：“文化诗学追求在方法论上的革新和开放。它不囿于文学的自律，而从语言、神话、宗教、艺术、科学、历史、政治、伦理、哲学等跨学科的文化大视野来考察一切古今中外的文学、艺术问题。不必拘于学科性的限制，而从‘视界融合’中来诠释文本和问题。”②

此外，美国文化诗学与中国文化诗学都强调阐释的视野，后者更是要求研究者完成从立法者向阐释者的转变。再如西方与中国的文化诗学虽然都强调文化，但二者都坚持对文学文本的研究，尤其是中国文化诗学更是牢牢将文学作为研究的中心，防止研究对象的泛化。

总而言之，文化诗学要求我们拥有跨学科视野，与当下对话，与古代对话，与其他学科及理论对话。研究先秦文学中的楚国形象，正是要通过先秦文本的阐释还原历史语境，厘清先秦人眼中的楚国形象，并梳理这种形象对后世甚至当下的影响，与古人对话，与当下对话。

第二节 相关界定及研究设想

一、对“先秦文学”的界定

“先秦文学”是当代学科体制下的专业术语。实际上，先秦文化昌盛，后代各种学科的区分在当时并不存在。春秋战国时期诸子百家争

---

① [美]斯蒂芬·格林布拉特：《〈文艺复兴自我造型〉导论》，见《文艺学和新历史主义》，《世界文论》编辑委员会编，社会科学文献出版社1993年版，第79页。

② 童庆炳：《植根于现实土壤的“文化诗学”》，《文学评论》2001年第6期。

鸣，文学、史学、政治学、哲学、农学等种种形态互相交织在一起。因此，用我们今天的学科划分来界定先秦文化形态并不十分准确。本书中的“先秦文学”，主要依从今天的学术惯例，指那些被学界所认可的先秦文学文本。当今学界往往以“历史散文”“诸子散文”等专门用语来区分先秦文学的具体作品，本书也基本沿用这种区分方式。

本书涉及的文本众多。具体而言，《论语》《孟子》《荀子》《韩非子》《吕氏春秋》等诸子作品的文学性早已被学界公认，将它们纳入研究范围顺理成章。历史散文中的《左传》《战国策》《国语》，在当今多部文学史著作中都被当成先秦文学的典范，对它们的研究也是不可或缺的。相比上述文本，《春秋公羊传》《春秋穀梁传》的文学性较弱，但也被一些文学史著作纳入先秦文学的范围。① 对二书的研究，也是本书的重要组成部分。

二、对“楚国”的界定

楚国并非现代意义上的国家。它是先秦时期地处南方的一个诸侯国。周代实行分封制。唐孔颖达云：“封者，聚土之名也；天子之建诸侯，必分之土地，立其疆界，聚土为封以记之，故建国谓之封国。”②所谓分封，即是封土建疆，分给一定的土地令诸侯建国。历代周王分封了大大小小的诸侯国，楚国即是其中之一。《礼记·王制》云：“凡九州，千七百七十三国。”可见周代分封诸侯之多。按照《史记·楚世家》所载：周成王“封熊绎于楚蛮，封以子男之田，姓芈氏，居丹阳”。周成王将熊绎封于楚地，也就宣告了楚国的诞生。周代的诸侯国，无论在经济、军事、政治，还是礼仪上都要从属于周王朝，并非独立国家。③ 但到了春秋中期以后，由于周王室衰弱，再也无力控制天下诸侯，因而各诸侯

① 参见聂石樵：《先秦两汉文学史》，北京：中华书局2007年版。

② (晋)杜预注、(唐)孔颖达疏：《左传注疏》，《唐宋注疏十三经》(三)。

③ 如大国三卿、次国二卿都直接是周天子任命的；诸侯每年都要派大夫去京师拜访周天子，每三年派卿拜访周天子，每五年诸侯要亲自去拜访周天子；周天子还会派大夫去监察各诸侯国等。具体参见《礼记·王制》。

国不再听命于周天子，甚至可以对周王室用兵。此时的诸侯国，已经将政治、军事等大权完全掌握在手中，也不再遵守周代礼仪。从这个意义上说，当时的诸侯国已经独立于周王室之外。

我们之所以选择楚国形象作为研究对象，是因为楚国具有与众不同的特色。先秦大诸侯国中，只有楚、秦、齐这三大诸侯国横跨春秋、战国两个时代。“春秋五霸”与“战国七雄”中均有楚国。不仅如此，楚国一直是春秋战国时代的强国，在很长一段时期主宰天下走势：春秋中后期，楚国与晋国争霸；战国中后期，楚国则与秦国争天下。这样一个大国，基本贯穿春秋、战国两个时代，又是当时的风云大国，对其他诸侯国的影响很大。更重要的是，楚国一直被先秦中原诸国视为南蛮，在文化上具有很大的独特性。其在不断经略中原的过程中，不可避免地带来两种文化的碰撞与交流。此外，楚国还有一个其他诸国望尘莫及的特色：楚国文学发达。楚辞与中原地区的诗歌差异巨大，但又能与《诗经》并驾齐驱，成为中国诗歌的两大源流。正由于楚国在先秦诸国中具有鲜明的“异质性”，且长期是左右政治局势的大国，对他国影响巨大，因而探讨先秦文学中的楚国形象颇有意义。

按《史记·楚世家》所载，楚国之立国在周成王时期。楚国的灭亡，《史记》也记载得很清楚：楚国最后一个君王名叫负刍。其登基第五年，秦国大将王翦、蒙武灭掉楚国。这样，根据《史记》所载，楚国的历史应该是从熊绎到负刍这一段。不过，《史记》乃汉代的文本，不在我们的考察范围之内。先秦文本对楚国的记载，主要集中于春秋时期的楚武王至战国后期的楚襄王这一段。因而，我们的关注点也在这一段时期。

三、楚国的来源

从20世纪30年代开始，楚族的来源问题一直成为学界争论的热点，成为楚文化研究几十年来的核心问题。20世纪80年代以来，随着诸多楚国古墓的发掘，这一问题争论得愈发激烈。迄今为止，探讨楚族来源问题的专著与论文不下几百种，观点更是纷繁复杂。这一问题虽然至今仍无定论，但其是楚文化研究绕不开的问题。而且，我们选择哪种观点，认定楚族源自何方，将在很大程度上左右我们这一研究的结论。因此，我们必须对楚族来源问题作一个简单的梳理，并做出判断。

如果以是否江汉地区土著划分，楚族来源问题的观点可粗略分为两派：一派以为，楚先祖为迁徙而来，与中原文化同源。另一派则以为，楚先祖为楚地土著，与三苗同源或本为三苗。

前一种观点，认为楚非土著，乃中原民族迁徙到楚地而来。这一观点基本得到学界的普遍认可。但在楚由何处迁徙而来的问题上，则众说纷纭。大体而言，有北来说、东来说、西来说、南来说等。

北来说是比较早的一种说法。其根据为先秦典籍，依据《国语》《左传》所说的“祝融八姓”及其分布区域来判断楚先祖的来源。先秦典籍将楚视为祝融之后，而祝融乃颛顼之后，颛顼乃黄帝之后。这样，楚先祖与华夏同源。加之《国语》《左传》所载“祝融八姓”基本分布于河南一带，楚先祖自然也是从这一带迁徙至楚地。这一种观点最早由傅斯年于1930年提出，其在《新获卜辞写本后记跋》中说“楚之先世……实中原之旧族，经三代而南迁”“楚仍可包括在夏民族中”。① 张荫麟于1948年出版的《中国史纲》(上古篇)也认为楚不是土著，“而是从北方迁来的”。② 李玉洁于2002年出版的《楚国史》在其《楚史稿》(1988年版)的基础上，经过考证后认为：“楚族是来自中原地区又南迁的民族，与祝融氏部落有密切的关系。”③

东来说也据先秦典籍以为楚是祝融之后，但为东方民族，与商关系密切。这一说法的代表为郭沫若。其在1930年出版的《中国古代社会研

---

① 傅斯年：《〈新获卜辞写本后记〉跋》，参见《傅斯年全集》(第三卷)，长沙：湖南教育出版社2003年版，第113-131页。

② 张荫麟：《中国史纲》(上古篇)，正中书局1948年版，第25页。

③ 李玉洁：《楚国史》，开封：河南大学出版社2002年版，第13页。

究》中研究了西周铜器铭文，说“楚本蛮夷，亦即淮夷”“为殷之同盟国”。① 后来其在《殷周青铜器铭文研究》《金文丛考》《两周金文辞大系图录考释》等书中进一步说“淮夷即楚人”“楚之先实居淮水下游，与奄人、徐人同属东国”“为周人所压迫，始南下至江，为江所阻，复西上至鄂”。② 胡厚宣于1934年出版的《楚民族源于东方考》，也认为楚与商、夷、徐同为东方民族，后来迁往江汉地区。③ 这一说法影响极大，后来不断有人表示赞同。1954年尚钺出版的《中国历史纲要》中也认为楚为殷商族系。④ 顾铁符在1984年出版的《楚国民族述略》中也持东来说，他在考察了“祝融八姓”的分布后认为：“祝融集团，包括楚在内，原来是东夷，不过较早就进入中原，楚人的来历，可能就是这样。”⑤

西来说的影响也非常大，其代表人物为姜亮夫。早在1933年，他就在《夏殷民族考》中提出“楚为夏后”，乃西方民族。⑥ 1979年他在《历史学》上发表论文《三楚所传古史与齐鲁三晋异同辨》中再次强调这一观点，并以《楚辞》所涉古史与齐鲁三晋不同处证之。他以为，楚为夏后，周亦为夏后，但二者之发展大相径庭，周沿黄河东来，与殷商文化交错；楚则沿汉水而东南行，与三苗文化杂处。1949年岑仲勉在《楚为东方民族辨》中对东来说予以反驳，认为楚乃颛顼、祝融之后，而他们均为“西方族类”或“西方之人物”。但其与姜亮夫不同，认为楚乃来

① 郭沫若：《中国古代社会研究·三版书后》，上海：新新书店1930年版，第5页。

② 参见郭沫若：《郭沫若全集·考古编》，北京：科学出版社2002年版，第四卷、第58页，第五卷、第112页。

③ 胡厚宣：《楚民族源于东方考》，《史学论丛》第1册，国立北京大学潜社1934年版。

④ 尚钺：《中国历史纲要》，北京：人民出版社1954年版，第12页。

⑤ 顾铁符：《楚国民族述略》，武汉：湖北人民出版社1984年版，第17页。

⑥ 姜亮夫：《夏殷民族考》，参见《夏殷两民族若干问题汇述》，见《姜亮夫全集·史学论文集》，昆明：云南人民出版社2002年版，第201-205页。

自西亚的米地亚人。① 翦伯赞《中国史纲》、吕振羽《史前期中国社会研究》、吴泽《古代史》都主张楚来自西方，与夏、周同族。② 何光岳的《楚源流史》详细考证了“祝融八姓”的分布及楚与夏的关系之后，也认为楚来自西方，“属于黄帝族的华夏集团”。③ 姚汉荣、姚益心的《楚文化寻绎》也认同姜亮夫的观点，主张楚与夏同源，④

至于南来说，认为楚是由安徽等地迁入，早已被学界否定，在此不赘述。

土著说的提出也很早。1936 年林惠祥在《中国民族史》中认为：“大抵荆楚原为南方民族，至少自殷中叶即奠居江汉之荆山一带。”⑤ 范文澜在 1942 年初版的《中国通史》中说：“苗族被禹战败后，退出黄河流域，据战国时人说，三苗曾在长江中游建立起一个大国。这个大国当是一个大的部落联盟，是许多部落的集合体，其中较大的是荆楚。”其认为楚乃苗族，是当地土著。⑥ 这一观点也有很多支持者。一直到今天，都有人陆续发文，探讨楚与苗族的关系。此外，还有不少人根据考古发现，也认为楚乃土著，是江汉地区考古发现的原始文化的创造者。

以上诸种说法，都言之成理且持之有据。要骤下断语，颇为不易。但经过 70 余年探究，学界大体同意楚先族乃从外地迁入，与中原文化同源。只不过后来由于种种原因被迫南迁，最后进入江汉地区，与当地

---

① 岑仲勉：《楚为东方民族辨》，参见《两周文史论丛》，北京：中华书局 2004 年版，第 55-61 页。

② 参见翦伯赞：《中国史纲》，重庆：五十年代出版社 1944 年版，第 169-170 页。吕振羽：《史前期中国社会研究》，北平：人文书店 1934 年版，第 309-311 页。吴泽：《古代史：殷代奴隶制社会史》，上海：棠棣出版社 1949 年版，第 100-101 页。

③ 何光岳：《楚源流史》，长沙：湖南人民出版社 1988 年版，第 163-212 页。

④ 姚汉荣、姚益心：《楚文化寻绎》，上海：学林出版社 1990 年版，第 1-23 页。

⑤ 林惠祥：《中国民族史》，上海：商务印书馆出版 1936 年版，第 98 页。

⑥ 参见范文澜：《中国通史》，北京：人民出版社 1978 年版，第 116 页。

苗族及其他少数民族融合。楚文化正是华夏文化与南方土著文化融合后的产物。

四、自我形象与他者形象

大体而言，对一个国家形象的塑造可以分为两个方面：一是他国人对该国的建构；一是本国人对该国的建构。我们选择楚国形象，在很大程度上是因为楚国文学发达，楚辞中有大量关于楚国的书写。这一点是其他诸侯国无法比拟的。因而，对于先秦文学中的楚国形象而言，我们将从两个方面考察：一是其他诸国人对楚国形象的建构；一是楚人对楚国形象的建构，主要考察楚辞。

为论述方便，本书将借鉴文学形象学的两个概念——"自我形象"（auto image）与"他者形象"（hetero image）。文学形象学是当代流行于德、法、美等国家的一门学科。按照法国学者让-马克·莫哈所说："文学形象学的定义是研究文学作品中所表现的异国。"①这里，文学作品中的异国形象实际上就是他者形象。从这个定义可以看出，虽然文学形象学涉及文学、历史学、社会学等诸多学科，但其立足点、研究对象、研究方向等还是深深地扎根于文学之中。可以说，文学形象学研究是"从文学作品入手，最后仍要回归文学"。② 正如让-马克·莫哈所说，文学形象学有两个主要的研究方向："一是研究'游记这些原始材料'，但主要还是研究'文学作品，这些作品或直接描绘异国，或涉及或多或少模式化了的对一个异国的总体认识'。"③对于我们来说，先秦不存在游记，因而我们的主要研究方向将集中于先秦文学作品。

简单而言，自我形象指文本中的本国形象；他者形象则指文本中的

---

① ［法］让-马克·莫哈：《试论文学形象学的研究史及方法论》，参见孟华主编：《比较文学形象学》，北京：北京大学出版社2001年版，第17页。

② 孟华：《比较文学形象学论文翻译、研究札记》，参见孟华主编：《比较文学形象学》，北京：北京大学出版社2001年版，第11页。

③ ［法］让-马克·莫哈：《试论文学形象学的研究史及方法论》，参见孟华主编：《比较文学形象学》，北京：北京大学出版社2001年版，第17页。

异国形象。① 对一个国家形象而言，其在本国人的文本中表现为自我形象，在他国人的文本中则表现为他者形象。自我形象与他者形象的互相参照，正好见出一个完整的形象。虽然“自我形象”与“他者形象”，主要指的是国家形象，楚国并非严格意义上的国家，它在名义上仍然属于周王朝。但春秋中期以后，周朝衰微，各诸侯国实际上已经完全成了独立国家，甚至可以对周天子用兵。因而，以“自我形象”与“他者形象”来规定楚国形象十分合适。

以往的文学形象学对他者形象关注很多，而往往不太重视自我形象。但对于我们来说，由于我们的目的并非仅仅揭示出先秦文学中的楚国形象，更要揭示出造成这一形象的历史文化语境，因而需要更加全面地考察他者形象与自我形象。而且，由于楚辞的文学成就巨大，特色鲜明，对我们的研究十分重要，对自我形象的考察也必不可少。

本书中，自我形象指楚人自我建构的楚国形象，主要表现在《楚辞》等作品中。他者形象指非楚国作者建构的楚国形象，主要表现在《春秋穀梁传》《春秋公羊传》《论语》《孟子》等作品中，也包括《左传》《战国策》这类无明显褒贬的历史散文。

五、研究设想

1. 研究对象的界定

本书的研究对象为先秦文学文本中的楚国形象。这里的楚国指的是一个整体意义上的范畴，并不包括个别楚人形象。楚国的总体性指称在先秦文学文本中比比皆是。先秦文学文本对楚国常见的总体性指称有

① 有关“他者形象”与“自我形象”之详细定义及解释，参见方维规：《形象、幻象、想象及其它》，《跨文化对话》第 22 辑，乐黛云、［法］李比雄主编，南京：江苏人民出版社 2007 年版。

“楚”“荆”“南蛮”“楚国”等。① 这些材料是我们的主要研究对象。此外，由于中国古代文本的书写习惯，往往将国君及重要的执政大臣视为国家的象征，对国君与执政大臣的书写非常之多。他们的活动往往也代表着国家的活动，而且他们的形象好坏也标志着国家形象的好坏。因此，这一类楚人形象也是本书考察范围。本书还将考察先秦文本中楚人与楚国的关系，也要对一部分有代表性的楚人予以分析。

2. 研究文本的界定

本书的分析对象为先秦文学文本。这里的先秦文学文本，主要为学界普遍认同的作品。对那些有争议的文本，也将采用大多数学者的观点。有一些文本，虽然其中大量涉及楚国的人物、故事等，但与我们的主题没有多大关联，故不在我们的研究范围之列，比如《庄子》。此外，《韩非子》与《吕氏春秋》虽然对楚国的书写很多，但它们对楚国的书写仅仅作为论证某一观点的事例，并未表明二书对楚国的褒贬，也不在我们的研究范围。《国语》一书虽然涉及楚国形象，但其重点在展示各国贤人的精辟言论，对楚国形象的书写不多且过于分散，无法对其一一分析，因而也被本书搁置。

① 以“楚”来指称楚国在先秦文学中最常见。《左传》中这样的例子俯拾即是。称楚国为“荆”则是《春秋》首创，这样的例子在《春秋》中最多。如《春秋·庄公十年》“荆败蔡师于莘”，《春秋·庄公十四年》“荆入蔡”等。“南蛮”之称呼主要集中于儒家体系，如《孟子》云楚人乃“南蛮鴃舌之人”。直接称“楚国”的情形不多，但也有例子。如《左传·文公元年》记载楚国令尹子上劝说楚成王不要早立太子，云“楚国之举，恒在少者”。

第一章　他者视域中的楚国形象

先秦文学中的楚国形象多姿多彩。由于地域与文化的差异，不同文本中的楚国形象呈现出截然不同的特色。就他者形象而言，《春秋公羊传》《春秋穀梁传》及《论语》《孟子》《荀子》等儒家经典中的楚国形象表现出惊人一致。在这些文本中，楚国无一例外以不同于华夏文化的他者形象出现。这些形成于不同年代、出自不同诸侯国作者之手、思想不尽相同的文本，在展现楚国这个他者形象上却趋于一致。这一现象值得深思。

第一节　《公羊传》《穀梁传》中的楚国形象

《春秋三传》中，《左传》为先秦著作，学界并无异议。《公羊》与《穀梁》是否为先秦著作，还有很多争议。二者之中，尤以《穀梁》争议更大。今人编写的《中国文学史》一般不将二者收录，除了两书文学性不强外，其作者与年代成疑也是一大原因。不过，古人虽然对二书作者众说纷纭，但对二书的成书年代，还是认为其乃先秦著作。当今学界遵从古人说法的也不在少数。这里，在没有确实证据之前，我们还是将二书视为先秦著作。

古人对《公羊传》从先秦到汉代的传承记载十分详细。《汉书·艺文志》记载《公羊传》十一卷，班固注："公羊子，齐人。"唐人颜师古进一步注："名高。"东汉何休《春秋公羊传序》云："传春秋者非一。"唐人徐彦疏云："孔子至圣……故春秋之说口授子夏。"并引用戴宏之说，进一步讲道："子夏传与公羊高，高传与其子平，平传与其子地，地传与其子敢，敢传与其子寿，至汉景帝时，寿乃共弟子齐人胡毋子都著于竹帛。”①此外，何休在注《公羊》时也说：“其说口授相传，至汉，公羊氏及弟子胡毋生等乃始记于竹帛。”②我们看到，从汉代开始，古人建构了一段神话：孔圣人能预知未来，知道秦朝要焚书坑儒，所以采用口耳相传的方式，将《春秋》传与子夏，子夏以同样的方式传给公羊高，这样代代相传，到汉景帝时才记在竹帛上，以文字的方式流传。这里，孔子能知秦火的说法乃汉人的想象与编造，从子夏到公羊寿的传承也不尽可信。但这种说法也并非全无根据。先秦学术，大多以口耳相传的方式流传，诸子著作有不少是在后世写定的。而且，相比其他诸家，儒家的传承具有很强的连续性，一种学问代代相传的可能性很大。秦朝焚书坑儒之后，先秦学术大多都是靠代代相传保存下来的。所以，《公羊》虽不一定为子夏亲传，但产生于先秦，并通过口耳相传的方式代代相承，最终在汉景帝时成书，是很有可能的。在没有充足证据之前，我们还是采用汉人的说法，将《公羊》认定为先秦著作。

相比《公羊》，《穀梁》的作者与传承在古代众说纷纭。《汉书・艺文志》记载《穀梁传》十一卷，班固注：“穀梁子，鲁人。”颜师古进一步注：“名喜。”但在东汉，好几位学者如桓谭、蔡邕、应劭等人，都认为穀梁子是穀梁赤，王充则认为是穀梁寘。③ 唐杨士勋在《春秋穀梁传序》的注疏中说：“穀梁子名淑(阮元校订为俶)，字元始，鲁人。一名赤。受经于子夏，为经作传，故曰《穀梁传》。传孙卿，孙卿传鲁人申公，申公传博士江翁。其后鲁人荣广大善《穀梁》，又传蔡千秋。汉宣帝好《穀梁》，擢千秋为郎，由是《穀梁》之传大行于世。”④这里，仅仅穀梁子的

① 上引文字，均见(汉)何休解诂、(唐)徐彦疏：《公羊注疏》，《唐宋注疏十三经》(三)，北京：中华书局 1998 年影印本，第 1-4 页。

② (汉)何休解诂、(唐)徐彦疏：《公羊注疏》，《唐宋注疏十三经》(三)，北京：中华书局 1998 年影印本，第 19 页。

③ 参见承载：《春秋穀梁传译注・前言》，上海：上海古籍出版社 2004 年版，第 2 页。

④ 参见(唐)杨士勋：《穀梁注疏》，《唐宋注疏十三经》(三)，北京：中华书局 1998 年影印本，第 3-6 页。

名字，在汉人与唐人那里就有多种说法。而且，杨士勋所说的传承谱系，在古人那里就有很多疑问。今天也有不少学者，认为《穀梁》的创作定型在汉景帝时期甚至更晚。① 应该说，将《穀梁》认为是汉初的作品，虽然比较稳妥，也有这种可能。但从汉代的情况来看，《穀梁》与《公羊》一样，从先秦开始以口耳相传的方式代代相承，到汉景帝甚至更晚的时候最后成书，这种可能性最大。当然，在口耳相传的过程中，后人会有所增益或改变。至于其作者是谁，以及是否为子夏亲传等问题，由于资料缺乏，只能存疑了。

虽说《公羊》与《穀梁》不一定都为子夏亲传，但二者确实在很多方面存在共同点。与《左传》相比，《公羊》与《穀梁》都偏重于对《春秋》义理的阐发。正因如此，二者在经学史上地位崇高，尤其《公羊》在汉代很长时间内被立为官学，《穀梁》也在汉宣帝以后一度立为官学，对后世影响深远。

近人顾颉刚曾说："'穀'与'公'为双声，'梁'与'羊'为叠韵。"由此认为《公羊》与《穀梁》同源。② 而且，二书在内容上确有很多相同之处。此外，从思想体系的角度看，二书对儒家义理的大的方面都一致同意，如尊王攘夷、守礼、亲亲等。然而，仅仅从上述方面认定二书同出一门，难免证据不足。《公羊》与《穀梁》无论从内容还是思想上，不同之处更多。二者在思想上的同与不同，从对楚国形象的书写上可以很清晰地看出来。

一、《公羊传》中的楚国形象

《公羊》依从《春秋》体例，从隐公元年开始，到哀公十四年结束。由于其专注于对《春秋》义理的阐发，记事并不详备。但即使如此，对春秋时期的大国——楚国的记载，仍然要比诸子散文多得多。如果要将

---

① 参见承载：《春秋穀梁传译注·前言》，上海：上海古籍出版社 2004 年版，第 2-4 页。

② 参见承载：《春秋穀梁传译注·前言》，上海：上海古籍出版社 2004 年版，第 5 页。

它们一一分析，难免琐碎。为便于论述，下文将按时间顺序，对与我们论题相关的重要内容加以分析，以求见出《公羊》建构的楚国形象。

《公羊》对楚国进行大段直接评论，始于庄公十年。这一年九月，楚国打败蔡国，擒获蔡侯。《春秋》经文只有短短一句话："秋九月，荆败蔡师于莘，以蔡侯献舞归。"《公羊》对这句话解释道：

> 荆者何？州名也。州不若国，国不若氏，氏不若人，人不若名，名不若字，字不若子。蔡侯献舞何以名？绝。曷为绝之？获也。曷不为言其获？不与夷狄之获中国也。①

这里，《公羊》解释了《春秋》为何不称楚国而称荆。荆是天下九州之一。其认为不称国而称州名是对楚国的贬斥。按照"州不若国，国不若氏，氏不若人，人不若名，名不若字，字不若子"这样的尊卑顺序，称爵位才是对楚国的最大尊敬，《春秋》称呼鲁、晋、齐等国君主为公侯，对楚国不称楚子自然是贬斥了。实际上，《春秋》一书，直称楚子的地方少之又少。《公羊》这种解释或许比较接近《春秋》原意。

同样，《穀梁》也对这段经文发表了类似的评论：

> 荆者楚也。何为谓之荆？狄之也。何为狄之？圣人立，必后至；天子弱，必先叛：故曰荆，狄之也。蔡侯何以名也？绝之也。何为绝之？获也。中国不言败，此其言败何也？中国不言败，蔡侯其见获乎？其言败何也？释蔡侯之获也。以归，犹愈乎执也。②

《穀梁》说得更清楚，荆就是楚，称荆是将楚当成夷狄来看。而且

① （汉）何休解诂、（唐）徐彦疏：《公羊注疏》，《唐宋注疏十三经》（三），北京：中华书局1998年影印本，第57页。下文所引《春秋公羊传》原文均出自该书，不再标注。

② （唐）杨士勋：《穀梁注疏》，《唐宋注疏十三经》（三），北京：中华书局1998年影印本，第37页。下文所引《春秋穀梁传》原文均出自该书，不再标注。

这里还解释了楚国为蛮夷的原因："圣人立，必后至；天子弱，必先叛。"可见在当时的中原华夏人看来，楚国毫无礼仪与忠贞观念，完全凭实力决定行止，典型的夷狄之邦。值得注意的是，与这句话意思相同的句子在《公羊·僖公四年》也出现过："楚有王者则后服，无王者则先叛。"而《公羊》"州不若国，国不若氏，氏不若人，人不若名，名不若字，字不若子"一句，在《穀梁·庄公十四年》同样出现。可见，古人将二书看成同源，也有其道理。按照今天通行的观点，《公羊》在前，《穀梁》在后，则《穀梁》承袭《公羊》的观点与句子也是有可能的。

当然，对于《春秋》记载蔡侯被擒一事，二书稍有不同。《公羊》始终站在中原华夏立场，认为这里不言"获"，是因为不赞许夷狄之国擒获中原国家君主。而《穀梁》则以为不言"获"，而言"以归"，是委婉的说法。但不管二书有何差异，"不与夷狄之获中国也"与"中国不言败"，都鲜明地表明了二者对楚国这样的夷狄之邦的同仇敌忾之情。

《公羊》对《春秋》语词细致入微的变化都注意到了。《春秋·庄公二十三年》有一句话："荆人来聘。"前面《公羊》就说过："州不若国，国不若氏，氏不若人，人不若名，名不若字，字不若子。"按照"州—国—氏—人—名—字—子"的顺序，《春秋》这里称"人"，将楚国的地位提高了好几个档次。这是为什么呢？《公羊》解释说："荆何以称人？始能聘也。"按照这种解释，《春秋》将楚国档次提高，是因为楚国开始与中原诸国互相聘问，懂得一些礼仪了。同样的道理，也可解释《春秋·文公九年》的一句话："冬，楚子使椒来聘。"这里破天荒地称楚国君主为"楚子"，正是因为楚国派使者来鲁国聘问，故称其爵位以表赞许。《公羊》对这句话解释说："椒者何？楚大夫也。楚无大夫？此何以书？始有大夫也。始有大夫，则何以不氏？许夷狄者不一而足也。"在《公羊》看来，楚国到现在才有大夫，是因为楚国开始知道与中原华夏修好。这里，作者设了一个很奇怪的标准：楚国只有在与中原华夏修好之后，才可能有大夫。按照这种说法，楚国以前并无大夫，直到想与中原诸国通好，才设了大夫这样一个爵位。实际上，这种说法十分可笑，甚至与《春秋》原文矛盾。在此之前，《春秋·僖公二十八年》就明确写道："楚杀其大夫得臣。”可见，《春秋》早就认为楚国有大夫，与其是否和中原华夏修好无关。而《公羊》还以为这里不称楚大夫的姓氏，是因为《春秋》对楚国这个夷狄之邦的赞许不是一次到位的。很显然，《公羊》作者在这里故意曲解《春秋》，表明其狭隘的华夏正统观。

这种华夏正统观贯穿《公羊》全书，也一直伴随对楚国形象的书写。僖公四年，春秋时代的一件大事发生：齐桓公伐楚，与楚订立盟约。《春秋》对此依然记载简略：“楚屈完来盟于师，盟于召陵。”《公羊》对此解释说：

> 屈完者何？楚大夫也。何以不称使？尊屈完也。曷为尊屈完？以当桓公也。其言盟于师、盟于召陵何？师在召陵也。师在召陵，则曷为再言盟？喜服楚也。何言乎喜服楚？楚有王者则后服，无王者则先叛，夷狄也，而亟病中国。南夷与北狄交，中国不绝若线。桓公救中国，而攘夷狄，卒怗荆，以此为王者之事也。

这里，我们看到《公羊》前后矛盾。按照《公羊·文公九年》的说法，楚国到那一年聘问鲁国的时候，才有大夫。这里的屈完，当然不是大夫。但《公羊》这里又称其为大夫，显然自相矛盾。倒是《穀梁》的说法更可以说通：“楚无大夫，其曰屈完何也？以其来会桓，成之为大夫也。”楚国并没有大夫，只是因为屈完来与齐桓公结盟，为了尊重齐桓公，所以将屈完的地位抬高到大夫的程度。实际上，《穀梁》的标准与前面所说《公羊》标准完全一致。因为楚国要来结盟，所以将其使者抬高到大夫的位置，从而与齐桓公的身份相配。《公羊》与《穀梁》都站在华夏正统的地位看待楚国。楚国只有与中原华夏修好，甚至臣服中原，才有地位，否则就是蛮夷。

实际上，《公羊》这里对这件事大书特书，正是将其当成蛮夷臣服华夏中原这样的喜事看待的。在当时的中国，周王室衰落，中原一直深受南夷与北狄等少数民族的侵扰，岌岌可危。南方的蛮夷，以楚国势力最强。而且“楚有王者则后服，无王者则先叛”，完全不顾礼仪，只凭实力行事，对中原诸国威胁更大。所以，《公羊》这里对齐桓公大加赞颂。在作者看来，要不是齐桓公，华夏中原就要被夷狄征服。为了大书齐桓公的功绩，自然要抬高对手的地位。这里的楚国，不仅是不懂礼仪的蛮夷，而且势力强大，是中原华夏诸国最大的敌人。

《公羊》还记载：就在这一年秋天，楚国背叛盟约。正好印证前面的断语："楚有王者则后服，无王者则先叛。"《春秋》原文为："八月，公至自伐楚。"《公羊》解释说："楚已服矣，何以致伐？楚叛盟也。"这里，《公羊》解释得很巧妙，没有说明楚国为什么叛盟。东汉何休解释楚国叛盟的原因："为桓公不修其师而执涛涂故也。"①结合《公羊》前面的经文及《左传》的记载，可以知道陈国大夫袁涛涂，为了私利建议齐桓公伐东夷，以避开诸侯军队进入陈国，结果造成军队陷入沼泽之中，因而齐桓公一怒之下把他抓了起来。对齐桓公抓陈国大夫一事，《公羊》与《穀梁》都持批评态度。如果何休的解释是楚国叛盟的原因，那么楚国叛盟的责任在齐桓公，而不在楚国。因为齐桓公擅自抓捕他国大夫，违背了礼仪。《公羊》这里只说楚国已经与诸侯结盟，又背叛了盟约。显然有替齐桓公遮掩之意，而将楚国推到反复无常、不守信义的野蛮之邦的程度。这种书写方式，可以说有意丑化楚国形象。

值得注意的是，《左传》与《穀梁》都没有记载楚国叛盟之事。结合《穀梁》对《春秋》经文的解释，我们可以看到，《公羊》再一次曲解了《春秋》原意。所谓"公至自伐楚"，实际上是鲁僖公从伐楚的前线回到鲁国。结合"春秋三传"的记载，可以知道，鲁僖公跟随中原诸侯联军去讨伐楚国，是在僖公四年的夏天。诸侯联军与楚国订立盟约之后，齐桓公又接受袁涛涂的建议去讨伐东夷，按照春秋时期的交通状况，僖公回到鲁国的时间也就在当年的秋天。《春秋》只是记载了这样一来一回的过程。《公羊》却加上了楚国叛盟之事。不管是故意如此，还是记忆有误，《公羊》作者眼中的楚国，就是这样一个不守盟约的蛮夷。

---

① （汉）何休解诂、（唐）徐彦疏：《公羊注疏》，《唐宋注疏十三经》（三），北京：中华书局 1998 年影印本，第 82 页。

鲁僖公在位期间，楚国屡次对宋国用兵。《公羊》对此都是采用贬斥的态度对待的。僖公二十一年春，宋、齐、楚结盟。到了秋天，楚成王与宋襄公相约会面，他埋伏甲兵将宋襄公捉拿，并攻打宋国。“春秋三传”对此事均有记载，但都没有说楚成王为什么要捉宋襄公。《左传》重在批评宋襄公以小国争盟，最后被楚所执，咎由自取。《公羊》与《穀梁》则对楚国这个蛮夷之邦捉拿中原诸侯予以贬斥。《春秋》原文为：“秋，宋公、楚子、陈侯、蔡侯、郑伯、许男、曹伯会于霍，执宋公以伐宋。”如果按照《公羊》前面的解释，此处言“楚子”，显然对楚国没有贬斥之意。但《公羊》解释说：“孰执之？楚子执之。曷为不言楚子执之？不与夷狄之执中国也。”其以为，《春秋》经文不说楚成王捉拿宋襄公，是因为不赞许楚国以夷狄之邦的身份捉拿中原诸侯。而且，对《春秋·僖公二十一年》另一段经文“楚人使宜申来献捷”，《公羊》有这样一段话：

> 此楚子也，其称人何？贬。曷为贬？为执宋公贬。曷为为执宋公贬？宋公与楚子期以乘车之会，公子目夷谏曰：“楚，夷国也，强而无义，请君以兵车之会往。”宋公曰：“不可。吾与之约以乘车之会，自我为之，自我堕之，曰不可。”终以乘车之会往。楚人果伏兵车，执宋公以伐宋。宋公谓公子目夷曰：“子归守国矣，国，子之国也。吾不从子之言，以至乎此。”公子目夷复曰：“君虽不言国，国固臣之国也。”于是归设守械而守国。楚人谓宋人曰：“子不与我国，我将杀子君矣。”宋人应之曰：“吾赖社稷之神灵，吾国已有君矣。”楚人知虽杀宋公犹不得宋国，于是释宋公。

这段话其实是对前面经文的解释，讲的是宋襄公被楚成王捉拿的经过。有意思的是，这段话里有两个言说主体对楚国予以评论。前面几句话，是《公羊》作者的评论。其从《春秋》经文不言“楚子”而称“楚人”，认为《春秋》是在对楚成王进行贬斥。紧接着，作者详述宋襄公被擒经过时出现另一个言说主体——公子目夷。其对楚国的认识只有短短一句话："楚，夷国也，强而无义。"但这句话对楚国有三个界定。首先，楚是"夷国"，是没有开化、不懂礼仪的蛮夷。对中原诸夏而言，这是一个"他者"，而且是一个与中原文化异质，野蛮落后、反复无常的"他者"。早在桓公二年，中原华夏诸国，特别是蔡、郑等国，就开始感受到楚国的可怕，对其有深深的恐惧。随着楚国的强大与扩张，这种恐惧迅速在中原传播。这里，公子目夷对楚的第一点认识正是恐惧与仇视的结果。其次，楚国强大。春秋时代，诸侯常常以强凌弱。强国对弱国的欺凌，往往没有任何道义可言。所以，对宋国而言，对强大的楚国应具有防范之心。最后，楚国"无义"。本来，"春秋无义战"①。诸侯之间的侵伐，都是本着利益的原则，不讲道义。不仅楚国如此，中原强国如齐、晋等国也是如此。甚至鲁、郑、宋等中等国家也经常侵犯比它们更小的国家。但因为楚是"夷国"，是与中原文化截然不同的文化产物，在中原人看来，其"无义"更加突出。而且，作为蛮夷而言，"无义"是本性，是与生俱来的，不可改变的。这也是当时中原人对楚国根深蒂固的观念。

公子目夷对楚国"强而无义"的认识，最后被证实，楚成王果然埋伏甲兵捉拿了宋襄公。这种类似预言家的形象在先秦典籍中大量出现，尤其《左传》中频频出现。有意思的是，《左传》对宋襄公争盟及楚宋之战的记载中，也出现了两个类似预言家形象。一个是子鱼，他对宋襄公的行为发表了很多预言，最后都一一实现。另一个则是公子目夷。但《左传》与《公羊》中的公子目夷立场截然相反。其对宋襄公争盟之事持否定的态度，并断定宋国将遭受灭顶之灾。《左传》对宋襄公持贬斥的态度，因此，子鱼与公子目夷的预言，都是为了证明宋襄公的狂妄自大与迂腐必将招致灾难。而《公羊》对宋襄公持同情的态度，对楚国这个蛮夷之邦大加贬斥，公子目夷的断语，自然也是为了证明楚国不守信义。值得注意的是，《左传》与《穀梁》都没有记载宋襄公被捉的经过。

---

① (战国)孟子：《孟子·尽心下》，上海：上海古籍出版社 2004 年版，第 295 页。下文所引《孟子》原文均出自该书。

虽然我们不能由此断定《公羊》这段记载是杜撰。但《公羊》刻意从多角度凸显楚国“强而无义”的蛮夷形象，则是毫无疑义的。

此外，《公羊》对楚国多次伐宋都持贬斥的态度。《春秋·僖公二十六年》记载：“冬，楚人伐宋，围缗。”《公羊》解释说：“邑不言围。此其言围何？刺道用师也。”其以为，城邑不用“围”这个字，只有围国之说。这里《春秋》用“围”字，是讽刺楚国半路用兵伐宋国。因为，按照“春秋三传”的记载，楚国军队原本是应鲁国请求去攻打齐国的，而楚军在半道上忽然攻打宋国。时隔一年，楚军攻打齐国之后，回来的路上再次攻打宋国。《春秋·僖公二十七年》记载：“冬，楚人、陈侯、蔡侯、郑伯、许男围宋。”《公羊》解释：“此楚子也，其称人何？贬。曷为贬？为执宋公贬，故终僖之篇贬也。”这里，《春秋》用的是“围宋”，可见《公羊》之说也有其道理。而且，《公羊》作者注意到《春秋》记载多国围宋，别的国家君主都提爵位，唯独主盟此事的楚国偏偏称“楚人”。其以为，这是故意贬斥楚国，为的还是捉拿宋襄公。因此，《春秋》记载僖公三十三年，对楚国都是持一种贬斥的态度。

应该说，楚庄王以前，《公羊》对楚国的态度比较单一，主要是贬斥。到了楚庄王的时代，《公羊》的态度就发生了变化，有贬斥，但更多的是赞许。

宣公十一年，楚国讨伐陈国，杀掉弑君自立的夏徵舒。《春秋》记载：“冬十月，楚人杀陈夏徵舒。”《公羊》的态度就复杂得多：

> 此楚子也。其称人何？贬。曷为贬？不与外讨也。不与外讨者，因其讨乎外而不与也，虽内讨亦不与也。曷为不与？实与而文不与。文曷为不与？诸侯之义不得专讨也。诸侯之义不得专讨，则其曰实与之何？上无天子，下无方伯，天下诸侯有为无道者，臣弑君，子弑父，力能讨之，则讨之可也。

首先，《公羊》对楚国讨伐陈国表示了贬斥。原因是楚国的行为不合礼制。在春秋时期，虽然周天子名存实亡。但按照礼制，“礼乐征伐自天子出”①，只有周天子才有权力下命令去讨伐诸侯。各诸侯没有周天子的命令，擅自讨伐别的诸侯，就是僭越王权。没有周天子命令而讨伐别的诸侯国，这样的事情并不自楚庄王才开始。进入春秋时代，这样的事情频频发生。《春秋》也不是对所有讨伐他国的行为予以贬斥。如“秋，公伐邾娄”(隐公七年)，“冬十有一月，公会齐侯，宋公、卫侯、陈侯于侈，伐郑”(桓公十五年)等，按照《公羊》的解释，称爵位是对人的尊敬，这里对鲁国君主的几次讨伐他国的行为并不是贬斥。显然，按照《公羊》的解释，可以看出《春秋》对同类事情评判的标准并不一致。即使同样对楚国讨伐他国的行为，《春秋·宣公十年》有“楚子伐郑”，也无贬斥之意。可见，《公羊》这里的解释更多是作者的个人建构，并不一定是《春秋》原意。其次，《公羊》认为，楚庄王的行为表面上不合礼制，但实际上是值得肯定的。所谓“上无天子，下无方伯”，当时楚庄王还没有称霸，天下并无霸主，但周天子仍在。按照前面所说的礼制，楚庄王的行为仍然是僭越王权。而“天下诸侯有为无道者，臣弑君、子弑父，力能讨之，则讨之可也”，就已经明显承认了天子名存实亡，没有实力讨伐诸侯。所以诸侯国发生“臣弑君，子弑父”这样大逆不道的事情，其他国家有能力讨伐，还是应该站出来主持公道。楚庄王杀的夏徵舒，正是犯了“臣弑君”的大罪。楚国讨伐陈国，杀掉夏徵舒，是值得肯定的。

如果说上面的论述，《公羊》对楚庄王的态度还很复杂的话，那么，接下来的一段记载，楚庄王的形象就成了正面形象。《春秋·宣公十二年》记载：“夏六月乙卯，晋荀林父帅师及楚子战于邲，晋师败绩。”这是楚庄王成为春秋五霸的关键之战。《公羊》是这样评价这场战争的：

大夫不敌君，此其称名氏以敌楚子何？不与晋而与楚子为礼也。曷为不与晋而与楚子为礼也？庄王伐郑，胜乎皇门，放乎路

① 参见《论语·季氏》，北京：中华书局1980年版，第174页。下文所引《论语》原文均出自该书。

衢。郑伯肉袒，左执茅旌，右执鸾刀，以逆庄王。曰："寡人无良，边垂之臣，以干天祸，是以使君王沛焉，辱到敝邑。君如矜此丧人，锡之不毛之地，使帅一二耋老而绥焉，请唯君王之命。"庄王曰："君之不令臣交易为言，是以使寡人得见君之玉面，而微至乎此。"庄王亲自手旌，左右撝军退舍七里。将军子重谏曰："南郢之与郑相去数千里，诸大夫死者数人，厮役扈养死者数百人，今君胜郑而不有，无乃失民臣之力乎？"庄王曰："古者杅不穿皮不蠹，则不出于四方。是以君子笃于礼而薄于利，要其人而不要其土，告从，不赦不详，吾以不详道民，灾及吾身，何日之有？"既则晋师之救郑者至，曰请战，庄王许诺。将军子重谏曰："晋，大国也，王师淹病矣，君请勿许也。"庄王曰："弱者吾威之，强者吾辟之，是以使寡人无以立乎天下？"令之还师而逆晋寇。庄王鼓之，晋师大败，晋众之走者，舟中之指可掬矣。庄王曰："嘻！吾两君不相好，百姓何罪？"令之还师而佚晋寇。

这里记载了楚庄王的两件事。庄王伐郑，是因为郑国与楚国结盟后，背叛盟约与晋国结盟。春秋时期，郑国由于靠近楚国，是楚国进入中原的重要通道，所以楚国和晋国都十分重视其倒向哪一方。正由于处于两强的中间，郑国进退两难，只好看见谁势力强就与谁结盟。但当时晋楚争霸，实力基本旗鼓相当，郑国这种两边倒的外交策略不仅没有得到好处，反而两面不讨好。倒向晋，楚就攻打它；倒向楚，晋则讨伐它。郑国往往刚与其中一个国家结盟，又在另一个国家的威慑下背叛盟约。楚庄王攻打郑国，正是如此。《公羊》对楚庄王讨伐郑国的原因并没有点明，而是直接叙述楚庄王攻到了郑国的外城门，郑国将有灭顶之灾。按照《公羊》前面所说的礼制，楚庄王在没有天子的命令下，讨伐郑国，是僭越王权。但《公羊》并没有对此予以贬斥。可见，这样的事情太多，《春秋》不特别点明，《公羊》也不会抛开经文大加发挥。而且，楚庄王讨伐郑国，是因其背叛盟约，也名正言顺。《公羊》的重心在叙述楚庄王的有礼。按照子重的说法，楚国千里跋涉，攻打郑国也付出了不小的代价，已经取胜了，总要收回一点东西才好。甚至灭掉郑国，将之作为楚国的一个县，也只是举手之劳。但在郑襄公“肉袒，左执茅旌，右执鸾刀”，依礼请罪之后，楚庄王也以礼相应，“亲自手旌，左右撝军退舍七里”。不仅如此，郑襄公将罪责全部揽到头上，楚庄王并未责怪其背盟，反而将这场战争归结为郑国的奸臣恶言挑拨，巧妙地保存了郑国君王的颜面。这样，一个懂礼又谦和睿智的楚君形象跃然纸上。在《公羊》中，对楚国君臣评价如此之高，还是第一次。

“君子笃于礼而薄于利，要其人而不要其土”，这样的话出自楚国君王之口，令人称奇。《左传·宣公十一年》记载，楚庄王讨伐陈国，本有吞并陈国之心，并将陈国作为楚国的一个县，后来在申叔时的劝说下，才使陈复国。如果《左传》记载真实的话，楚庄王显然不仅要其人，更要其地，很难做到“薄于利”。这样一个人，在有机会吞并郑国时，是不可能放过的。《左传·宣公十二年》中，楚庄王对放过郑国的原因解释道：“其君能下人，必能信用其民矣，庸可几乎？”①显然，楚庄王并非不想灭掉郑国，只是因为郑国君王很得民心，强行灭国要付出惨重代价，还不如顺水推舟，既然郑国已经投降，就此退兵。相比之下，《左传》对楚庄王的书写前后一致。《公羊》则不无矛盾。“古者杅不穿皮不蠹，则不出于四方”“是以君子笃于礼而薄于利，要其人而不要其土”，这样的话显然是作者为了突出楚庄王的懂礼，故意杜撰。《公羊·宣公十一年》对楚庄王讨伐陈国还有贬斥之意，《公羊·宣公十二年》中的楚庄王就成了懂礼的君子，岂不突兀。

这段引文记载楚庄王的第二件事是因第一件事而起的。楚国因郑国叛盟而攻打它，与郑国结盟的晋国自然要来救援，结果晋楚在邲地大战一场。邲之战以楚国胜利告终。《公羊》对这件事的记载，还是表现了楚庄王的有礼。他在晋国战败之后，看到晋军死伤惨重，动了恻隐之

① （晋）杜预注、（唐）孔颖达疏：《左传注疏》，《唐宋注疏十三经》（三），北京：中华书局 1998 年影印本，第 249 页。下文所引《左传》原文均出自该书，不再标注。

心，因而放了晋军一马。当然，这里的描述要可信得多。两军交战之前，将军子重请求避让。楚庄王说："弱者吾威之，强者吾辟之，是以使寡人无以立乎天下？"不欺弱国，不怕强国，这很符合一个霸主的心态。

总之，对楚庄王的这段记载在《公羊》中十分特别。《公羊》一向对楚国以夷狄视之，重在凸显楚蛮之无礼。这里将楚国君王塑造成一个极端守礼的君主，对《公羊》来说，是仅有的一次。除了对楚庄王的这两件事，《公羊》很少将楚国纳入有礼之国的范畴。如《春秋·昭公十六年》记载："楚子诱戎曼子杀之。"按照《公羊》前面的说法，这里称爵位是对楚国的尊重。在《春秋》经文中，称"楚子"是十分少见的，更多的是"楚人"，甚至"荆"这样的贬称。但《公羊》对这段经文解释道：

> 楚子何以不名？夷狄相诱，君子不疾也。曷为不疾？若不疾乃疾之也。

这里的设问就很奇怪。因为在《春秋》中，对楚国君王是很少称名的，称爵位都少见。《春秋·昭公十一年》记载："夏四月丁巳，楚子虔诱蔡侯般杀之于申。"这里点出了楚国君王的名。《公羊》以为，这里点名是为了断绝楚子的爵位。同样是楚子诱骗他国君主并杀之，为什么前面称名，后面却不称名呢？按照《公羊》的解释，原来前面是诱骗中原诸侯，后面则是诱骗夷狄君王。所谓"夷狄相诱，君子不疾"，楚国本是蛮夷，与其他夷狄互相攻打，中原君子自然乐得看热闹。但如果蛮夷攻打中原诸侯，就要愤慨与口诛笔讨。显然，《公羊》对楚国还是十分仇视的。

二、《穀梁传》中的楚国形象

《穀梁》在很多方面与《公羊》一致，对楚国形象的书写也如此。按照《左传》的记载，中原诸侯国对楚国开始有惧意，是在桓公二年。楚国在《春秋》中频频出现，要从庄公开始。《春秋》对庄公三十二年的记载中，楚国全部称“荆”。只是到了闵公，楚国才被称作“楚”。

正如前面所分析的那样，《穀梁》与《公羊》都认为称“荆”，完全是将楚国当夷狄来看。因为，“荆”只是天下九州之一，称州名而不称国名，显然不把楚当成一个诸侯国，而是未被周朝承认的化外蛮夷。只是到了《春秋·庄公二十三年》，称呼上有了变化，成了“荆人来聘”。《穀梁》与《公羊》认为，这是对楚国的一个肯定。因为楚国开始按照周朝礼仪，与中原诸侯互相聘问。

《穀梁》对大量《春秋》经文都没有阐释，因而对楚国的书写不如《公羊》多。而且，《公羊》虽对楚基本持贬斥态度，但对楚庄王那一段的书写还是肯定的。楚庄王的形象在《公羊》中还是一个守礼君子。《穀梁》则不同，对楚国一贯都以夷狄视之，对楚庄王也毫不客气。前面已经说过，对于楚国讨伐陈国并杀掉夏徵舒，《公羊》的态度比较复杂，否定中有肯定。《穀梁》则很单纯，完全鄙视。《春秋·宣公十一年》记载：“冬，十月，楚人杀陈夏徵舒。”《穀梁》这样解释说：

> 此入而杀也。其不言入，何也？外徵舒于陈也。其外徵舒于陈，何也？明楚之讨有罪也。

按照常理，楚国军队只有先进入陈国，才能杀掉弑君自立的夏徵舒。《春秋》却没有提到进入陈国，只提杀夏徵舒。这是为什么呢？《穀梁》认为这是有深意的。不提进入陈国，正是要将弑君的夏徵舒排除在陈国之外，表明楚国讨伐的是有罪之人。这样说来，《穀梁》是肯定楚国行为的。实际上并非如此。《春秋·宣公十一年》紧接着有一句话：“丁亥，楚子入陈。”这里就很奇怪了。按照《春秋》记载，楚国是先杀掉夏徵舒，再进入陈国。这与常理完全相悖。《穀梁》对这一句话的解释是：

> “入”者，内弗受也。日入，恶入者也。何用“弗受”也？不使夷狄为中国也。

我们看《左传》可以知道，楚国进入陈国之后，先杀掉夏徵舒，再占领陈国，并将陈国作为楚国的一个县，后来才使其复国。如果记载属实的话，楚庄王实际是借陈国内乱之机想灭掉陈国。那么，《春秋》这里的“入陈”，该理解为占领陈国。实际上，《穀梁》也是这么理解的。其以为，“入”这个字表明，楚国是强行进入，陈国其实并不愿楚国进入。写明楚国入陈的日期，说明《春秋》对楚国强行进入他国深为厌恶。“何用‘弗受’也？不使夷狄为中国也。”这句话并非解释《春秋》，而是解释《穀梁》前面用的一个词。这里有两种可能。第一种可能，《穀梁》作者解释《春秋》经文后，为了强调，进一步自问自答。第二种可能，这句话是后人所加，在《穀梁》的传承过程中被添加进去，是对《穀梁》的注疏。我们前面已经说过，《穀梁》最开始是以口耳相传的方式传播，到了汉代才成书定型。在口耳相传的过程中，后人很有可能进一步充实原文。至于这句话究竟是原作者自问自答，还是后人添加，我们今天已经不得而知。但不管哪种可能，这句话与《穀梁》前面两句话意思基本符合，只是进一步强化了立场。其充分表明《穀梁》对楚国这个蛮夷之邦入侵中原的憎恶。

楚国在《穀梁》中始终摆脱不了夷狄身份。即使对楚国的胜利，《穀梁》也多持鄙视的态度。如《春秋·僖公二十二年》记载：“冬，十有一月己巳，朔，宋公及楚人战于泓，宋师败绩。”宋国君王称其爵位“宋公”，楚国君王则称“楚人”，显然有贬斥之意。《穀梁》解释说：

> 《春秋》三十有四战，未有以尊败乎卑，以师败乎人者也。以尊败乎卑，以师败乎人，则骄其敌。襄公以师败乎人，而不骄其敌何也？责之也。

《穀梁》原文很长，我们只引了其中一段。《春秋》一共记载了三十四次战争，从来没有尊贵的一方败给卑贱的一方。从爵位上讲，宋国是公国，楚国是子国；从文化上讲，宋是中原华夏诸侯，楚是化外蛮夷，自然宋尊楚卑。《春秋》破天荒地记载尊贵的一方败给卑贱的一方，是为什么呢？原来是为了责备宋襄公。《穀梁》又说，尊贵的一方败给卑贱的一方，肯定是因为尊贵的一方骄傲轻敌。但宋襄公并没有骄傲轻敌，只是为报私仇轻启战端，又迂腐不懂变化，因而失败。

当然，所谓"《春秋》三十有四战，未有以尊败乎卑，以师败乎人者也"，这个说法也不对。《春秋·庄公十年》记载："秋，九月，荆败蔡师于莘，以蔡侯献武归。"这里，楚国是子国，是蛮夷；蔡国是侯国，是中原诸侯，蔡尊楚卑。但偏偏尊贵的一方不仅被打败了，君主都被俘获。可见，《穀梁》也是临时起意，并不严谨。

楚国对宋国几次用兵，《穀梁》都持贬斥的态度。宋楚泓之战如此，楚国围宋也是如此。《春秋·僖公二十七年》记载："冬，楚人、陈侯、蔡侯、郑伯、许男围宋。"正如前面所说，随从的中原诸侯都称爵位，主盟的楚国却称"楚人"，显然将楚国视为蛮夷，有贬斥之意。《穀梁》解释道：

> 楚人者，楚子也。其曰"人"，何也？"人"楚子，所以"人"诸侯也。其"人"诸侯何也？不正其信夷狄而伐中国也。

我们前面已经引过《公羊》对这句话的解释。《公羊》以为，这里单称楚君为"楚人"，是对其捉拿宋襄公的贬斥。《穀梁》的看法不一样。虽然它认为这里还是贬斥，但所贬的对象并不仅限楚成王。因为楚与陈、蔡、郑、许国一起伐宋，称主盟的楚国君主为"楚人"，是为了贬低他的身份。既然主盟的身份被贬低了，同盟的中原诸侯身份也随之贬低。为什么要贬低中原诸侯？因为中原诸侯地位尊崇，居然听从楚国这个蛮夷的指挥，来攻打同样地位尊崇的中原诸侯，不合正道。显然，《穀梁》不仅对楚国以蛮夷视之，更对听从楚国指挥的中原诸侯十分愤慨，颇有"恨铁不成钢"的意思。

同样，《穀梁》对待楚国的很多事都从夷狄的角度评价。《春秋·文公元年》记载："冬，十月丁未，楚世子商臣弑其君髡。"《穀梁》如此解释说：

> 日髡之卒，所以谨商臣之弑也。夷狄不言正不正。

对于《穀梁》的这段说法，《集解》引徐乾的话说："中国君卒，正者例日，篡立不正者，不日。夷狄君卒皆略而不日，所以殊夷夏也。今书日，谨识商臣之大逆尔。不以明髡正与不正。"①这段话说得比《穀梁》更清楚。按照《春秋》惯例，只有中原诸侯死亡才记载日期。当然，中原诸侯也不是全都有资格记日期，只有那些正常继位的君主才有资格。夷狄君主死亡，一概不记录日期。这是为了区别中原华夏与夷狄。实际上，夷狄君主死亡，《春秋》压根很少记载，更别提记录日期。这是对中原华夏圈外的国家的偏见。楚国是典型的夷狄，君主死亡自然是没有资格记录日期的。但《春秋》偏偏记载了日期。这怎么解释呢?《穀梁》以为，这里记载日期，只是为了突出商臣弑君父的大逆不道，并非是为了表明楚成王符合正道。所谓"夷狄不言正不正"，表明楚国没有资格与中原诸侯得到同样的待遇。楚成王这里有幸被记载死亡日期，反而是沾了他的不孝儿子的光。如果不是被他的儿子谋杀，《春秋》根本没有兴趣去记载他的死亡日期。不管这种解释是否《春秋》原意，《穀梁》对楚国的鄙视溢于言表。

此外，对楚灵王杀掉齐庆封，《穀梁》也充满了嘲讽。《春秋·昭公四年》记载："秋，七月，楚子、蔡侯、陈侯、许男、顿子、胡子、沈子、淮夷伐吴，执齐庆封，杀之。"这里，楚君称爵位，显然并无贬斥之意。《穀梁》解释道：

> 此入而杀，其不言入何也？庆封封乎吴钟离。其不言伐钟离何也？不与吴封也。庆封其以齐氏何也？为齐讨也。灵王使人以庆封

① 参见(唐)杨士勋：《穀梁注疏》，《唐宋注疏十三经》(三)，北京：中华书局1998年影印本，第67页。

令于军中曰："有若齐庆封弑其君者乎？"庆封曰："子一息，我亦且一言。"曰："有若楚公子围弑其兄之子而代之为君者乎？"军人粲然皆笑。庆封弑其君而不以弑君之罪罪之者，庆封不为灵王服也，不与楚讨也。《春秋》之义，用贵治贱，用贤治不肖，不以乱治乱也。孔子曰："怀恶而讨，虽死不服。"其斯之谓与！

《公羊》对《春秋》这句话的解释与《穀梁》完全不同。《公羊》以为，楚国会同诸侯伐吴，把庆封抓住并杀掉，是为了替齐国主持公道。因为庆封在齐国的时候，杀掉国君，使齐国大乱。因而，楚国的行为在《公羊》看来，显然是合法的。《穀梁》正好相反，虽然也认为诸侯伐吴是为了齐国的缘故，但对楚灵王不无讽刺。这里的一段对话，与《左传》的记载基本类似。显然《左传》对楚灵王也基本采取贬斥的态度。楚灵王自己便是杀掉国君而拥有王位的。庆封也是杀掉国君，试图取而代之。楚灵王希望靠杀掉庆封来立威于天下，妄图成为霸主。两人都有同样的罪行，只不过"成王败寇"，楚灵王成功了，庆封失败了。《穀梁》对庆封贬斥的同时，对楚灵王的罪行也予以无情的嘲讽。所谓"《春秋》之义，用贵治贱，用贤治不肖，不以乱治乱也"，楚灵王这里正是"以乱治乱"，难免被杀的人不服，《穀梁》也不服。

三、结语

现在，我们可以对《公羊》与《穀梁》中的楚国形象进行一个简单的概括。

第一，楚国是夷狄。《公羊》与《穀梁》都认同楚国在根本上是这样一个夷狄之邦："圣人立，必后至；天子弱，必先叛：故曰荆，狄之也。"这种判断从根本上将当时的区域划分为两大块，从而将楚国排除出中原华夏文化圈。夷狄具有几个无法摆脱的特征：

首先，夷狄不懂礼仪，也不遵守礼仪。没有天子授权，擅自讨伐他国。身为子国，敢以卑犯尊，攻打公侯之国，并俘获其君主。这些都是楚国不懂礼仪与不遵守礼仪的表现，也是《公羊》与《穀梁》深恶痛绝的。

只有当楚国学会华夏礼仪，派使者去中原诸侯那里修好，才能得到二书少有的肯定。

其次，“强而无义”，不守信义，也是《公羊》与《穀梁》中的楚国一大特征。齐桓公征伐楚国，与之结盟而归，没想到楚国在当年就背叛盟约。宋襄公与楚成王相约，楚国却暗伏甲兵，将其捉拿。而且，楚国攻伐陈、蔡、宋等国，都是基于利益的驱动。

最后，对中原无法遏抑的侵略本性。“南夷与北狄交，中国不绝若线”，当时的华夏中原，周天子名存实亡，无力号召诸侯，夷狄趁机侵略中原，大大小小的战争无数。其中，楚国是南夷的主要代表。春秋中期以后，楚国迅速崛起，加紧侵略中原的步伐，在很长一段时间里，一直与晋国争夺天下霸主的地位。由于楚国过于强大，且靠近中原，对中原威胁更大。尤其处在晋楚之间的郑、陈、蔡、宋等国，受害更深，对楚国的恐惧也更深。《公羊》与《穀梁》多次贬斥楚国，正因如此。所谓“不与夷狄之获中国”“不使夷狄为中国也”“不正其信夷狄而伐中国也”等说法，正是对楚国屡次侵伐中原的痛斥。

第二，《公羊》与《穀梁》都对楚国基本以夷狄视之，但二者在程度上还是有分别。总体而言，二书对楚国少有褒扬，即使肯定也多站在中原华夏正统的立场上。楚国使者与齐桓公结盟，派大夫前往鲁国等中原诸侯国聘问、修好，这些对华夏中原友好与有礼的行为，往往会得到二书的肯定。与《穀梁》相比，《公羊》对楚国的书写更多，褒扬之处相对也多。尤其对楚庄王更是褒多贬少。特别是通过楚庄王伐郑以及晋楚邲之战，鲜明生动地塑造了一个“笃于礼而薄于利”的君子形象。楚庄王的这种形象，放在《公羊》全书中，也是谦谦君子的典范。可以说，对楚庄王时期的楚国，《公羊》基本突破了华夷之防，完全从礼的角度审视。而《穀梁》对楚国各个时期，都没有特别优待，始终将楚国视为夷狄。因而，可以说《公羊》中的楚国，基本为夷狄形象，但也在一个时期成为礼仪之邦的典范。《穀梁》中的楚国，夷狄形象则一以贯之。

第二节　先秦儒家经典中的楚国形象①

在先秦，儒家还未取得后世那样的显赫地位。春秋战国百家争鸣，儒家只是其中的一派，并非当时的显学。然而，儒家学派的代代相续，确为其他学派所不及。从孔子、孟子到荀子，儒家士人通过口耳相传，一代代延续下来。儒家之所以成为中国传统文化的主流，这种连续性是其重要原因。由《论语》《孟子》《荀子》构成的先秦儒家经典，贯穿了春秋中后期到战国末期。而楚国横跨春秋与战国，一直是当时的大国，极大地影响着当时的政治格局。从某种程度上说，春秋中后期的主体格局是晋、楚争霸，战国则很长时间处于秦、楚争雄的格局。这样一个风云大国，必然要在先秦儒家经典中留下它的印记。我们考察先秦儒家经典中的楚国形象，主要探讨先秦儒家如何书写和建构这一形象。

一、“夷狄之有君，不如诸夏之亡”

据《史记·孔子世家》所载，孔子困于陈、蔡，是楚昭王发兵为其解困，并将其迎至楚国。孔子之所以被困于陈、蔡，是因为楚王有意重用他，引起陈、蔡大夫的恐惧所致。而楚昭王确实有重用孔子之意，只是在令尹子西的劝说下才作罢。这样看来，孔子到过楚国，还与楚国有过一段时间的频繁接触。但有意思的是，除了浓墨重彩地描述过几位楚国隐士，《论语》对楚国的书写寥寥无几。孔子眼中的楚国形象并没有在《论语》中直接呈现，而是深藏在某些话语之后。细查《论语》，有两处地方曲折呈现出孔子眼中的楚国形象。

《论语·宪问》云：“管仲相桓公霸诸侯，一匡天下，民到于今受其赐。微管仲，吾其被发左衽矣。”这里虽然没有直接说出楚国，但从中还是可以看出孔子眼中的楚国形象。所谓“被发左衽”，是指夷狄民族

---

① 本节大部分已发表。详见拙文《先秦儒家经典对楚国形象的书写及其文化逻辑——以〈论语〉〈孟子〉〈荀子〉为中心》，《文化诗学》2011年第1期。

的头发、服饰样式，完全不同于中原华夏。这里表面上说的只是一种生活形态，但实际上，在中原华夏看来，这种“被发左衽”是野蛮、没有开化的表现。在这里，“被发左衽”实际上代指夷狄。在先秦，由于地理环境的差异，不同的地方风俗各异。《礼记·王制》云：

> 凡居民材，必因天地寒暖燥湿，广谷大川异制。民生其间者异俗，刚柔、轻重、迟速异齐，五味异和，器械异制，衣服异宜。修其教，不易其俗；齐其政，不易其宜。中国戎夷五方之民，皆有性也，不可推移。东方曰夷，被发文身，有不火食者矣。南方曰蛮，雕题交趾，有不火食者矣。西方曰戎，被发衣皮，有不粒食者矣。北方曰狄，衣羽毛穴居，有不粒食者矣。中国、夷、蛮、戎、狄，皆有安居、和味、宜服、利用、备器。五方之民，言语不通，嗜欲不同。

中国地域广阔，各地气候、地理条件相差甚远：有的地方寒冷，有的地方暖和；有的地方干燥，有的地方潮湿；有的地方是山谷，有的则是平原和河流。自然条件的不同，也就相应导致各地居民生活习俗的差异。所谓“刚柔、轻重、迟速异齐，五味异和，器械异制”，即是指各地民风、饮食与器械各不相同。不仅如此，作者还进一步分析了中原地区以外的四方夷狄的风俗：东夷披着头发、刺有纹身，不吃熟食；南蛮额头雕刻花纹、睡觉时两足相交，也不吃熟食；西戎同样披着头发、穿着毛皮，不食稻米；北狄则是穿着羽毛做成的衣服、居住在洞穴里，同样不食稻米。总而言之，中原与四方之人，“皆有安居、和味、宜服、利用、备器”，各有适合自身的衣、食、住、用的方式。他们之间并无高下之分，只是各地气候、地理使然。

《左传·襄公十四年》记载范宣子责怪戎子驹支泄露晋国机密，驹支反驳说：“我诸戎饮食衣服不与华同，贽币不通，言语不达，何恶之能为？”这里同样是说中原与夷狄饮食、衣服、货币与语言都不相同。将这句话与《礼记·王制》对比，可以看到诸戎与中原华夏的区别主要体现在饮食、衣服、语言三大方面。这三大区别，同样只是地理风俗的差异。这也可以看出，先秦人在一定程度上是以地理、习俗来区分中原华夏与夷狄的。这里的夷狄还只是一个地理上的概念，其与中原华夏并无高下之分。

但到了孔子所处的时代，“夷狄”被赋予更多的文化内涵，成了野蛮、不开化的同义词。“夷狄”也最终由一个地理意义上的名词，演化为中原人对周边少数民族的贬称。《春秋公羊传·成公十五年》评价《春秋》时说：“《春秋》内其国而外诸夏，内诸夏而外夷狄。”这里所谓的“内其国而外诸夏”，是说《春秋》以鲁国为内，而以其他中原华夏诸侯国为外；“内诸夏而外夷狄”，则是说以中原华夏诸侯国为内，而以夷狄为外。“内其国而外诸夏”，表明春秋时期中原各国都以自己为本位；“内诸夏而外夷狄”，则清楚地表明在涉及民族关系时，中原诸夏是一个整体，夷狄被排斥在整体之外。《左传·闵公元年》记载狄人伐邢，管仲请求齐侯出兵时说：“戎狄豺狼，不可厌也；诸夏亲昵，不可弃也。”同样，在管仲眼里，邢国是诸夏的一分子，而诸夏是一个整体，一旦其中一国受到夷狄侵略，其他国家有义务救援。“诸夏亲昵，不可弃也”，说明当时的中原诸国虽然彼此征伐，但他们在文化认同上依然一致，彼此都视对方为姬姓之国。正是这种血缘与文化的纽带，将中原诸夏联系在一起。“戎狄豺狼，不可厌也”，则表明夷狄在中原华夏诸国看来，不仅是外人，还是敌人，豺狼成性，贪得无厌。“豺狼”一词，不仅说明在诸夏眼中，夷狄未开化，生活方式上接近野兽，也表明诸夏对夷狄的恐惧与仇视。

由此，孔子所谓的“微管仲，吾其被发左衽矣”，意思已经很清楚了。这句话是说：如果没有管仲，孔子早已成为夷狄之民。孔子庆幸自己没有沦落到“被发左衽”的境地，显然是认为中原华夏要比夷狄优越。而管仲辅佐齐桓公称霸的标志性事件，就是率领中原诸侯远征楚国。很明显，这句话中“被发左衽”的夷狄主要指楚国。孔子以为，没有管仲，中原就要被夷狄吞并，因而对管仲的功绩大加赞赏。可见，其对中原诸侯的这次伐楚行为十分赞同。在孔子眼中，楚国毫无疑问是夷狄形象。

虽然孔子在这里对齐桓公率领诸侯伐楚语焉不详，但参照《春秋公羊传》对这件事的评价可清晰地看出当时中原人眼中的楚国形象。僖公四年，齐桓公率领中原诸侯伐楚，与楚订立盟约。《春秋》对此事记载简略："楚屈完来盟于师，盟于召陵。"《公羊》解释说：

> 屈完者何？楚大夫也。何以不称使？尊屈完也。曷为尊屈完？以当桓公也。其言盟于师、盟于召陵何？师在召陵也。师在召陵，则曷为再言盟？喜服楚也。何言乎喜服楚？楚有王者则后服，无王者则先叛，夷狄也，而亟病中国。南夷与北狄交，中国不绝若线。桓公救中国，而攘夷狄，卒怗荆，以此为王者之事也。

按照《公羊传·文公九年》的说法，楚国到那一年聘问鲁国的时候，才有大夫。这里的屈完，当然不是大夫。但《公羊》这里又称其为大夫，显然自相矛盾。倒是《穀梁传·僖公四年》的说法更可以说通："楚无大夫，其曰屈完何也？以其来会桓，成之为大夫也。"楚国并没有大夫，只是因为屈完来与齐桓公结盟，为了尊重齐桓公，所以将屈完的地位抬高到大夫的程度。实际上，《穀梁》的标准与前面所说的《公羊》标准完全一致。因为楚国要来结盟，所以将其使者抬高到大夫的位置，从而与齐桓公的身份相配。《公羊》与《穀梁》都站在华夏正统的地位看待楚国。楚国只有与中原华夏修好，甚至臣服中原，才有地位，否则就是蛮夷。

实际上，《公羊》对这件事大书特书，正是将其当成蛮夷臣服中原华夏这样的喜事看待的。在当时的中国，周王室衰落，中原一直深受南夷与北狄等少数民族的侵扰，岌岌可危。南方的蛮夷，以楚国势力最强。而且"楚有王者则后服，无王者则先叛"，完全不顾礼仪，只凭实力行事，对中原诸国威胁更大。所以，《公羊》这里对齐桓公大加赞颂。在作者看来，要不是齐桓公，华夏中原就要被夷狄征服。为了大书齐桓公的功绩，自然要抬高对手的地位。这里的楚国，不仅是不懂礼仪的蛮夷，而且势力强大，是中原华夏诸国最大的敌人。正因楚国对中原诸侯威胁之大，孔子才有“微管仲，吾其被发左衽矣”的感叹，对未沦落为蛮夷之民深表庆幸。

此外，《论语·八佾》中的一句话“夷狄之有君，不如诸夏之亡”，虽没有直接点出楚国，但楚国形象依然呼之欲出。按照历代注家的解释，这句话可以从两个方面理解。一种是《论语注疏》中的解释：“此章言中国礼义之盛而夷狄无也。举夷狄则戎蛮可知。诸夏，中国也。亡，无也。言夷狄虽有君长而无礼义；中国虽偶无君，若周召共和之年，而礼义不废。”①这种说法是最通行的解释，句意是夷狄虽有君王，但无礼义文化，还比不上华夏诸国没有君王。正如《注疏》所言，此处虽只提“夷狄”，然而“戎蛮可知”，代指所有的蛮夷之邦，身为南蛮的楚国也在其中。如果这种解释是《论语》本意，那么在孔子眼中，楚国只是未开化、没有礼义文化的蛮夷，国力再强盛，在文化上也比不上中原诸国没有君王的时候。这是典型的华夏优越论，为当时中原人的普遍看法。

另一种解释，是杨树达《论语疏证》提出来的：“夷狄有君指楚庄王、吴王阖闾等。君是贤明之君。句意是夷狄还有贤明之君，不像中原诸国却没有。”②这种解释明确点出了该句与楚国的关系。按照这种说法，孔子这话颇有点“哀其不幸、怒其不争”的味道，对华夏诸国的没落感到惋惜、失望。因为在孔子看来，华夏诸国有礼乐教化，楚国这样的蛮夷之邦没有开化、毫无文化可言。然而，礼乐教化下的华夏诸国却没有明君，没有开化的夷狄如楚、吴、越等国却有称雄天下的君王。这种解释下，楚国形象有了一些改观。但即使这样，楚国依然是一个野蛮落后、没有礼乐文化的大国。只不过这个化外之邦，却诞生了天下称道的明君。

两种解释的关键在于一个词的理解上——“不如”，前者理解为“比

① (魏)何晏注，(宋)邢昺疏：《论语注疏》，北京：中华书局 1998 年版，第 19 页。

② 引文见杨伯峻：《论语译注》，北京：中华书局 1980 年版，第 24 页。原文参见杨树达：《论语疏证》，上海：上海古籍出版社 1986 年版，第 66-67 页。

不上”，后者则为“不像”。不管何种解释，对楚国皆有鄙视之义，都以为楚国是一个没有礼仪教化的大国。只不过前者彻底否定，对所有非中原文化圈的诸侯国一律鄙视；后者看到了现实，对中原华夏的没落有惋惜之叹。综合起来看，前一种解释可能更符合孔子本意。

二、“吾闻用夏变夷者，未闻变于夷者也”

《史记》对孟子记载简单，并没有详细的生平介绍。从《史记》与《孟子》两书来看，孟子与孔子不同，并没有到过楚国。所以《孟子》一书少有涉及楚国。然而，孟子所处的时代，战国七雄并立，诸侯国之间攻伐频繁，文化的交流也更加频繁。他依然无法完全避开对楚国的书写。孟子继承孔子的仁政思想，对当时各国重军事与征伐十分不满。同时，他坚持中原正统的观念比孔子更加强烈。因此，孟子对中原各国不行仁政尚且颇多怨言，对身为蛮夷的楚国，更是嗤之以鼻。通观《孟子》，只有《滕文公上》明确涉及楚国形象。该篇记载了孟子与农家学者的论争。正是在论争的过程中，孟子提出了著名的“劳心者治人，劳力者治于人；治于人者食人，治人者食于人”这一观点。对于从楚国远道而来的农家代表学者许行，孟子不仅对其亲力亲为的主张不以为然，还对其楚人身份表达了鄙视之情。我们看一下原文：

> 吾闻用夏变夷者，未闻变于夷者也。陈良，楚产也，悦周公、仲尼之道，北学于中国。北方之学者未能或之先也，彼所谓豪杰之士也。子之兄弟事之数十年，师死而遂倍之！……今也南蛮鴃舌之人非先王之道，子倍子之师而学之，亦异于曾子矣。吾闻出于幽谷迁于乔木者，未闻下乔木而入于幽谷者。《鲁颂》曰：“戎狄是膺，荆舒是惩。”周公方且膺之，子是之学，亦为不善变矣。

许行倡导自给自足的生活，凡是自己需要的生活用品都是自己制造，反对交易。这与墨家的主张很接近。孟子对此表示强烈反对，层层深入地驳斥这种做法，逻辑清晰，让人不得不信服。但这段话也充分暴露了其华夏优越感。这段话中有两个楚人，一为陈良，是陈相兄弟以前的师傅；二为许行，陈相兄弟心悦诚服地改投其门下。这两个楚人实际上代表了楚文化与中原华夏文化的两种交流方式。陈良是楚人，但仰慕华夏文化，从楚国远道中原来学习，并被中原文化所同化。许行也是楚人，有自己的主张，虽然也来到中原，但不是仰慕中原文化，而是传播自己的主张而来。对二者，孟子用了两个不同的词，表达截然相反的态度：陈良为"豪杰之士"，许行则为"南蛮鴃舌之人"。对于以孟子为代表的中原正统文化的维护者而言，中原是华夏正统，文化上要远远高于身为蛮夷的楚国。所以，楚国应该臣服于中原，仰慕并学习中原文化。而不是相反，楚文化作为一个"他者"侵入中原。可以说，孟子之所以强烈抨击许行的主张，并不仅仅因为他反对这种主张，更重要的原因在于，许行恰恰代表了楚文化的入侵，这是中原优越论者不愿看到和承认的。而孟子引《诗经》，更鲜明地表达了自己的立场：对楚国这样的蛮夷之邦，一定要痛击！

从《孟子》这段话，我们看到了两个截然不同的楚国形象：一是仰慕中原华夏文化，自觉被其同化的楚国。另一个则相反，坚持自己的文化，并向中原传播文化的楚国。可见，到了战国中期，楚国与中原文化的交流、碰撞更加频繁。正是在这种双向交流与融合的过程中，楚文化逐步成熟，并孕育出楚辞这样的文学奇葩。

三、"其所以统之者非其道故也"

与孔孟相比，荀子与楚国的关系最密切，不仅长住楚国，还担任楚国的官吏，对楚国的影响也更大。与前两部经典不同，《荀子》中随处可见与楚国有关的故事和论断。然而，值得注意的是，《荀子》一书大多为其在齐国所著，主要站在齐国的立场上论述楚国，对楚国并无多少赞扬之辞。身为战国后期儒家代表人物之一，荀子的中原正统思想与孔孟一脉相承。对于楚国，他也视之为化外之邦。如《荣辱篇》所说："故孰察小人之知能，足以知其有余，可以为君子之所为也。譬之越人安越，楚人安楚，君子安雅，是非知能材性然也，是注错习俗之节异也。”这段话将小人与君子对举，所举例子是越人、楚人与君子对比，可见在荀子眼中，越人、楚人均为小人，中原人则为君子。本来，越人安越，楚人安楚，中原人居夏，只是地理位置的不同，并没有高下之分。但荀子显然不这么看。在他那里，中原与楚、越是有高下之分的。他在《儒效篇》中进一步说：“居楚而楚，居越而越，居夏而夏，是非天性也，积靡使然也。”两段话结合起来看，荀子的意思已经很清楚了。他以为楚人、越人与中原人天性上并无不同，只是因为长期处于楚、越这种野蛮之地，风俗的浸染，使得楚人、越人变成了小人；而中原人因为礼乐教化的缘故，成了君子。

与孔孟一样，荀子也十分关注治国。为了劝说齐王，他往往以楚国和秦国作为假想敌，通过分析二者的成败得失来宣扬他的政治主张。由于战国末期实际上演变成秦国与楚国两强相争的局面，其他国家要想强盛，必然要面对这两个强国。这是荀子经常提起二者的原因。当时秦、楚争霸，秦强而楚弱。所以对于楚国，荀子更多采取批判的立场，剖析其败因。典型的例子是《议兵篇》的一段话：

> 礼者，治辨之极也，强国之本也，威行之道也，功名之总也。王公由之，所以得天下也；不由，所以陨社稷也。故坚甲利兵不足以为胜，高城深池不足以为固，严令繁刑不足以为威，由其道则行，不由其道则废。楚人鲛革犀兕以为甲，鞈如金石，宛钜铁铊，惨如蜂虿，轻利僄遬，卒如飘风，然而兵殆于垂沙，唐蔑死，庄跻起，楚分而为三四。是岂无坚甲利兵也哉？其所以统之者非其道故也。汝、颍以为险，江、汉以为池，限之以邓林，缘之以方城，然而秦师至而鄢、郢举，若振槁然。是岂无固塞隘阻也哉？其所以统之者非其道故也。

荀子主张“性恶”，因此强调礼。礼的作用在于区分人群，尊尊、卑卑，各人按照自己的身份行事，自然不会乱，也不会起争斗。在他看来，礼是治国之根本，也是一个国家强盛的根本原因，“坚甲利兵”“高城深池”“严令繁刑”都不足恃。他举的例子，前两个是楚国，最后一个则为商纣王。楚国与商纣相提并论，可见楚国已离灭亡不远了。当时的楚国，由于楚怀王听信张仪的谗言，背弃楚、齐联盟，去掉一个天然屏障和坚强后盾，使得秦国能集中精力攻打楚国①。秦昭王继位之后，频繁攻打楚国，并诱骗、扣押楚怀王，使其客死异乡，楚国面临亡国的危险。② 在荀子看来，楚国兵器先进，城池坚固，仍然被秦国攻破，几乎亡国，正是因为背弃了礼治这一根本。与《论语》《孟子》相比，《荀子》一书中的楚国形象有了很大不同：楚国不仅是蛮夷之邦，而且是一个不懂以礼治国、一味依靠军事与城池抵抗强秦的弱者。

我们看到，作为先秦儒家代表人物，孔、孟、荀三人眼中的楚国形象一脉相承。他们都自觉维护中原华夏正统地位，将身处边远之地的楚国排斥在正统之外，视之为没有开化的蛮夷。孔子庆幸中原华夏未被楚国征服，认为楚国无礼义文化，有君也比不上中原华夏无君。孟子更是强烈排斥楚文化，坚持以夏化夷，对楚文化传播到中原感到愤怒与恐惧。荀子将楚人比之为小人，认为楚国的衰败是没有接受儒家的礼治、一味依靠兵甲与城池所致。但要注意的是，到了战国末期，荀子对楚国的仇视与恐惧已经减弱很多。而且，荀子的关注点在阐述其礼治思想，凡不符合这一思想的都会成为被批判的反面教材。不仅楚国如此，其余国家如燕、魏、秦、齐等也无一幸免。此外，荀子在书中多处提到楚庄王与孙叔敖，充溢着赞美之辞。对楚庄王与孙叔敖的反复书写，被后来的《韩非子》及《吕氏春秋》沿袭。正是这些先秦著作的反复书写，使楚庄王与孙叔敖成为流传千古的明君贤臣典型，成为历代士人的政治理想。

四、结语

综上所述，孔、孟、荀对楚国形象的书写既有一脉相承之处，也存

① （西汉）刘向编：《战国策》，上海：上海书店 1987 年版，第 27-29 页。

② （西汉）司马迁：《史记》，北京：中华书局 1982 年版，第 1727-1729 页。

在细微差异。其中的同与异，都有各自不同的文化逻辑。就三者的细微差异而言，从孔子、孟子到荀子，他们对楚国形象的书写分别代表了楚文化融入华夏文化大家庭的三个阶段：(一)楚文化与中原华夏文化的碰撞期。孔子庆幸自己没有沦落到“被发左衽”的蛮夷之民的悲惨境地，正表明楚国与中原诸夏的争斗已经到了生死存亡的白热化程度，中原华夏文化与楚文化处于激烈碰撞中。(二)楚文化与中原华夏文化的磨合期。《孟子》中出现两个截然相反的楚国形象，表明到了战国时代，楚国已经在中原立足，楚文化与中原华夏文化经过漫长的碰撞期，彼此受到对方的影响。不管是陈良所代表的楚文化自觉接受中原华夏文化，还是许行代表的楚文化在中原地区的传播，都说明战国中期楚文化与中原华夏文化还在不断磨合，但二者融合的趋势已经十分明显。(三)楚文化与中原华夏文化的融合期。《荀子》对楚国的态度十分复杂，既对其夷狄身份予以鄙视，对其不遵守礼治予以抨击，但也对其明君贤臣大力书写。同时，荀子对楚国形象的书写十分冷静，对楚国的贬斥与褒扬都基于说理的需要，与孔孟大不相同。这表明，经过春秋与战国长期的碰撞与磨合，中原华夏已经接受楚国的存在，楚文化与中原华夏文化在战国末期进一步融合。而荀子身为中原人，又是儒家学派的重要代表，却长期在楚国任职，并培养出李斯这样的楚人弟子，正充分说明文化的融合已经不可阻挡。

然而，我们要看到，夷狄形象毕竟在先秦儒家经典中一以贯之。这是由儒家学派的理论资源及社会理想决定的。先秦文本中，华夷之防的观念在儒家那里最为根深蒂固。从春秋时期的孔子，到战国末期的荀子，华夷之防的观念被儒家代代相传。因而楚国的夷狄形象在儒家文本中也代代相传。而儒家对华夷之防观念的坚持，与其文化根源密切相关。《论语·八佾》中孔子明确说出其理论来源：“周监于二代，郁郁乎文哉，吾从周。”孔子以为，经过夏、商两个朝代的积淀，周代的礼仪文化已经走向成熟。因此，儒家的理论资源主要是周代的礼仪文化。而周代礼仪文化以分封制为基础，其重要特征是稳固性。所谓“君君、臣臣、父父、子子"①，正是强调社会各个阶层从上到下的稳固性。如果所有的人都按照自己的身份处事，整个社会如铁板一块稳固，当然天下太平。对天下诸侯来说，也要遵从尊卑有别的规则。周代分封制主要基于血缘关系。《左传·昭公二十八年》云："昔武王克商，光有天下，其兄弟之国者十有五人，姬姓之国者四十人，皆举亲也。"可见从周初开始，周王分封的对象大多为亲族。《史记》所载十三诸侯国中，鲁、管、蔡、卫始封君为周武王弟②，晋国始封君为武王子、成王弟③，郑国始封君为周厉王少子、宣王庶弟④，吴国始封君为周太王之后⑤，周王亲族占了多数。即使那些没有血缘关系的周朝开国功臣，其后代也因与王室通婚而成为周王至亲。如齐太公之子，后来成为王舅⑥。王室至亲，自然被封在地理环境优越、紧挨王室的地方。如鲁、晋、郑等，均封在中原核心地带。而与王室没有血缘关系的诸侯，则被封在远离王室的地区，甚至是夷狄之地，如楚、秦。对至亲，周王室信赖有加；而对没有血缘之亲的诸侯，王室则戒心重重。而且与王室血缘关系的亲疏决定了天下诸侯地位的尊卑。对天下诸侯来说，也要各自按照身份行事。这种稳固的礼仪制度，决定了公侯永远是公侯，庶民永远是庶民；而那些被封在夷狄之地的诸侯，则永远是夷狄。这种尊卑分明且永远不变的关系，自然保证了天下的稳定。然而，到了春秋时期，王室衰微，礼崩乐坏，这种稳固的制度开始分崩离析，夷狄与诸夏的地位再也不是一成不变，而是随着实力的变化而变化。当稳固的礼仪制度崩溃之后，社会的稳固性也随之失去，天下开始陷入四分五裂、战火频仍的局面。以孔子为代表的儒家士人认为只要重新确立周代那种稳固的礼仪制度，社会就

① 《论语·颜渊篇》，见《论语译注》，杨伯峻译注，北京：中华书局1980年版，第128页。

② 见(西汉)司马迁：《史记》，北京：中华书局1982年版，第127、1589页。

③ 见(西汉)司马迁：《史记》，北京：中华书局1982年版，第1635页。

④ 见(西汉)司马迁：《史记》，北京：中华书局1982年版，第1757页。

⑤ 见(西汉)司马迁：《史记》，北京：中华书局1982年版，第1445-1446页。

⑥ 见杨伯峻：《春秋左传注》，北京：中华书局1981年版，第1339页。

将由混乱走向稳定。因而他们以周代礼仪文化为自己的理论根源，试图重新恢复社会的稳固性，并恢复到周代文明的辉煌，自然对以前稳固的华夷关系十分怀念，他们坚持华夷之防观念也就顺理成章。正因如此，楚国在上述儒家经典中都是夷狄形象。

第三节 《诅楚文》与战国后期的楚国形象

一、《诅楚文》的年代

《诅楚文》相传为战国时期秦国石刻，北宋时出土。当时共发现三块，按所祭祀神灵的不同，分别题为《巫咸》《大沈厥湫》《亚驼》。三块石刻只是祭祀对象不同，内容基本一样，都题为《诅楚文》。从石刻内容看，乃秦王遍祀天地诸神，祈求神灵保佑秦国，并向神灵诅咒楚国。由于史书对此没有任何记载，因而三块石刻的年代一直是学界争论不休的话题。

《诅楚文》最早为宋人发现。《巫咸》一石大概发现于宋嘉祐年间，出土于凤翔开元寺地下，全文三百二十六字。《大沈厥湫》出土于治平年间，乃渭地农夫在朝那湫旁发现，全文三百一十八字。《亚驼》一石在洛阳发现，藏于刘忱家，全文三百二十五字。① 三块石刻都有磨损之处，有些字迹不可辨认，但幸运的是，三块石刻正好互相补充，构成一篇完整的《诅楚文》。

宋代不少名家均目睹过《诅楚文》石刻，并对此发表过意见，如欧阳修、苏轼、叶适等人。因而，关于三块石刻的年代争论，早在宋代就开始了。欧阳修对古代碑刻兴趣浓厚，曾下了很大苦功收集历代碑刻，撰成《集古录》，其中就收有《秦祀巫咸神文》。其结合石刻中的“倍十八世之诅盟”，再根据《史记》所载，推断出石刻所诅咒之人“非怀王则顷

① 郭沫若：《诅楚文考释》，《郭沫若全集·考古编》，北京：科学出版社1982年版，第282-283页。

襄王也”，并最终认定为顷襄王，则石刻为秦昭王时期的作品。① 然而，其《真迹跋尾》又认为石刻乃秦惠文王时期的作品，所诅咒之人乃楚怀王。② 可见，在欧阳修那里，《诅楚文》的年代有两种观点。正是从欧阳修开始，历代对《诅楚文》的年代争论集中在两种观点：或者是秦惠文王时期，或者是秦昭王时期。王顺伯以为，秦昭王时楚已衰微，对秦毫无威胁，因而石刻应为诅咒楚怀王而作，乃秦惠文王时期的作品。③ 王柏《诅楚文考释》则对年代为秦惠文王的说法极力反对，认为秦自惠文始称王，不可能自称“嗣王”，而称“嗣王”者必定是秦昭王。其还认定石刻作于周赧王十七年，即楚襄王元年，秦昭王十一年。④ 一直到当代，两种观点依然争论不休。郭沫若以为，石刻当作于秦惠文王后元十三年、楚怀王十七年。此一年楚怀王由于受张仪愚弄，恼羞成怒，尽起全国军队攻秦。因形势危急，秦王才祭祀神灵，希望得到神灵的帮助。⑤ 而姜亮夫则以为，石刻乃作于秦昭襄王时。⑥

我们以为，由原文中“昔我先君穆公及楚成王”“绊以婚姻，袗以斋盟”算起，到“倍十八世之诅盟”，根据《史记·秦本纪》，从秦穆公到惠文王正好是十八世，因而正如欧阳修所说，石刻所诅咒之人“非怀王则顷襄王”。这就是说，石刻作于秦惠文王与昭襄王的可能性都存在。“倍十八世之诅盟”，既可以是发生于惠文王时的事情，是惠文王对楚的指责；也可以是发生于昭襄王时的事情，昭襄王指责楚背弃以前十八

① (宋)欧阳修：《秦祀巫咸神文》，《欧阳修全集》(第五册)，北京：中华书局2001年版，第2082页。

② 参见郭沫若：《诅楚文考释》，《郭沫若全集·考古编》，北京：科学出版社1982年版，第287页。

③ 参见《古文苑》，清道光二十六年宏道书院刻本。

④ (宋)王柏：《诅楚文考释》，《鲁斋王文宪公文集》，台北：学生书局1979年版，第135-136页。

⑤ 详见郭沫若：《诅楚文考释》，《郭沫若全集·考古编》，北京：科学出版社1982年版，第289-292页。

⑥ 详见姜亮夫：《秦诅楚文考释》，《楚辞学论文集》，上海：上海古籍出版社1984年版，第186-188页。

代的盟约。因而两种观点都有合理的解释。不过，楚国自战国后期实力衰弱，顷襄王即位后，根本无心与秦国争霸，为逃避秦国而迁都，灭亡只是时间问题，对秦国毫无威胁可言。这一点，从《战国策》《史记》《楚辞》等文献都可以看出。因此，秦王不可能对这样一个不堪一击的敌人感到紧张，还要向神灵诅咒它，祈求神灵保佑。只有在楚怀王时期，由于楚与齐结成同盟，再加上六国成合纵之势，共同攻打秦国，这才可能让秦王害怕，因而祈求神灵保佑。秦惠文王派张仪出使楚国，正是要分化楚、齐同盟，将六国合纵之势一一瓦解，从而各个击破。最终，楚怀王受到张仪愚弄，不仅断绝与齐国的同盟关系，甚至被骗到秦国，客死异乡。正是从楚、齐同盟瓦解开始，秦国对楚国的战争无一败绩。可见，《诅楚文》乃秦惠文王诅咒楚怀王而作，且应作于楚、齐同盟瓦解之前。

二、其他问题概述

虽然我们认为《诅楚文》是秦惠文王时期的作品，但还有一些问题没有解决。石刻明确提到“今楚王熊相”，而据《史记》所载，楚怀王名熊槐，并非熊相。欧阳修在《集古录》中以为《诅楚文》是秦昭王诅咒楚顷襄王的作品，顷襄王名熊相，《史记》载其名熊横乃传写错误所致。① 其在《真迹跋尾》中以为《诅楚文》的诅咒对象是楚怀王，同样认为是《史记》传写错误。他相信《诅楚文》石刻，而怀疑《史记》。郭沫若以为，“熊相”即“熊槐”，一个是名，另一个是字，秦人直呼其名，而楚人为了避讳而称其字，所以《诅楚文》呼“熊相”，而《史记》称“熊槐”。② 在他看来，《诅楚文》石刻与《史记》所载都没问题。由于没有确切的证据，我们以为这两种观点各有其道理。如果石刻确实为秦惠文王时期的作品，则应以石刻为准，《史记》记载很有可能

① 详见(宋)欧阳修：《秦祀巫咸神文》，《欧阳修全集》(第五册)，北京：中华书局 2001 年版，第 2082 页。

② 详见郭沫若：《诅楚文考释》，《郭沫若全集·考古编》，北京：科学出版社 1982 年版，第 292 页。

是传抄错误所致。

此外，还有一个石刻真伪问题。从宋代出土至今，鲜有人怀疑三块石刻之真伪。但也有人以为，三块石刻都为赝品。郭沫若以为，怀疑三块石刻都为赝品乃浅薄之见。经过对《亚驼》全文中出现的五个“驼”字的考证，他断定《亚驼》乃宋人仿刻而成。① 我们以为，《诅楚文》石刻从宋代开始，历经近千年的考证，尤其欧阳修、苏轼等大学问家都曾亲见其中之一，而现代考古科技也未能证伪，可见《巫咸》《大沈厥湫》确为先秦石刻。至于《亚驼》，郭沫若考证详细，其为宋人仿刻的可能性很大。

三、石刻文本中的楚国形象

为论述方便，我们以《大沈厥湫》为基础，参照《巫咸》，将《诅楚文》全文抄录于下：

> 有秦嗣王，敢用吉玉宣璧，使其宗祝邵鼜，布憿告于不显大神厥湫，以底楚王熊相之多罪。昔我先君穆公及楚成王，是僇力同心，两邦若壹。绊以婚姻，袗以斋盟。曰世万子孙，毋相为不利。亲印大沈厥湫而质焉。今楚王熊相，康回无道，淫失甚乱，宣奓竞從，变输盟约，内之则暴虐不姑，刑戮孕妇，幽约亲戚，拘圉其叔父，寘者冥室椟棺之中。外之则冒改厥心，不畏皇天上帝，及大沈厥湫之光列威神，而兼倍十八世之诅盟，率诸侯之兵以临加我。欲刬伐我社稷，伐灭我百姓，求蔑废皇天上帝及大神厥湫之血食、圭玉、牺牲，遂取吾边城新隍及于、长、莘，吾不敢曰可。今又悉兴其众，张矜部弩，饰甲底兵，奋士盛师，以逼吾边境，将欲复其凶求。唯是秦邦之羸众敝赋，鞈輸栈舆、礼叟介老，将之以自救也。亦应受皇天上帝及大沈厥湫之几灵德赐，克翦楚

① 郭沫若：《诅楚文考释》，《郭沫若全集·考古编》，北京：科学出版社1982年版，第284-285页。

师，且复略我边城。敢数楚王熊相之倍盟犯诅。箸诸石章，以盟大神之威神。①

《诅楚文》开篇即表明祈祷者身份，乃秦“嗣王”。这里的“嗣王”，古今争诉颇多。前文提及的王柏、姜亮夫诸人均以此认定祈祷者乃秦昭王。因为秦国自秦惠文王始称王，昭王继承其王位，自然为“嗣王”。郭沫若以为，这种解释有误。按照古礼，祭祀宗庙称“孝王某”，祭祀天地诸神则称“嗣王某”。② 这里祭祀的大沈厥湫之神，乃天地诸神，因而秦王自称“嗣王”。其由此认定《诅楚文》的祈祷者是秦惠文王，而非秦昭王，而诅咒的对象则是楚怀王。由于《诅楚文》不见于史册，我们可以从中看到一个迥然不同的楚怀王形象。

《诅楚文》首先回顾了秦、楚两国的结盟。这一点也未见史书记载。“僇力同心，而邦若壹”，可见秦穆公和楚成王时期两国关系之亲密。不仅如此，两国还结为姻亲，发下重誓，要求子孙万代，两国互不敌对。虽然史书没有记载两国的这次会盟，但从当时的历史环境来看，秦楚两国会盟也很正常，它们立下互不侵犯的盟约对双方有百利而无一害。在春秋时期，秦处西方，楚在南方，两国相距甚远，不存在领土冲突。而且当时中原晋国最为强大，楚国争霸的对手是晋国，秦国一直致力于经略西方，两国在利益上也没有冲突。因而两国会盟，立下互不侵犯的盟约，也是当时形势使然。正因如此，当楚都城被吴国攻破之时，申包胥会前往秦国搬救兵。而最后也是秦国出兵解了楚国之危。然而，到了战国时期，特别是中后期，形势发生了极大的变化。晋国在战国时期一分为三，再也无力与秦、楚争强，两国极力扩张，领土冲突十分频繁。《史记·楚世家》记载，楚宣王三十年，“秦封卫

① 原文主要参照郭沫若：《诅楚文考释》，《郭沫若全集·考古编》，北京：科学出版社 1982 年版；以及姜亮夫：《秦诅楚文考释》，《楚辞学论文集》，上海：上海古籍出版社 1984 年版。

② 详见郭沫若：《诅楚文考释》，《郭沫若全集·考古编》，北京：科学出版社 1982 年版，第 292-293 页。

鞅于商，南侵楚”。可见，秦国自从商鞅变法开始，就开始了对楚国领土的侵略。两国关系恶化自然难免。不仅如此，战国后期，秦国的强大引来六国的警觉，在苏秦的倡导下，六国结成同盟，楚国为从长，一起攻打秦国。两国关系进一步恶化，双方多次大战。可以说，自从秦孝公任用商鞅变法、秦国逐渐强盛开始，秦穆公与楚成王订立的盟约已经形同虚设，到了战国后期，两国的同盟关系更是荡然无存。因而，《诅楚文》在开头即向神提起春秋时期的盟约，只是一种言说策略，为了博取神的同情。

接下来，秦惠文王向神诉说楚怀王的暴虐无道。我们在《战国策》《史记》中看到的楚怀王是一个愚蠢而贪婪的昏君，为了贪图蝇头小利，完全忘记国家安危，居然与盟友齐国断交，使得秦国可以各个击破，加速楚国的灭亡。而《楚辞》中的楚怀王则是一个信任小人而远贤臣、不重人才的君王，对忠心耿耿的屈原、宋玉等大臣不仅不加重用，反而日益疏远，甚至放逐。这些文本已经让楚怀王的形象变得灰暗不堪，然而，《诅楚文》对楚怀王的叙述仍然让我们瞠目结舌。“康回无道”，此句指出怀王之虚伪。“淫失甚乱”，指其淫乱。“宣奓竞从”，指怀王奢侈放纵。“变输盟约”，指怀王背弃盟约。这些说得比较抽象，虽然史书不曾仔细记载，但据《战国策》《史记》《楚辞》等文本所载，楚怀王有上述失德之缺点也不足为奇。

然而，下面的具体描述则出人意料。“内之则暴虐不姑”，秦王是从内外两个方面来控诉楚王之无道，“暴虐不姑”仍然是抽象地说其暴虐。为了证明这一点，秦王举了两个例子。“刑戮孕妇”，楚怀王居然暴虐到杀戮孕妇，令人发指。对外人如此，对自己的亲人也十分残暴。“幽约亲戚，拘圉其叔父，寘者冥室椟棺之中”，楚王不顾亲情，将其叔父拘禁起来，甚至将其放在幽暗的棺材里面。这两个例子让我们想起中国历史上最著名的暴君之一——商纣王，他也犯过同样天怒人怨的罪行。如果这两个例子属实，则楚怀王之残暴，完全可以等同商纣王。对于《诅楚文》所记之事，古人由于对秦朝成见太深，因而大多表示怀疑。如苏轼《诅楚文》诗云：“吾闻古秦俗，面诈背不汗。岂惟公子卬，社鬼亦遭谩。辽哉千载后，发我一笑粲。”①其以为秦人多诈，对楚王所诅之事不可信。王柏也云：“楚不诅秦而秦反诅之，凡数其罪，考其《世家》亦无其实。岂有聪明正直之神而甘受给于尔之浮词，而甘受谀于尔之牲币乎？”②其以《史记》为准绳，《诅楚文》所诅之事《史记》并无记载，加之秦朝无道，因而认定《诅楚文》所诅之事为诬告。郭沫若则以为秦人“信神之念实甚笃”，因而相信《诅楚文》所记是真。③ 我们以为，先秦人对神灵依然十分崇信，其对神往往不敢有虚言。然而秦楚乃仇敌，秦王为了得到神灵的庇护，对楚王之诋毁自然不遗余力，夸大其词在所难免。因而我们相信，真实的楚怀王并不一定会做出如此天怒人怨的丑行。但是，由于石刻乃战国遗物，其也在一定程度上揭示了当时的情形，楚怀王之暴虐应属实。这一点正好补《史记》《楚辞》等文本之不足，令楚怀王形象更加丰满。

楚怀王对外的罪行，则主要是对秦国的侵伐。这一点与史书并无太大出入。据《史记·楚世家》所载：楚怀王十一年，楚合六国之兵，一起攻打秦国。《诅楚文》则有“率诸侯之兵以临加我”，二者正好互相印证。十六年，怀王因受张仪愚弄而恼羞成怒，发兵攻打秦国，双方大战于丹阳，楚军大败。怀王大怒，举全国之兵与秦国再战于蓝田，结果再次惨败而归。蓝田之战，与《诅楚文》“今又悉兴其众”等记载也十分吻合。然而，从《战国策》《史记》等书的叙述来看，楚怀王十分愚蠢且冲动。其发动的多次战争似乎对秦国毫无威胁，最终都是以楚国失败告终。但《诅楚文》的叙述截然不同：楚军气势汹汹，秦国的形势十分危急，几乎濒临亡国灭种的边缘。造成这种差异的原因可能有二：其一，秦王为祈求神灵帮助，故意夸大楚军之实力，加强其侵略气势，激起神

① （宋）苏轼：《诅楚文》，见《三苏全书》（第六册），北京：语文出版社 2001 年版，第 437 页。

② （宋）王柏：《诅楚文考释》，见《鲁斋王文宪公文集》，台北：学生书局 1979 年版，第 136 页。

③ 郭沫若：《诅楚文考释》，《郭沫若全集·考古编》，北京：科学出版社 1982 年版，第 294-295 页。

灵对弱者的同情，从而获得神灵保护。其二，楚王敢再三对秦国发动战争，绝不是一时糊涂，而是基于其对楚国实力的极端自信。可见当时的楚国虽弱，但与秦国实力相差并不远。如果是一个相差悬殊的弱国，绝不敢再三攻打秦国。因而，《诅楚文》所记具有很大的可信度。反而史书仅从战争结果出发，对事件的描述有一些偏差。这样，《诅楚文》为我们塑造了一个对外侵略成性、蛮横无理的暴君形象。这一特点与前面所述的对内残暴不仁正好相符。

于是，我们看到一个完整的楚怀王形象：对内残暴不仁，荒淫无道；对外好大喜功，侵略成性。《诅楚文》中的楚怀王是一个不折不扣的昏君与暴君。处于这个暴君统治下的楚国，是一个地狱般的国度：国君专制暴躁，滥施酷刑，无论亲疏，都遭到其残暴的迫害。同时，这也是一个恶魔般的国度：其不敬神灵，不守盟约，对外侵略成性。显然，这就是秦王眼中的楚国，也是其在《诅楚文》中苦心构建的楚国形象。

第四节　先秦诸子散文中的楚国明君贤臣典型

春秋战国时代，诸子百家争鸣。各家为了宣扬自己的学说，从不同的角度建构了大量明君、贤臣形象，最著名的莫过于尧、舜、禹、汤、周公等典型。不过，由于诸子思想不同，他们对同一人物的书写并不相同，有些甚至互相矛盾。如尧、舜、禹等人在诸子著作中都为圣人，但在儒家那里，他们是行仁政的圣君；在《庄子》中他们成了道家人物，奉行无为而治；在《韩非子》一书中，他们又成为赏罚分明的法家君主。而且，为了言说的需要，诸子往往编造故事，或者将他人的故事安在另一人头上。后世流传的很多故事，都出自先秦诸子之手。可以说，从远古的黄帝时期甚至更早，到战国末期，先秦诸子重新书写了一段历史。不管这段历史是否真实，它们对后世的影响巨大。甚至可以说，它们实际上已经成了后人眼中的历史的一部分。这一点，我们从先秦诸子对楚庄王与孙叔敖的建构中可以明显看出。

一、楚庄王形象

先秦典籍中，楚庄王的事迹颇多。《春秋三传》中，《公羊》《穀梁》重在义理的阐发，对符合礼义之事褒扬，违背礼义之事贬斥，所以它们对楚庄王有褒有贬。如《公羊》对庄王杀陈国君主夏徵舒一事，极力贬斥。春秋时代，周天子虽然名存实亡，但按照礼制，讨伐诸侯国，必须天子下令，诸侯没有这个权力。楚庄王只是一个诸侯国的君主，讨伐同为诸侯国的陈国，显然僭越王权，违背礼法。同样是讨伐他国，楚庄王因为郑国的背叛而讨伐，兵临城下，最后反而按照礼义保存郑国。《公羊》则对此大加赞赏。

《左传》详于史实的记述，涉及楚庄王方方面面的事迹，有正面形象的书写，也有反面形象的描述。总体来看，显然褒大于贬。讨伐陈国，《公羊》贬斥，《左传》则认为有礼。楚庄王发兵围困郑国，又退兵保存郑国，《左传》与《公羊》一样赞其有礼。与晋国邲之战，《左传》也是站在礼的角度，说明楚国赢得胜利的必然性。此外，庄王灭舒、灭庸，以及平定若敖氏之乱等事迹的书写，一个励精图治、能干有为的明君形象清晰可见。当然，《左传》也对庄王的不守礼行为予以暗贬。庄王伐陆浑之戎，将军队驻扎在京师附近，有图谋京师之意。所以周定王派王孙满来犒劳，庄王借问鼎之大小轻重来试探可否取周朝而代之。《左传》借王孙满之口，对其进行讽刺，以“在德不在鼎”“周德虽衰，天命未改，鼎之轻重，未可问也”，打消楚庄王的野心。同时，对其不守礼法、大逆不道也予以贬斥。这样，一个不甘遵守礼制、野心勃勃的大国君主形象，跃然纸上。

诸子散文与上述历史叙事不同，它们对楚庄王的书写带有浓厚的理想色彩。除了《荀子·君道》一文提到“楚庄王好细腰，故朝有饿人”，以此证明“君射则臣决”，对楚庄王有所讽刺之外，基本没有负面形象的书写。而且，诸子散文中楚庄王的事迹大多不见于史书，虽然不能由此判定其编造历史，但它们对楚庄王形象的建构中带有更多的个人言说意图，则十分明显。

先秦诸子散文中，《孟子》虽提到“五霸者三王之罪人也”（《告子下》），对五霸有所批评，但并没有点明楚庄王。第一个对楚庄王形象进行书写的是《荀子》。除了讽刺其“好细腰”外，《荀子·尧问》着重书写这样一件事：

魏武侯谋事而当，群臣莫能逮，退朝而有喜色。吴起进曰：“亦尝有以楚庄王之语闻于左右者乎?”武侯曰：“楚庄王之语何如?”吴起对曰：“楚庄王谋事而当，群臣莫逮，退朝而有忧色。申公巫臣进问曰：‘王朝而有忧色，何也?’庄王曰：‘不谷谋事而当，群臣莫能逮，是以忧也。其在中蘬之言也，曰：‘诸侯自为得师者王，得友者霸，得疑者存，自为谋而莫己若者亡’。今以不谷之不肖而群臣莫吾逮，吾国几于亡乎！是以忧也。’楚庄王以忧，而君以喜。”

《尧问》一篇多记述圣贤言语，真实性并不强。该段话描述了两个君王，魏武侯因为谋事恰当，群臣不及，而沾沾自喜；楚庄王正好相反，对此深表忧虑。不管吴起所说的楚庄王事迹是否真实，一个睿智英明而忧虑国家的君主形象已经很鲜明地刻画出来。并不因为自己才智过人而骄傲，反而对国家没有贤良之臣而深深忧虑，认为这是亡国的征兆。楚庄王这样深谋远虑，对治国良臣如此重视，其不拘一格提拔孙叔敖为相，最终成为一代霸主，也就可想而知了。

荀子之后，其弟子韩非对楚庄王也多有书写。《韩非子》一书，往往先提出观点，再举事例证明，所以，作者对其中所举例子一般不直接褒贬，但其所述道理有正反之分，所举事例自然也褒贬自明。《韩非子》主要涉及楚庄王两件事。我们先看第一个例子：

楚庄王莅政三年，无令发，无政为也。右司马御座而与王隐曰：“有鸟止南方之阜，三年不翅，不飞不鸣，嘿然无声，此为何名?”王曰：“三年不翅，将以长羽翼；不飞不鸣，将以观民则。虽

> 无飞，飞必冲天；虽无鸣，鸣必惊人。子释之，不谷知之矣。”处半年，乃自听政。所废者十，所起者九，诛大臣五，举处士六，而邦大治。举兵诛齐，败之徐州，胜晋于河雍，合诸侯于宋，遂霸天下。庄王不为小害善，故有大名；不蚤见示，故有大功。故曰：“大器晚成，大音希声。”①

正如篇名所示，此篇所举例子均为说明《老子》精义。在《老子》中，“大器晚成，大音希声”是一个相当高的评价。用楚庄王故事来解说这个道理，无疑表明作者对楚庄王评价之高。从这个故事的书写来看，楚庄王真正达到了《老子》所说的“治大国若烹小鲜”的境界，治理国家轻松自如，充分表明一个霸主的气度与才华。值得注意的是，《韩非子》这里所举例子并不见于先秦史书，也不曾见于韩非以前的诸子著作，但其后《吕氏春秋》及汉代《新序》《史记·楚世家》中都有同样的故事，只不过进谏之人略有变化。此外，《史记·滑稽列传》中也有同一个故事，且书写的语句十分类似，但主角换成了齐威王。由此可见，楚庄王的这个故事多半是韩非杜撰而成。但不可否认，韩非建构的英明睿智的楚庄王形象，却随着这个故事在后代的广泛流传而传播下来，成为楚庄王形象中不可缺少的元素。

同样，《韩非子·外储说右上》中的一个故事也有这样的色彩：

> 荆庄王有茅门之法曰：“群臣大夫诸公子入朝，马蹄践霤者，廷理斩其辀，戮其御。”于是太子入朝，马蹄践霤，廷理斩其辀，戮其御。太子怒，入为王泣曰：“为我诛戮廷理。”王曰：“法者，所以敬宗庙，尊社稷。故能立法从令尊敬社稷者，社稷之臣也，焉可诛也？夫犯法废令不尊敬社稷者，是臣乘君而下尚校也。臣乘君，则主失威；下尚校，则上位危。威失位危，社稷不守，吾将何

① （战国）韩非：《韩非子·喻老》，见（清）王先慎：《韩非子集解》，北京：中华书局1998年影印本，第168页。下文所引《韩非子》原文均出自该书。

以遗子孙?”……

一曰：楚王急召太子。楚国之法，车不得至于茆门。天雨，廷中有潦，太子遂驱车至于茆门。廷理曰：“车不得至茆门。非法也。”……廷理举殳而击其马，败其驾……王曰：“前有老主而不逾，后有储主而不属，矜矣！是真吾守法之臣也。”乃益爵二级，而开后门出太子。

这个故事有两个版本。但不管哪个版本，楚庄王在这里成了一个坚定的法家人物。我们可以看到，楚庄王在两个版本中说的话并不相同。第一个版本中，楚庄王重在强调君主的威严，法令的坚守与否，成了君臣强弱的标志。不守法令，则君弱臣强，君主不仅失威，还会失位，导致国家易主。第二个版本中，楚庄王也强调君主的威严，坚守法令是保证君主威严的重要手段。但这里强调的是现任君主的威严，即使对储君也要严格执法。这个故事同样不见于先秦史书和韩非以前的诸子著作，汉人刘向的《说苑》将此故事收入，与第一个版本几乎相同。与上一个故事相比，这个故事杜撰的可能性更大。两个版本中，楚庄王所说的话都是典型的法家精义，同样的句子我们可以轻易地从《韩非子》的其他章节找到。可见，韩非只是借庄王之口讲述法家的道理。应该说，韩非为了言说的需要，在这里建构了一个坚守法度、坚持君主权威的政治家形象。有意思的是，韩非建构的两个楚庄王形象，一为道家，一为法家，但彼此并不矛盾，完美地统一在《韩非子》的思想体系之中。而道家与法家，正是《韩非子》两大思想源头。

韩非之后，吕不韦的《吕氏春秋》也对楚庄王形象进行了刻画。但与《韩非子》不一样，《吕氏春秋》作者众多，思想也很复杂，其叙述楚庄王并不成系统。《吕氏春秋》主要涉及楚庄王三个故事。第一个故事出现在《吕氏春秋·重言》中，正是承《韩非子》而来，讲楚庄王“一鸣惊人”的故事，只不过，进谏之人换成了成公贾。而且，《吕氏春秋》举这个例子的目的与《韩非子》不同，是为了证明“人主之言，不可不慎”，要求君主慎重言辞。这里的楚庄王形象，显然不是《韩非子》中的道家宗师，而是一个谨言慎行、对国事洞若观火的明君形象。

《吕氏春秋》所记楚庄王另两个故事，均见于先秦史书，但结论大相径庭。其中一个故事在《吕氏春秋·行论》中，楚庄王派使者出使齐国，因为没有假道而经过宋国，被宋国所杀，楚庄王一怒之下带兵围攻宋国，后因宋国屈服而罢兵。这个故事《左传》(宣公十四年、宣公十五年)有记载，但没有任何评论。《春秋公羊传》(宣公十五年)也记载有此事，故事的细节不甚相同，并称赞两国罢兵而和平，但对两国大夫私下相约和平这种不合礼节的行为予以贬斥。《春秋穀梁传》(宣公十五年)对此事一笔带过，但对两国罢兵和平大加称赞。同样一件事，《吕氏春秋》的角度迥然不同。作者是站在宋昭公的立场，称赞其能顺应时势，忍辱负重，屈服于仇敌以保存国家，从而证明"人主之行，与布衣异，势不便，时不利，事雠以求存"的道理。这里的楚庄王虽然处于次要地位，但其能顺应时势，及时罢兵，也展现出一个霸主的眼光独到、心胸宽广。

楚庄王讨伐陈国，《左传》(宣公十一年)及《春秋公羊传》(宣公十一年)均有记载。《左传》重在记述楚庄王灭陈之后，听从大臣的建议又恢复陈国，称赞其守礼。《公羊》对此事一笔带过，却对楚国没有周天子的命令，擅自讨伐同为诸侯国的陈国这一僭越失礼的行为大加贬斥。《吕氏春秋·似顺论》同样记载此事，但重在论述楚国讨伐陈国之前，对陈国是否可以攻打的判断。我们可以看一下原文：

> 荆庄王欲伐陈，使人视之。使者曰："陈不可伐也。"庄王曰："何故?"对曰："城郭高，沟洫深，蓄积多也。"宁国曰："陈可伐也。夫陈，小国也，而蓄积多，赋敛重也，则民怨上矣。城郭高，沟洫深，则民力罢矣。兴兵伐之，陈可取也。"庄王听之，遂取陈焉。①

① (战国)吕不韦、(汉)高诱：《吕氏春秋》，上海：上海书店 1986 年版，第 317 页。下文所引《吕氏春秋》原文均出自该书。

同样，这个细节很有可能出自《吕氏春秋》作者的杜撰。这里，作者充满辩证思维。陈国城高、沟深、积蓄多，表面看来，防守严密，不宜攻打。但实际上这些因素反而成为陈国败亡的决定原因。这也正是这篇文章要说明的道理：“事多似倒而顺，多似顺而倒。有知顺之为倒、倒之为顺者，则可与言化矣。”楚国的君臣能够看到正反两方面的情况，洞悉其中的奥秘，是他们胜利的根本原因。而这里的楚庄王，则是一个善于听取臣下正反两方面意见，判断准确，当机立断的英明君主形象。

二、孙叔敖形象

与先秦史书对楚庄王浓墨重彩的书写不同，孙叔敖在先秦史书中出现很少。但在先秦诸子著作中，对孙叔敖的直接书写要多于楚庄王。这是一个很有意思的现象。

先秦诸子中，孟子最早对孙叔敖进行书写。其在《告子下》中评论道：“舜发于畎亩之中，傅说举于版筑之中，胶鬲举于鱼盐之中，管夷吾举于士，孙叔敖举于海，百里奚举于市。故天将降大任于是人也，必先苦其心志，劳其筋骨，饿其体肤，空乏其身，行拂乱其所为，所以动心忍性，曾益其所不能。”这就是孟子著名的“生于忧患而死于安乐”论。其中，孙叔敖与舜、傅说、胶鬲、管仲等贤人并列，都出生卑贱，却是上天选中降大任之人，虽历经艰苦，最后都成就大业。

孟子之后，荀子对孙叔敖进一步展开书写。在《荀子·非相》中，作者书写了一个长相丑陋的孙叔敖：“楚之孙叔敖，期思之鄙人也，突秃长左，轩较之下，而以楚霸。”这里的孙叔敖，不仅身份低微，而且长相怪异，但就是这样一个人，不用武力而使楚国称霸天下。荀子举孙叔敖的例子是为了说明相貌并不重要、心术善良才是判断君子、小人的标准。而且，荀子所举例子中还有尧舜、文王、周公、孔子等圣人。可见在荀子眼中，孙叔敖虽然形象丑陋，但心术善良，是一个雄才大略的君子。

《荀子·尧问》记载了很多圣贤的言语，其中就有孙叔敖的一段话：

缯丘之封人见楚相孙叔敖曰："吾闻之也：处官久者士妒之，禄厚者民怨之，位尊者君恨之。今相国有此三者而不得罪楚之士民，何也?"孙叔敖曰："吾三相楚而心愈卑，每益禄而施愈博，位滋尊而礼愈恭，是以不得罪于楚之士民也。"

正如前面所说，《尧问》所记言语的真实性并不强。该篇所书写的孙叔敖形象与《非相》有相近之处。这里的"缯丘之封人"很显然是一个虚拟的人名，但其提的问题却十分现实。要想长久做高官而不招士人妒忌，爵禄丰厚而不惹百姓怨恨，位高权重而不招君主怀恨，是一件非常不容易的事情。而孙叔敖做到了，"三相楚而心愈卑，每益禄而施愈博，位滋尊而礼愈恭"，可见其贤明。由此，《荀子》中的孙叔敖形象接近完美，其长相丑陋却是君子，为人雄才大略，上对君主守礼，下对士人尊敬，爵禄丰厚而广泛赈济百姓，是一个深受楚国上下喜欢的贤相。

韩非子对孙叔敖的书写，主要涉及两件事。我们先看《韩非子·喻老》中的一段话：

楚庄王既胜，狩于河雍，归而赏孙叔敖。孙叔敖请汉间之地，沙石之处。楚邦之法，禄臣再世而收地，唯孙叔敖独在。此不以其邦为收者，瘠也，故九世而祀不绝。故曰："善建不拔，善抱不脱，子孙以其祭祀，世世不辍。"孙叔敖之谓也。

前面已经说过，《喻老》一篇都是用事例来解释《老子》的。但韩非的解释，不一定与《老子》原意相同。甚至同一段文字，在《韩非子》不同篇目中的解释也不尽相同。此处对"善建不拔，善抱不脱，子孙以其祭祀，世世不辍"的解释，就与《解老》中的解释不尽相同。可见，韩非并不是要忠实地为《老子》做注疏，而是借《老子》来阐释自己的思想。其实，这种"断章取义"之法是先秦惯例。从《左传》《国语》等史书可以看到，春秋之时，贵族、士人往往大量引用《诗经》来表达意愿，但意思与《诗经》原意并不相同。而诸子百家著作中，这种为了自己言说需要而“断章取义”地引经据典十分普遍。韩非这里用孙叔敖的事例，只是要说明深谋远虑之必需。《喻老》中的孙叔敖，显然就是一个深谋远虑，对未来判断准确，为子孙后代谋福利的睿智之士。

孙叔敖的这个故事，被《吕氏春秋·异宝》进一步发挥：

> 孙叔敖疾，将死，戒其子曰：“王数封我矣，吾不受也。为我死，王则封汝，必无受利地。楚、越之间有寝之丘者，此其地不利，而名甚恶。荆人畏鬼，而越人信禨。可长有者，其唯此也。”孙叔敖死，王果以美地封其子，而子辞，请寝之丘，故至今不失。孙敖叔之知，知不以利为利矣。知以人之所恶为己之所喜，此有道者之所以异乎俗也。

此篇宗旨是：“古之人非无宝也，其所宝者异也。”这里所谓的异宝，指的是不同凡俗的见识，而非金银财宝。《韩非子》中孙叔敖是自己受封于恶地，而《吕氏春秋》则演绎成其告诫儿子取恶地。两书对这个故事的表述不同，要证明的观点也不尽相同。《吕氏春秋》重在强调有道者的见识非同一般，与凡俗之喜好不同，甚至截然相反。但两书对孙叔敖的书写基本相同，都塑造了一个见识卓越、深谋远虑的智者形象。此后，《淮南子》糅合《韩非子》与《吕氏春秋》，孙叔敖教子受沙石之地的故事基本定型下来。

《韩非子》长于论述，其所举例子，大多为其观点服务。《韩非子·外储说左下》所举孙叔敖例子也是如此。在这篇文章中，作者先摆出观点，再举例子证明。孙叔敖是与管仲一起出现的，并且是正反例证。作者首先摆出观点：“臣以卑俭为行，则爵不足以劝赏；宠光无节，则臣下侵逼。”然后以孔子的口吻，评论管仲与孙叔敖。将孙叔敖与管仲相提并论，可说再恰当不过了。两人都是辅佐春秋五霸的贤相，劳苦功高，一直为后人津津乐道。但无论先秦典籍，还是后世传说，对管仲有褒有贬，对孙叔敖则只褒不贬。原因正在于韩非这里所说的奢侈与简朴之分。历史上，孔子最早对管仲的奢侈提出批评。《论语·八佾》中说："或曰：'管仲俭乎？'曰：'管氏有三归，官事不摄，焉得俭？'"《韩非子》进一步借孔子之口，批评管仲之骄奢，赞扬孙叔敖之简朴，在春秋时期两个最著名的贤相对比中，印证其"臣以卑俭为行"的观点。这里的孙叔敖形象在与管仲的对比中更加高大。联系前面《荀子》的论述，一个位高权重、功勋卓著的相国，却"栈车牝马，粝饭菜羹，枯鱼之膳，冬羔裘，夏葛衣，面有饥色"，如此简朴而又深得楚国君臣百姓的喜爱，无疑代表了古代士人的理想。难怪先秦诸子对其进行大量书写，汉人又进一步建构孙叔敖形象了。

先秦诸子散文中，《吕氏春秋》对孙叔敖的书写最多，除《吕氏春秋·异宝》外，还有三处从正面与侧面进行书写。在《吕氏春秋·当染》中，作者直接指出孙叔敖对楚国的巨大作用："非独染丝然也，国亦有染……荆庄王染于孙叔敖、沈尹蒸……所染当，故霸诸侯，功名传于后世。"这有点"近朱者赤，近墨者黑"的意思。正是有了孙叔敖这样的贤人，楚庄王才能称霸天下。《吕氏春秋·情欲》更是别出心裁，认为并非是孙叔敖运气好碰上了楚庄王这样的明君，而是楚庄王运气好碰上了孙叔敖这样的贤相："世人之事君者，皆以孙叔敖之遇荆庄王为幸。自有道者论之则不然，此荆国之幸。荆庄王好周游田猎，驰骋弋射，欢乐无遗，尽傅其境内之劳与诸侯之忧于孙叔敖。孙叔敖日夜不息，不得以便生为故，故使庄王功迹著乎竹帛，传乎后世。"正是有了孙叔敖的贤明与勤劳，楚庄王才可以既尽情享受，又能称霸天下。可见孙叔敖之功劳。此外，《吕氏春秋·赞能》更是借沈尹蒸之口，对孙叔敖大加赞赏："说义以听，方术信行，能令人主上至于王，下至于霸。"并且称赞其为"圣人"。我们可以看到，前述诸子都只是从一个方面称赞孙叔敖，而《吕氏春秋》则从整体的角度赞许孙叔敖，并将其置于一个相当高的地位进行评述。

三、结语

综上所述，从先秦诸子散文对楚庄王、孙叔敖形象的书写可以看到：

其一，先秦诸子往往根据说理的需要重新整合历史故事甚至建构新的历史。前面已经说过，先秦诸子中的楚庄王故事多不见于《左传》等先秦史书，孙叔敖的故事在先秦史书中本来就很少，诸子对其大量书写，难免让人怀疑其真实性。当然，按照我们的观点，《左传》等历史叙事与诸子散文等文学叙事，同样都是对真实历史的理解或者说建构，并不能与历史本身等同。真实的历史我们已经无法知道。所以，我们不能以《左传》书写的历史来判定诸子散文的真实性。而且，我们知道，先秦时期，书籍还不发达，各诸侯国之间的交通困难，对历史的叙述往往靠口耳相传。由于时间与空间的转移，这种口耳相传的历史难免发生细节甚至故事本身的变化。先秦诸子散文中很多不见于史书的历史故事，可能正是口耳相传的结果。先秦诸子散文大多是论说文，以说理为主，难免根据说理的需要编造一段历史，或者把已有历史改头换面。这种做法对汉人影响尤其大。由于秦朝焚书坑儒，先秦史料匮乏，《说苑》《新序》《淮南子》等汉代诸子著作继续先秦诸子传统，大量编造和整合历史故事。所以，很多时候互相矛盾，错讹百出。可以说，为了言说需要，先秦诸子散文建构了楚庄王与孙叔敖形象，汉代诸子著作及后代著作，进一步完善这种建构。

其二，与楚庄王形象的建构相比，孙叔敖形象在诸子散文中的比重更大。这不仅因为先秦诸子对孙叔敖的书写更多，而且更多是直接书写。我们看到，楚庄王的故事往往是为了证明某个道理而出现的，而且他还经常不是故事的主角，其形象往往是从侧面见出的。孙叔敖则不然，从荀子开始，诸子就开始对其进行正面书写，包括其长相、出身以及行为等都能看到。可见，孙叔敖长相丑陋且出身贫贱，还能成就大业，三为相国，辅佐楚庄王称霸天下。这一点，给了身处下位的诸子很大的信心。而且，孙叔敖位高权重，但生活俭朴、为人谦和，深受君主与百姓的喜爱，成为一代贤相，这更加符合诸子这样的士人身份，也代表了他们的人生政治理想。因此，先秦诸子对孙叔敖着力书写，评价相当高，也就理所当然了。

其三，楚庄王是国君，孙叔敖是楚国最高行政大臣，他们二人完全可以代表当时的楚国。先秦诸子对楚国君王与令尹的反复书写，充分展示了他们的政治理想，揭示了他们心中的楚国形象。对先秦士人而言，楚庄王是他们向往的君王。尽管由于政治理想的差异，楚庄王在不同的文本中展现不同的形象。在《荀子》中，楚庄王是一个深谋远虑、睿智敦厚的儒家君王；而在《韩非子》中，楚庄王则成了一个强调法度威严的法家国君。但不管是《荀子》《韩非子》还是《吕氏春秋》，它们建构的楚庄王都是高大、英明的正面形象。对儒家和法家士人而言，楚庄王都是符合他们各自政治理想的明君。而长相丑陋却三为相国、深受君王、大臣与百姓喜爱的孙叔敖则是他们行动的楷模。显然，由明君与贤臣组成的楚国，也是先秦士人向往的所在。因而，这个时期的楚国完全是士人政治理想的典型代表，是一个国君英明睿智、选贤任能，大臣鞠躬尽瘁、各尽其才的理想国度。

第二章　历史叙事中的楚国形象

我们将其他诸侯国人建构的楚国形象都称为他者形象。其中，《公羊》《穀梁》《孟子》等文本建构的楚国形象十分鲜明，具有强烈的异质特色。这些文本建构的楚国形象是他者形象的典型代表，为我们考察先秦文学中的楚国形象提供了一个清晰的维度。然而，先秦文学文本中还有一类文本也值得注意。它们是其他诸侯国人的作品，其建构的楚国形象也属于他者形象。然而，由于着眼点不同，它们注重历史事件的描述，却少有对这些历史事件的直接价值判断，因而它们呈现出的楚国形象隐藏于历史叙事之后，并且没有构成统一的形象。《左传》《战国策》是这类文本的代表。在先秦文本中，《左传》对楚国的书写最为详细，从春秋初期到末期，楚国的史实在《左传》中清晰可见。然而，《左传》偏重对史实的记载，其对楚国的书写呈现出相对客观的特征。尽管《左传》建构的楚国形象分散，没有统一的价值判断，不具备他者形象的典型特征，但由于其对楚国书写最多，且对后世影响巨大，我们仍然无法绕过这个文本。

第一节　《左传》中的楚国形象

《左传》，是《左氏春秋传》的简称，也称《春秋左氏传》，或《左氏春秋》，是我国现存最早叙事详细的编年体史书。《左传》基本沿用《春秋》体例，全书记载从鲁隐公到哀公二百五十五年的历史。

关于其作者，从汉初开始，一直到今天，还没有定论。汉人最先提出《左传》作者为左丘明。司马迁在《史记·十二诸侯年表序》中说："是以孔子明王道……故西观周室，论史记旧闻，兴于鲁而次《春秋》……七十子之徒口受其传指……鲁君子左丘明惧弟子人人异端，各安其意，失其真，故因孔子史记具论其语，成《左氏春秋》。”①这里，司马迁明确提出孔子修订《春秋》，左丘明作《左传》。太史公此论一出，后来的刘向、刘歆、桓谭、班固等都认定左丘明为《左传》作者。到了后代，随着晋人杜预、唐人孔颖达的《左传注疏》的广泛传播，这一观点历来为人接受。但反对此说者也为数不少，如唐人赵匡、宋人王安石等人都以为左氏非左丘明。② 清人姚鼐在《左传补注序》中说：“左氏之书非出一人所成。自左丘明作传以授曾申，申传吴起，起传其子期，期传楚人铎椒，椒传赵人虞卿，虞卿传荀卿。盖后人屡有附益。”③这种说法将前人对立观点综合起来，试图整理出一个完整的传承谱系。虽然具体传承过程并不可信，但《左传》经过代代相传有所增益也是合理的。今天的学界，在没有明确证据前，也把《左传》归于左丘明的名下。然而，仅仅知道一个左丘明并不能完全解决问题。由于资料的缺乏，左丘明此人姓左还是左丘，其与孔子孰先孰后，以及其是否为孔子学生等问题，一直成为从汉代到当今学界争论不休的公案。④

杨伯峻以为，《左传》作者并非左丘明，也非前人所说的吴起，而是孔子之后的儒家别派。他的依据是《左传》的成书年代。按照他的考证，《左传》成书于公元前 403 年以后，公元前 389 年以前，离鲁哀公末年约六十多年到八十多年。⑤ 这样看来，《左传》作者已无可考。但《左传》成书于春秋末年至战国初期，还是可信的。

《左传》与《春秋公羊传》《春秋穀梁传》，合称《春秋三传》。三者均

① (西汉)司马迁：《史记》，北京：中华书局 1959 年版，第 509 页。

② 具体参见(晋)杜预注、(唐)孔颖达疏：《左传注疏》，《唐宋注疏十三经》(三)，北京：中华书局 1998 年影印本，第 1 页。

③ (清)姚鼐：《左传补注序》，《惜抱轩文集》卷三，清光绪九年刻本。

④ 具体论述参见杨伯峻：《春秋左传注 · 前言》，北京：中华书局 1990 年版，第 29-34 页。

⑤ 详细考证参见杨伯峻：《春秋左传注 · 前言》，北京：中华书局 1990 年版，第 34-41 页。

为传述《春秋》而作。但《左传》与《公羊》《穀梁》不同，并不拘泥于阐释《春秋》大义，而是着重史实的梳理。宋人朱熹《朱子语类》说：“以《三传》言之，《左氏》是史学，《公》《穀》是经学。史学者记得事却详，于道理上便差；经学者于义理上有功，然记事多误。”①叶适《春秋传序》也说：“《左氏》传事不传经，是以详于史而事未必实；《公羊》传义不传事，是以详于经而义未必当。”②可见，从阐释《春秋》经义的角度而言，《左传》比不上《公羊》与《穀梁》，但从史料价值及文学价值的角度而言，《左传》则是后二者难以望其项背的。实际上，汉代以后，《左传》之所以一直享有无与伦比的地位，正是因其记事详细、史料翔实，以及具有极高的文学价值。

单纯从楚国形象的建构而言，《左传》不如《公羊》与《穀梁》清晰明了。因为后二者从义理出发，直接对楚国发表评论，褒贬一目了然。而《左传》注重史实的叙述，往往不对叙述的史实发表评论，很难直接看出《左传》作者眼中的楚国形象。但《左传》以史料翔实取胜，对楚国的事迹叙述之多，没有先秦典籍可以与之匹敌者。因此，从这些史料的书写中，我们同样可以看出该书所建构的楚国形象。值得注意的是，由于《左传》是现存第一部叙事详备的编年体史书，后代史书大多受其影响，从中汲取史料。因此，后人往往将《左传》记载的史料当真实的历史来看，以之作为判断真伪的标准。当今多部《楚国史》也往往径取《左传》《史记》所载，来还原楚国历史。然而，从我们的观点看，历史叙事与文学叙事都是对真实历史的理解与阐释，不能与真实历史等同。《左传》对春秋时代的记载，只是其作者建构的历史，虽然是对真实历史的阐释，但毕竟与真实历史不同。《左传》所记载的楚国，只是其作者建构的楚国形象，并非是真实历史中的楚国。我们今天考察《左传》中的楚国形象，正是试图梳理该书建构了怎样一个楚国形象，以及其如何建

---

① (宋)朱熹：《朱子语类》，见《朱子全书》，上海：上海古籍出版社；合肥：安徽教育出版社 2002 年版，第 2841 页。

② (宋)叶适：《春秋传序》，见《水心先生文集》，清光绪壬午年瑞安孙氏刻本。

构这一形象。由于《左传》偏重史实的记述，并没有清晰且统一的楚国形象。我们对《左传》的分析，将集中于其如何建构楚国形象上。为方便论述，我们将从以下四个方面展开分析。

一、《左传》对楚国的直接评述

《公羊》《榖梁》等文本中的楚国形象之所以鲜明，是因为这些文本对楚国采用了大量的直接评述，褒贬一目了然。《左传》对楚国也有直接评述。然而，《左传》与《公羊》《榖梁》的直接评述并不相同。《公羊》《榖梁》在叙述与楚国有关的人和事的时候，往往并不对具体的人和事展开评述，而是上升到国家形象的高度，直接对楚国予以价值判断。《左传》则正好相反，往往只对具体的人和事进行价值判断，并没有上升到国家形象的高度，因而其中的楚国形象并不突出。如《左传·昭公十三年》记载：

> 楚之灭蔡也，灵王迁许、胡、沈、道、房、申于荆焉。平王即位，既封陈、蔡，而皆复之，礼也。隐大子之子庐归于蔡，礼也。悼大子之子吴归于陈，礼也。

这一段话中出现了三个“礼”字，是《左传》对楚国直接评述的集中体现。在平王之前，楚国灭掉了陈国与蔡国。楚平王即位后，又将两国恢复，并让两国太子的儿子回去做了君王。《左传》认为，楚平王恢复陈、蔡两国，并让蔡国的人重新回到故土，这是守礼的表现。这里实际上有两个价值判断：楚平王守礼，则其前任楚灵王灭掉陈、蔡两个诸侯国，显然是对礼制的公然践踏。因而，这里表面上是对楚平王的称赞，暗地里则对楚灵王的无道进行了批判。

不仅如此，《左传》还对楚平王多次予以直接评价。如《左传·昭公十四年》云：“好于边疆，息民五年，而后用师，礼也。”这里对楚平王让国内休养生息五年后才用兵予以称赞。再如《左传·昭公十六年》记载：“楚子闻蛮氏之乱也，与蛮子之无质也，使然丹诱戎蛮子嘉杀之，遂取蛮氏。既而复立其子焉，礼也。”这里，楚平王先灭了蛮氏，又立戎蛮首领的儿子为君王，《左传》认为是守礼的表现。《左传》对楚国历代君王的叙述中，唯有楚平王得到如此多的直接称赞。如果仅仅从这五个“礼”字来看，楚平王在《左传》作者眼中地位崇高，显然是一个明君。他领导下的楚国，显然是国家富强，百姓安居乐业，一派繁荣景象。但是从《左传》的叙述看来，楚国的平王时期正是由盛向衰的转折点，楚平王也并非明君，他的一系列错误行为给楚国带来了灭顶之灾。由此可见，《左传》的直接评述一般只针对具体的人和事，仅仅凭这些直接评述并不能勾勒出《左传》文本中的楚国形象。

《左传》的直接评述还有另一种表现形式，即借用与故事毫无关联的人对事件或人物发表直接评论。这是《左传》极富个性特色的书写方式，最常见的是“君子谓”或“君子曰”。如楚共王去世，新君初立，楚国重新任命了一大批官员。《左传·襄公十五年》评价说：

> 君子谓：“楚于是乎能官人。官人，国之急也。能官人，则民无觎心。《诗》云：‘嗟我怀人，置彼周行。’能官人也。王及公、侯、伯、子、男，甸、采、卫、大夫，各居其列，所谓周行也。”

所谓“能官人”，就是选择正确的人来担任官职。作者借“君子”之口对楚国重新任命官员这一行为发表了看法。而这个“君子”显然就是作者的化身。作者以为，任命官员是国家的当务之急。一个新政权诞生之初，最急切的事情就是任命官员。能否任命合适的官员，直接关系到新政权的稳定。所谓“能官人，则民无觎心”，当然是从统治阶层的角度来思考问题。但也从另一个方面说明，任命了合适的官员，百姓心里踏实了，国家自然也就安定了。《左传》引《诗经》的话，表明在作者看来，楚国这次任命官员十分合理，都是合适的人担任合适的官职。这段对楚国的直接评述，虽然也是对具体人和事的评价，但由于任命官员是国家的头等大事，因而这段评价直接指向国家形象。从中可以看到，当时的楚国虽历经新旧交替，但能选拔合适的人担任合适的官职，国家不仅稳定而且合乎周代礼制。这是一个文明且稳定的楚国形象。

当然，《左传》对楚国的直接评述并不全是正面的，否定评价也比比皆是。如《左传·僖公二十二年》记载：

> 丙子晨，郑文夫人芈氏、姜氏劳楚子于柯泽。楚子使师缙示之俘馘。君子曰："非礼也。妇人送迎不出门，见兄弟不逾阈，戎事不迩女器。"
>
> 丁丑，楚子入飨于郑，九献，庭实旅百，加笾豆六品。飨毕，夜出，文芈送于军。取郑二姬以归。叔詹曰："楚王其不没乎！为礼卒于无别，无别不可谓礼，将何以没？"诸侯是以知其不遂霸也。

这里出现了两段直接评述，前者为"君子曰"，后者则为"叔詹曰"。楚国与宋国大战，结果宋国大败。楚军经过郑国的时候受到郑国两次犒劳。第一次是郑国君王的两位夫人出城犒劳楚军，楚成王向她们展示了宋国俘虏。《左传》借"君子"之口对这种行为进行批判。作者认为，双方有三个地方违背了礼仪：妇人不能出门迎送，郑国两位夫人却进入到楚军军营；楚成王虽是郑夫人芈氏的兄弟，但芈氏与其相见不能超越门槛，这一点芈氏也没能做到；此外，战争中军人不能接近女人的器具，这一点楚成王也违背了。第二次犒劳在郑国宫殿，宴会完毕后，芈氏亲自送楚成王到军营，楚成王还趁机带走郑国的两个女人。《左传》以为，楚成王再一次违背礼制，并由此断言其不得善终。因为男女有别，而楚成王完全将这一礼仪抛之脑后。值得注意的是，《左传》这里借用的并非"君子"，而是一个具体的人名"叔詹"。表面看来，这里的"叔詹曰"与"君子曰"并不相同，但"叔詹"与这里的故事毫无关联，其功能与"君子"一样，是作者直接评述的工具。我们看到，作者在借用"叔詹"之名对楚成王进行直接评述后，还以作者的名义加了一句断语——"诸侯是以知其不遂霸也"。这样，前面的"君子"与"叔詹"对楚成王不守礼制的直接批判，就成为诸侯知道楚国不能立即称霸的理由。这两段作者的直接评述鲜明地揭示出楚成王时期的楚国形象：这一时期的楚国虽然在实力上已经达到称霸天下的程度，但在文化上还不能让天下臣服，楚国依然尚未摆脱文化蛮夷的身份。

从前面的论述，我们看到，《左传》对楚国的直接评述都遵循同一个价值标准——礼。实际上，这也是《左传》对春秋史实的评价标准。在《左传》那里，华夏与夷狄的区分并不是最重要的，守礼与否才是判断的最重要的标准。而守礼与否要靠具体的言行来表现。因而《左传》专注于对具体的史实进行守礼与否的价值判断。《左传》对楚国的直接评述也是如此。其关注的是与楚国有关的具体的人和事是否合乎礼制，而少有对楚国的整体评价。其直接评述所建构的楚国形象并不能构成一以贯之的整体，而是分散的。我们见到的只是若干时期的楚国形象，它们之间不仅无法形成连贯的整体，而且很多都是片面的，需要与《左传》的其他叙述综合起来考察。

二、《左传》对楚国的“有意”书写

正如海登·怀特所说：“绝大多数历史事件都可以有多种不同的编码方式，结果就有关于历史事件的不同解释，赋予它们以不同意义。”①同样一段历史，采用不同的书写方式，意义截然不同。《左传》对历史的叙述，往往会采用别具匠心的书写方式。这种“有意”的书写，也能看出《左传》对某段时期楚国的看法。

《左传》叙事，往往喜欢展现前因后果。为了表现这种因果关系，《左传》经常会在事件发生之前塑造一个预言家形象，通过他的预言来说出事件的结局。而他预言的根据，则是人物的言行举止。如前面所举《左传·僖公二十二年》的例子，叔詹从楚成王不遵守男女有别的礼仪这一点预言其不得善终。到了文公元年，楚成王果然被太子所迫，自缢身亡。本来，楚成王不遵守男女有别的礼仪，与他不得善终之间并没有必然的因果关系。但在《左传》的叙述中，楚成王就是因为不守礼制，

① ［美］海登·怀特：《后现代历史叙事学》，陈永国、张万娟译，北京：中国社会科学出版社 2003 年版，第 177 页。

所以获得不得善终的恶果。正如前面所说，这里的预言家叔詹实际上是作者的化身。《左传》通过这一人物的预言以及最后预言的灵验，想要证明礼的神圣不可侵犯性，违背礼仪者都得不到好下场。而从《左传》"诸侯是以知其不遂霸也"的评论中，更可以看出礼与称霸天下的关系，只有守礼的君王才能做天下的霸主。这也是楚成王做不了霸主、楚庄王却能做到的最重要的原因。从这种有意书写中，我们看到一个不守礼制、最后遭到报应的楚国君王形象。对楚成王的有意书写，也见出那个时期的楚国形象在礼仪上的缺憾。

为了展现前因后果，《左传》还在事件的编排上匠心独运。《左传》叙事大多按时间先后展开，表面看来，很多事件都是孤立地罗列在一起，彼此并没有太大的关联。然而，这种随意罗列的背后，却往往都能见出事件的前因后果。以《左传》对晋楚邲之战的叙述为例。《左传·宣公十二年》记载楚国攻打郑国：

> 十二年春，楚子围郑。旬有七日，郑人卜行成，不吉。卜临于大宫，且巷出车，吉。国人大临，守陴者皆哭。楚子退师，郑人修城，进复围之，三月，克之。入自皇门，至于逵路。郑伯肉袒牵羊以逆，曰："孤不天，不能事君，使君怀怒以及敝邑，孤之罪也。敢不唯命是听。其俘诸江南以实海滨，亦唯命。其翦以赐诸侯，使臣妾之，亦唯命。若惠顾前好，徼福于厉、宣、桓、武，不泯其社稷，使改事君，夷于九县，君之惠也，孤之愿之，非所敢望也。敢布腹心，君实图之。"左右曰："不可许也，得国无赦。"王曰："其君能下人，必能信用其民矣，庸可几乎?"退三十里而许之平。潘尪入盟，子良出质。

楚军围困郑国都城达到十七天，完全是一副要灭掉郑国的架势。后来楚军终于攻下郑国都城，并且直逼郑国皇宫。在这样的情形下，楚军要灭掉郑国易如反掌。但最后郑王臣服，楚庄王放弃灭郑的打算，反而与郑国结盟后退兵。孤立地看，楚国攻打郑国，是一次赤裸裸的侵略。

但《左传》对这件事的叙述，不仅没有谴责楚国的侵略行为，反而塑造出一个守礼的楚庄王形象。楚军长时间攻打郑国都城，显然不是摆摆样子，确实有灭亡郑国的打算。但在郑王负荆请罪之后，楚庄王不顾大臣的反对，放弃灭郑，以两国和平结盟收场。攻下郑国而不占有，“退三十里而许之平”，在《左传》的这段书写中，楚庄王的行为完全合乎礼制。如果我们仅仅只根据这一段文本，就会对《左传》肯定侵略的一方大惑不解。但我们将这段文本放入《左传》，联系前文来看，就会豁然开朗。

按照《左传》记载，春秋中期以后，郑国一直处在晋国与楚国两大强国的夹缝之中。由于其是楚国向中原扩张的必经之地，因而也成为楚国的必争之地。自从晋文公崛起后，晋国的实力在春秋时期一直强大，为了称霸中原，郑国也是其必须征服的目标。晋楚争霸，往往都是从争夺郑国开始的。处于夹缝中的郑国十分狼狈，常常根据晋、楚两国的实力变化，不停选择臣服的对象。这种“墙头草”的外交策略，不仅没有让郑国在两大强国之间游刃有余，反而使郑国不断遭受战争。只要臣服其中的一方，另一方必然来攻。上面这段引文，楚国攻打郑国，正是因为宣公十一年郑国刚与楚国结盟，不久便叛盟，转而臣服于晋国。楚庄王以讨叛盟的名义攻打郑国，既是为了立威天下，也是扩张中原的必需。从《左传·宣公十一年》所载楚庄王征讨陈国、将陈国变成楚国的一个县的例子看，楚庄王也是贪婪之人，有灭他国的机会往往不会放过。《左传》中，楚国攻打郑国十分频繁，但很少像这一次时间如此之久。楚庄王似乎决定要灭掉郑国，才有长期围困郑国都城的举动。可见，楚庄王对郑国的叛盟已经到了无法容忍的程度。结合《公羊》对这件事的记载，可知楚国攻打郑国，死了数位大夫、几百士兵，最后才攻破郑国都城。付出如此惨痛的代价，楚国才取得胜利，可见两国战事之惨烈。如果仅仅为了立威，楚国不可能如此大动干戈。但取胜之后，楚庄王不顾大臣的劝阻，还是赦免了郑王，并没有将郑国变成楚国的郡县。如果是一个暴虐的君主，必然屠戮郑国军民，灭掉郑国。楚国攻打郑国，这是讨伐叛盟，并非侵略，而是合乎礼制的行为。楚军攻破郑国都城，却并没有灭掉郑国，反而退兵三十里与其结盟，这也是合乎礼制的行为。因而，表面看来孤立的文本，一旦联系起来阅读，就能看出《左传》叙事的匠心所在。《左传・宣公十一年》记载郑国与楚国结盟、不久叛盟，《左传・宣公十二年》叙述楚国攻打郑国、两国再次结盟，楚郑之战的前因后果清晰明了，而《左传》正是通过这种因果关系的书写展示了楚国的守礼。从《左传》的书写来看，守礼也是楚庄王成为春秋霸主的重要原因。

宣公十二年，春秋还发生了另一件大事——楚晋邲之战。这场大战是楚庄王成为春秋五霸的宣言。对这场大战的书写，充分显示了《左传》高超的叙事艺术。如果我们抛开前面的楚郑之战，只看邲之战的过程及结果，就会有“春秋无义战”的感觉，只知道两国是为了争霸天下而开战。然而，《左传》的高明之处在于叙事的环环相扣。宣公十一年郑国的叛盟，直接导致宣公十二年的楚郑之战。而郑国的叛盟与楚郑之战，又是楚晋邲之战的原因。郑国叛盟，正是与晋国结盟。楚国攻打郑国，作为盟友的晋国无论从礼仪与实际利益的角度都必须出兵救郑。一个攻郑，一个救郑，楚国与晋国的冲突在所难免。不过，《左传》对这件事的叙述相当复杂。晋军赶到的时候，楚郑之战已经结束，楚国与郑国结成同盟。此时，摆在晋军面前有两种选择：第一，继续攻打楚军；第二，避让楚军，然后以讨伐叛盟的名义攻打郑国。晋军中这两种主张都有，主帅一开始选择了后者。然而，中军副帅却顽固坚持第一种选择，私自带着自己的部队渡过黄河。晋军其他部队为了防止这部分士兵全军覆没，被迫全体渡过黄河。这样晋军与楚军直接相对，战争一触即发。此时的楚军也面临战与和的选择，楚庄王与令尹孙叔敖都倾向于班师回国，不与晋军冲突。于是，楚军先派使者前往晋军求和，晋军也同意。没想到，晋军主帅派了两个心怀鬼胎的人前往楚军驻地谈讲和的事情，结果二人主动向楚军挑衅，双方终于展开大战，最后晋军大败而回。

从实质上讲，邲之战本是晋楚争霸天下的一次战争。但在《左传》作者的笔下，邲之战却成了守礼与悖礼的战争。从礼仪上讲，郑国叛盟，楚国攻打郑国并没有错，而晋国作为郑国的盟友，派兵前来救援也符合礼仪。然而，晋军救援的速度太慢，还没渡过黄河，楚郑之战已经结束了。楚军攻下郑国都城，却没有灭掉郑国，反而退兵三十里，再与其结盟，楚国这一行动充分展现了礼仪之邦的风范。此时，晋军再攻打楚军完全没有理由，是悖礼之举。而且，楚军由君王直接统帅，晋军却由卿大夫率领，双方身份不对等。按照礼仪，卿大夫不得主动与君王为敌。邲之战由晋军大夫挑衅而起，这是对楚王的不尊重，也是悖礼之举。此外，楚王主动求和，双方的结盟却由晋军大夫破坏，楚人守礼而晋人悖礼。不仅如此，晋军士兵在逃跑的过程中，战车下陷、战马停滞不前，追赶的楚军士兵还主动教他们如何解决这些问题，晋军士兵脱困后反而嘲笑楚军士兵。这些细节都表明了楚军从君王到士兵都遵守礼仪，而晋军则违背礼仪。从《左传》对整个事情的描述，我们可以很容易知道：邲之战，楚国必然会胜利，因为楚国处处“有礼”。《左传》正是通过这种因果关系的叙述，告诉我们“礼”的重要性。

楚国的守礼，不仅体现在邲之战的过程中。战争结束之后，《左传·宣公十二年》还刻意记述了楚庄王的一段话：

> 丙辰，楚重至于邲，遂次于衡雍。潘党曰：“君盍筑武军，而收晋尸以为京观。臣闻克敌必示子孙，以无忘武功。”楚子曰：“非尔所知也。夫文，止戈为武。武王克商。作《颂》曰：‘载戢干戈，载橐弓矢。我求懿德，肆于时夏，允王保之。’又作《武》，其卒章曰‘耆定尔功’。其三曰：‘铺时绎思，我徂维求定。’其六曰：‘绥万邦，屡丰年。’夫武，禁暴、戢兵、保大、定功、安民、和众、丰财者也。故使子孙无忘其章。今我使二国暴骨，暴矣；观兵以威诸侯，兵不戢矣。暴而不戢，安能保大？犹有晋在，焉得定功？所违民欲犹多，民何安焉？无德而强争诸侯，何以和众？利人之几，而安人之乱，以为己荣，何以丰财？武有七德，我无一焉，何以示子孙？其为先君宫，告成事而已。武非吾功也。古者明王伐不敬，取其鲸鲵而封之，以为大戮，于是乎有京观，以惩淫慝。今罪无

所，而民皆尽忠以死君命，又可以为京观乎?”祀于河，作先君宫，告成事而还。

楚国大胜，臣下建议专门修建武军、京观来收集晋军尸体，以向后代表明武功的重要性。实际上，这里含有夸耀战功之意。楚庄王并不同意这样做。他对“武”的理解，显得卓尔不凡。首先，他从文字上解释“止戈为武”，这样，武的目的并非是炫耀武力，而是阻止战争。接着，他引用周武王的两首诗作为例证。武王推翻商朝，建立周朝，成就不世功业。楚庄王引武王诗句，暗有比肩武王之意。其次，他详细列出武力的作用。武力并不是用来侵略他国、伤害他人的。恰恰相反，武力的作用是“禁暴、戢兵、保大、定功、安民、和众、丰财”。这样看来，武力具有七大功能。只有实现了这七种功能，才值得纪念。而楚庄王恰好认为自己没有实现其中任何一项功能。他将这场战争的责任揽在自己身上，认为是他导致两国士兵尸横遍野，违背了“禁暴”的功能。用武力使诸侯畏惧，只会助长战争的发生，违背“戢兵”的功能。强暴而又不能消弭战争，自然不能保持强大，与“保大”功能相悖。晋国虽然战争失败，实力削弱，但国力依然不可小视，不能达到“定功”的功能。战争违背民众意愿的地方很多，自然不能“安民”。没有德行而一味与诸侯相争，当然不能让诸侯信服，无法“和众”。以他国的危难和动乱为自己的荣耀，也不能实现“丰财”的功能。总之，楚庄王认为邲之战的胜利并不表示他取得可以炫耀的功业，相反，这场战争让他更加反省自己的德行。

如此精辟且内涵十分丰富的一段话，很难让人相信是出自一代霸主之口。按照《左传》记载，楚庄王年幼即位，早年一直面临恶劣的政治环境，不仅臣下屡次反叛，而且周边的少数民族集团联合起来进攻楚国，形势危在旦夕。在这样恶劣的政治环境下生长的国君，时刻要面临生死的考验，不可能有太多时间去学习知识，更难有一颗仁慈之心。上面《左传》记载的这段话中，不仅对“武”这个字做了文字学上的拆分与解释，还旁征博引大量中原文献，与楚庄王的成长背景不协调，显然是

《左传》故意为之。《左传》故意将这段话按在楚庄王的头上，不仅强调礼仪的重要性，还对战争的功能作了深刻的阐释。而通过这段话的书写，《左传》向我们充分展现了一个虚怀若谷、胜而不骄、重视德行的明君形象。《左传》对邲之战前因后果的巧妙记述，对战争过程中诸多因素与细节的炉火纯青的处理，以及战争结束之后对楚庄王言语的有意书写，不仅展示了《左传》高超的叙事艺术，宣扬了礼仪的重要性，也建构出一个从君王到士兵都守礼的文明之邦的楚国形象。楚庄王时期的楚国形象，在《左传》对楚国的书写中，无疑最光彩照人。

三、《左传》中的历史人物对楚国的评价

除了作者的直接评述，《左传》中还存在大量的历史人物对楚国的直接评述。从功能上说，这些历史人物的评论与"君子曰"一样，都是作者直接评论的一种延伸。正如我们前面对楚庄王一段话分析的那样，《左传》中很多标明为"某某曰"的论述，都是作者的有意为之，实际上是作者意志的表现。然而，由于《左传》中历史人物的评论太多，且先秦本来就有"左史记言，右史记事"①的传统，我们很难将这些历史人物的评论完全视为《左传》作者的直接评论。因而，我们有必要对这些历史人物眼中的楚国形象展开分析。应该说，这些历史人物对楚国的评论，与作者的直接评述一样，都是他者视域的表现。而且很多时候，这些历史人物对楚国的评论，比作者的直接评述更具有典型性，其建构的楚国形象更突出。

1. 夷狄形象

礼是《左传》对历史事件最重要的评价标准。因而《左传》对楚国的评价往往只关注是否符合礼仪，并不从华夏与夷狄的视角来看待楚国。这一点，是《左传》与《公羊》《穀梁》的区别。然而，《公羊》《穀梁》视楚国为夷狄的观念，在当时的中原地区依然存在，并且还很普遍。这一点从《左传》中也能看出来。最典型的例子是《左传·成公四年》鲁国大夫

① （汉）班固：《汉书·艺文志》，北京：中华书局1962年版，第1715页。

季文子的一段话：

> 秋，公至自晋，欲求成于楚而叛晋，季文子曰："不可。晋虽无道，未可叛也。国大臣睦，而迩于我，诸侯听焉，未可以贰。史佚之《志》有之，曰：'非我族类，其心必异。'楚虽大，非吾族也，其肯字我乎?"公乃止。

鲁成公之所以想背叛晋国，因为他去会见晋景公时，景公对其不敬。当时唯一能与晋匹敌的只有楚国，鲁成公想与楚国和好。即使这样，季文子仍然不同意这样做。原因有四：第一，晋国是大国，并且群臣和睦。第二，晋国是中原国家，离鲁国很近，攻打鲁国很容易，而楚国遥远，救援起来不方便。第三，其他中原诸侯多听从晋国的号令，一旦叛晋，鲁国将受到诸侯联军的讨伐。第四，鲁国与晋国同为中原诸侯，是周天子的近臣，同为华夏一脉。在中原人看来，楚国乃蛮夷之邦，非华夏一族，"非我族类，其心必异"，自然不会爱护中原诸侯。"非我族类，其心必异"，这才是中原诸侯很容易背叛楚国的重要原因。一旦楚国势弱，中原诸侯必将不顾而去。只要中原诸侯中有一个可与楚国匹敌的国家，中原诸侯的第一选择，一定是这个国家而非楚国。可见，在当时中原人眼中，楚国不管多么强大，仍然是一个他者，一个"其心必异"的他者。

"非我族类，其心必异"，季文子的这个评论代表了当时中原华夏对楚国的恐惧、戒备与歧视，是典型的华夏中心论。这一观念在《左传·成公十六年》再次出现：

> 吕锜梦射月，中之，退入于泥。占之，曰："姬姓，日也。异姓，月也，必楚王也。射而中之，退入于泥，亦必死矣。"及战，射共王，中目。王召养由基，与之两矢，使射吕锜，中项，伏弢。以一矢复命。

吕锜是晋国大夫。当时晋楚两国正展开鄢陵之战。吕锜睡觉的时候梦见用弓箭射中月亮，但自己却掉进泥里，于是通过占卜来解释这个梦。占卜的结果显示：吕锜将要射中楚王，但自己也会死亡。后来，战斗开始，吕锜果然用弓箭射中了楚共王的眼睛，但他也被楚国神箭手养由基射死。《左传》这里叙述吕锜的梦，只是为了预言未来。而后来战场上发生的事，也验证了这个梦的正确。通过预言来叙述历史事件，这是《左传》常用的叙事方式。值得注意的是，《左传》对这个梦的解释。吕锜梦见射月，怎么就成了射楚王呢？原来，太阳代表姬姓，也就是中原华夏；月亮则代表着与中原华夏截然不同的异姓。当时正与晋国争霸天下的楚国正是异姓的典型代表。因而，吕锜梦见射月，也就预言着他射楚王。以日月来比喻华夏与夷狄，这十分巧妙。日月是两种不同的物体。在古人那里，太阳是至尊无上的，是男性阳刚的象征；而月亮则比太阳的地位要低，是女性阴柔的象征。以太阳喻华夏，以月亮喻楚国，无疑楚国不仅不是华夏，还比华夏低一等。这种观念与《公羊》《穀梁》及《论语》《孟子》《荀子》等文本所体现的思想互相照应，充分表明了楚国之夷狄形象在春秋时期中原地区深入人心。

2. 敌者眼中的楚国形象

我们将直接受到楚国威胁的中原诸侯及周王室泛称为楚国的敌者。这一类国家由于受到楚国的直接军事威胁，因而对楚国的感受最为直接。不管是恐惧、鄙视或者尊敬，他们由于直接面对楚国，因而其眼中的楚国形象更加真切、生动。《左传·桓公二年》记载：“蔡侯、郑伯会于邓，始惧楚。”从这一年开始，中原诸侯蔡国与郑国不断面临来自楚国的威胁，对楚国的恐惧也日益加深。正是从这一年开始，中原诸侯国逐渐感觉到楚国的存在，以及其越来越大的威胁。按照《左传》的记载，春秋初期的楚国，忙于征服周边的蔡、随、郑等中原诸侯，还未将触角伸向中原大部。楚成王以后，楚国与中原诸侯的接触全面展开。《左传》对楚国的书写也逐渐加多。随着楚国争霸天下的步伐加快，连当时名义上的天下共主——周王室都感受到它的威胁。宣公三年，楚庄王征伐陆浑之戎，陈兵于周王室境内，有吞并天下之野心。《左传·宣公三年》记载：

> 楚子伐陆浑之戎，遂至于雒，观兵于周疆。定王使王孙满劳楚子。楚子问鼎之大小轻重焉。对曰："在德不在鼎。昔夏之方有德也，远方图物，贡金九牧，铸鼎象物，百物而为之备，使民知神、奸。故民入川泽山林，不逢不若。螭魅罔两，莫能逢之，用能协于上下，以承天休。桀有昏德，鼎迁于商，载祀六百。商纣暴虐，鼎迁于周。德之休明，虽小，重也。其奸回昏乱，虽大，轻也。天祚明德，有所底止。成王定鼎于郏鄏，卜世三十，卜年七百，天所命也。周德虽衰，天命未改，鼎之轻重，未可问也。"

"问鼎中原"的成语，即来自于此。庄王陈兵于周疆，摆明有向周天子示威之意。其问鼎之大小轻重，也是不安好心。九鼎乃周天子的象征，想取去九鼎，自然有取代周天子之心。庄王问鼎之大小轻重，本身只是一种试探，既试探可否将鼎带走，也在试探可否取代周天子成为天下之主。如果王孙满顺着他的思路，回答了大小轻重，庄王知道了底细，说不定真有可能发兵攻打周王室，挟鼎而归。然而，王孙满也是玲珑剔透之人，闻弦歌而知雅意，清楚地把握到了庄王的野心，所以才有"在德不在鼎"的回答。从夏到周，鼎的传承与国运紧紧相连，有德才能保有鼎和天下。夏和商之所以丢失鼎和天下，正是因为桀和纣的无德。周朝虽然已经处于衰微之势，但周天子还没有达到桀、纣那样无德的程度，所以"周德虽衰，天命未改"。王孙满已经很明确地告诉楚庄王，周王室虽然衰微，但还不到取而代之的时候，以此打消其改朝换代的野心。"在德不在鼎"的说法，实际上代表《左传》对楚庄王的态度。《左传》作者正是借王孙满之口，对楚庄王篡位野心予以贬斥。而王孙满之"在德不在鼎"说，也暗讽楚庄王不注重德行修养，妄想凭武力取得天下。

楚庄王问鼎之轻重，只是一种试探。齐桓公、晋文公两大霸主，都是打着周天子的旗号，称霸天下。楚庄王要想成为霸主，自然不能贸然攻打王室，惹怒天下诸侯。在当时的语境下，除了武力强大之外，还需要以礼和德服人。楚国虽强大，但毕竟是南蛮，且是子爵之国。一味炫耀武力，只会让中原诸侯更恐惧与反感。一旦有强国出头，中原诸侯会群起响应，反过来攻打楚国。楚庄王的时代，齐国已经没落，晋国却处于强盛时期，蛮横无理的武力征服，是不可能成为天下霸主的。所以，《左传》后来对楚庄王的叙述，都重在展现其守礼和有德，因而楚庄王才会所向披靡，称霸天下。如宣公十一年，楚国攻打陈国，先灭掉陈国，后又使其复国。《左传·宣公十一年》对此评论说："故书曰：'楚子入陈，纳公孙宁、仪行父于陈。'书有礼也。"《左传》这句话是对《春秋》经文的解释，认为《春秋》对楚庄王复陈这一行为持赞赏态度，是守礼的表现。还有前面所说宣公十二年，楚国攻打郑国及楚晋邲之战，《左传》都是从守礼的角度表现楚国的。《左传》对邲之战的叙述，不仅详细记载了战争中的方方面面的细节，还通过大量的人物对话来展现楚国形象。其中，处于敌对立场的晋国大夫对楚国的评价尤其值得注意。我们可以看一下《左传·宣公十二年》的一段原文：

> 随武子曰："……楚军讨郑，怒其贰而哀其卑，叛而伐之，服而舍之，德刑成矣。伐叛，刑也；柔服，德也。二者立矣。昔岁入陈，今兹入郑，民不罢劳，君无怨讟，政有经矣。荆尸而举，商农工贾不败其业，而卒乘辑睦，事不奸矣。蒍敖为宰，择楚国之令典，军行，右辕，左追蓐，前茅虑无，中权，后劲。百官象物而动，军政不戒而备，能用典矣。其君之举也，内姓选于亲，外姓选于旧；举不失德，赏不失劳；老有加惠，旅有施舍；君子小人，物有服章，贵有常尊，贱有等威，礼不逆矣。德立，刑行，政成，事时，典从，礼顺，若之何敌之？……"

郑国受到楚国的攻打，是因其叛盟，臣服晋国。所以，郑国受到攻打，晋国自然要发兵相救。然而，还没到达目的地，就听到郑国向楚国求和的消息。晋国主帅想要退兵，等楚国军队退了之后，再讨伐郑国。

随武子同意这种做法，因为他觉得不可与楚国交战。在他看来，楚国攻打郑国，既惩罚了郑国的背叛，又因其臣服而退兵，是德、刑并施。去年攻打陈国，今年又讨伐郑国，但楚国的百姓并不疲劳，君主也没有遭到人民的怨恨。而且，各行各业井井有条，并没有受到战争的影响。再加上楚国有一个好令尹孙叔敖，将国家打理得政事清明。楚国的君主庄王更是选贤任能，赏罚分明，得到上自贵族、下到平民的拥护。“德立，刑行，政成，事时，典从，礼顺”，种种有利因素加起来，使得楚国政清民和，一派繁荣景象。无机可乘，与楚国交战必败无疑，这才是随武子同意退兵的理由。

不仅如此，晋国另一位大夫也对楚国评价相当高。《左传·宣公十二年》记载：

> 郑皇戌使如晋师，曰：“郑之从楚，社稷之故也，未有贰心。楚师骤胜而骄，其师老矣，而不设备。子击之，郑师为承，楚师必败。”彘子曰：“败楚服郑，于此在矣，必许之。”栾武子曰：“楚自克庸以来，其君无日不讨国人而训之于民生之不易、祸至之无日、戒惧之不可以怠。在军，无日不讨军实而申儆之于胜之不可保、纣之百克而卒无后。训之以若敖、蚡冒筚路蓝缕以启山林。箴之曰：‘民生在勤，勤则不匮。’不可谓骄。先大夫子犯有言曰：‘师直为壮，曲为老。’我则不德，而徼怨于楚，我曲楚直，不可谓老。其君之戎，分为二广，广有一卒，卒偏之两。右广初驾，数及日中；左则受之，以至于昏。内官序当其夜，以待不虞，不可谓无备。子良，郑之良也。师叔，楚之崇也。师叔入盟，子良在楚，楚、郑亲矣。来劝我战，我克则来，不克遂往，以我卜也，郑不可从。”

对于是否与楚国交战，晋军内部意见不一，主战与主和者大有人在，双方发生激烈的争辩。就在晋国拿不定主意时，郑国派使者来火上浇油，唆使晋军出战。郑国的加入，无疑大大刺激了晋军出战的热情。郑国给出的理由很有说服力：第一，郑国对晋国没有二心，只是迫于楚国的军队才暂时称臣。一旦晋军攻打楚军，郑国可以作为后援。第二，楚军因胜了郑国而骄傲，长期在外征战士气衰落，又不设防备。从郑国的理由看，晋军一定会取得胜利。而郑国之所以要煽动晋军与楚军交战，恐怕是不安好心。晋、楚实力相差不远，大战展开，要分出胜负，双方都要付出惨痛的代价。两败俱伤，双方实力下降，自然没有余力再来侵扰郑国。晋国获胜，算是替郑国报了仇，郑国又找了一个靠山。即使楚国取胜，郑国也没什么损失。幸好，晋军中主和者为数不少，一眼看穿郑国的企图。正如栾武子所说，郑国劝晋国出战，完全出于私心，谁打赢就臣服谁。如果双方不打，郑国就不知道怎么选择，臣服任何一方都不好，必然遭到另一方的攻打。而且，栾武子针对郑国的理由一一做出反驳。其以为，楚军不能说骄傲。因为楚国从取胜庸国以来，国君一直告诫百姓只有勤奋才能长久生存，告诫军队没有永远的胜利。针对郑国所说的楚军士气低落，栾武子以为楚国讨伐郑国的背叛出师有名，楚国理直气壮，反而是晋国理亏，这样看来，楚军士气不会低落。而且楚国军队各司其职，显然有所防备。

值得注意的是，随武子与栾武子乃楚国的敌对国——晋国的大夫。抛开二人所说的话是否为《左传》作者杜撰不谈，敌人眼中的楚国形象，更令我们感兴趣。从二人的论述看，他们所说的都是当下的楚国，特别是庄王真正掌权之后的楚国。在随武子看来，楚国具备六大优点——“德立，刑行，政成，事时，典从，礼顺”。楚庄王懂礼，“内姓选于亲，外姓选于旧；举不失德，赏不失劳；老有加惠，旅有施舍；君子小人，物有服章，贵有常尊，贱有等威；礼不逆矣”。这样一个深受楚国上下爱戴的君主，又有一个把各项政事安排得有条不紊、合乎典则的宰相，自然把国家治理得繁荣昌盛，百姓各得其所，各行各业互不相犯，即使多次出征也对国力没有多少损害。这是一个各方面都井井有条、无懈可击的强国形象。联系栾武子的论述，还要加上一个很重要的优点——勤奋。在栾武子眼里，楚国自从战胜庸国以来，从国君到百姓，再到军队，一直告诫自己，只有勤奋努力，永不懈怠，才能避免祸患，在恶劣的条件中长久生存下去。这样，一个繁荣而又勤奋的楚国形象呈现在我们面前。可见，在楚庄王时期，楚国形象在其他诸侯国人眼中，已经十分高大了。而这种高大的形象是与其强大的实力分不开的。邲之战后，楚国强盛，晋国实力则有所削弱。《左传·宣公十五年》记载：楚国攻打宋国，宋人前往晋国求救，晋国不敢出兵。晋大夫伯宗说："天方授楚，未可与争。"显然，在晋人看来，楚国正得到上天的眷顾，势力如日中天，晋国不能与之抗争。连楚国的主要竞争对手都如此评价，可见当时楚国之强大。

不过，对于长期处于晋楚两大强国夹缝中左右为难的郑国而言，楚国越强大，越令其恐惧。因而在郑人的眼中，楚国的形象就没那么高大了。《左传·宣公十一年》记载了郑国大夫子良的一段话：

> 十一年春，楚子伐郑，及栎。子良曰："晋、楚不务德而兵争，与其来者可也。晋、楚无信，我焉得有信。"乃从楚。

正如前面所说，郑国处于两大强国的夹缝中，不得已采取了"墙头草"式的外交策略，谁强就臣服谁，哪一国攻打它就与哪一国结盟。这里，楚国攻打郑国，也是因为它倒向晋国。郑国也毫无例外地再次臣服楚国。在《左传》一书中，郑国受到楚国与晋国的攻打次数最多。在饱受两大强国压迫的郑人看来，晋楚有两大典型特征：(1)不务德而兵争。在那些弱国人眼中，晋国与楚国为了争霸天下，屡屡发动战争，而不注重德行修养。所谓"不务德而兵争"，实际上与前面所引王孙满"在德不在鼎"的意思一样，都是抨击强国凭借武力欺凌他国，而不是以德征服天下。可见，无论春秋五霸在《左传》的叙述中多么守礼，他们在饱受欺凌的弱国人眼中，都是强横霸道的反面形象。(2)无信。孟子评价春秋时期的战争云"春秋无义战"，说的正是春秋诸侯互相征伐大多以利益为驱动，并不遵循礼仪或道德。因而诸侯之间时而结成同盟，时而大战一场，并没有固定的同盟关系。尤其对于那些强国而言，同盟与战争的选择完全取决于对其争霸是否有利。因而当时的诸侯之间，对信用并不是太看重。郑国面临晋楚两大强国的直接威胁，更不能相信强国会讲信用。而"晋、楚无信"的评语，正表明两大强国完全以利益作为行动的标准，并不遵守信用。子良的短短两句话，鲜明地勾勒出一味凭借武力欺凌弱国、不注重德行且不讲信用的楚国形象。这一形象与《左传》对楚庄王守礼的书写大相径庭。由此可见《左传》对楚国形象书写的多元化。

3. 第三方眼中的楚国形象

我们将那些与楚国没有形成直接对立的诸侯国人称为第三方。这些人由于对楚国没有过多利益冲突，因而对楚国的评价相对冷静与理智。值得注意的是，这一类人在《左传》中的地位很特别，他们往往与所叙述的历史事件并没有直接联系，如果把他们去掉，对故事没有多大影响。他们存在的意义并不在历史事件本身，而在于对历史事件的评价。很多时候，这些人的评论与"君子曰"一样，代表着《左传》作者的立场。而且，这些人物往往以预言家的身份出现。如《左传》对楚灵王的书写中出现的多位人物的评论。楚灵王未登基之前，是楚国的令尹，但其处处行的是国君之礼仪，篡位之野心表露无遗。这一点，凡是接触过他的人都看了出来。《左传·襄公三十一年》记载北宫文子陪同卫襄公前往楚国，看见楚令尹公子围的威仪，评价说：

> 令尹似君矣！将有他志，虽获其志，不能终也。《诗》云："靡不有初，鲜克有终。"终之实难，令尹其将不免？

在此之前，《左传》还叙述过好几人对王子围的预言，有人预言其将要取代君王，有人则预言其将有大祸。北宫文子则综合了前面两种，预言王子围取代君王会成功，但不会有好下场。王子围身为令尹，却摆出国君的仪仗，当然是别有用心，已经将自己当成国君。在当时，王子围的谋逆之心，几乎天下皆知。在昭公元年的诸侯盟会上，王子围公然使用国君的仪仗服饰，两个持戈武士在前面站立。参加盟会的各国大夫都看出他有篡位的野心。

同样在昭公元年，晋国的叔向再一次做出与北宫文子相同的预言：

令尹享赵孟，赋《大明》之首章。赵孟赋《小宛》之二章。事毕，赵孟谓叔向曰："令尹自以为王矣，何如？"对曰："王弱，令尹强，其可哉！虽可，不终。"赵孟曰："何故？"对曰："强以克弱而安之，强不义也。不义而强，其毙必速。《诗》曰：'赫赫宗周，褒姒灭之。'强不义也。令尹为王，必求诸侯。晋少懦矣，诸侯将往。若获诸侯，其虐滋甚。民弗堪也，将何以终？夫以强取，不义而克，必以为道。道以淫虐，弗可久已矣！"

《大明》，是《诗经·大雅》中的一首诗歌，首章讲文王克商而有天下。王子围赋《大明》首章，也就是将自己当成君王。显然，这不合礼制，属于僭越。赵孟闻弦歌而知雅意，自然明白王子围的用心。叔向对此的判断与北宫文子一样，楚国令尹强而王弱，令尹想篡位轻而易举。然而，他也认为，王子围虽可称王，但不能长久。在他看来，令尹通过强力取得王位而心安理得，那是不义。如果取得王位之后勤勤恳恳，或许不会出什么事。但王子围显然不是这种人。一旦其得了王位，必然强令诸侯臣服于楚国。等到诸侯臣服，他自然更加暴虐，百姓忍受不了就会起来造反，王位自然不能长久。这里对王子围的评价主要有两点：不义和暴虐。而这也是楚灵王的主要特点。

王子围果然就在这一年冬天杀掉楚王郏敖，篡位为王。楚国由此进入楚灵王时期。正如前面所预言的，楚灵王登基之后，就开始强召诸侯，想做天下霸主。要想得到诸侯的臣服，首先要经过晋国的同意。昭公四年，灵王派遣使者去晋国，请求晋国同意他号召诸侯，晋国居然同意。《左传·昭公四年》记载：

晋侯欲勿许。司马侯曰："不可。楚王方侈，天或者欲逞其心，以厚其毒而降之罚，未可知也。其使能终，亦未可知也。晋、楚唯天所相，不可与争。君其许之，而修德以待其归。若归于德，吾犹将事之，况诸侯乎？若适淫虐，楚将弃之，吾又谁与争?”……乃许楚使。

夏，诸侯如楚，鲁、卫、曹、邾不会。……楚子示诸侯侈，椒举曰：“夫六王二公之事，皆所以示诸侯礼也，诸侯所由用命也。夏桀为仍之会，有缗叛之。商纣为黎之蒐，东夷叛之。周幽为大室之盟，戎狄叛之。皆所以示诸侯汰也，诸侯所由弃命也。今君以汰，无乃不济乎?”王弗听。子产见左师曰：“吾不患楚矣，汰而愎谏，不过十年。”左师曰：“然。不十年侈，其恶不远，远恶而后弃。善亦如之，德远而后兴。”

正如《左传·昭公四年》郑国大夫子产所言：“晋君少安，不在诸侯。”司马侯给晋国君王提供的策略很简单，就是静观其变，一切由天决定。如果楚灵王修身养性，注重德行，自然是天命所归，连晋国都要侍奉楚国，何况其他诸侯。如果楚灵王因为得偿所愿而继续暴虐，上天自然会降灾祸给楚国，晋国不用争，还是天下霸主。果然，晋国的允许让楚灵王得意万分，他在诸侯面前表现得十分骄纵。椒举拿有道之君以礼得诸侯，无道昏君因骄纵而诸侯背叛的事例告诫他。楚灵王一向骄纵惯了，自然听不进去。楚国的情形让郑国人十分高兴。灵王骄纵而不听劝谏，子产断定他在位的时间不超过十年。正如左师所说，没有十年的时间，灵王的罪恶不会远远传播，而一旦其恶名远播，离覆灭也就不远了。这样，楚灵王拥有更多致命的缺陷：不义、暴虐与骄纵。这里子产与左师对楚国的评论都是预言。楚灵王果然在十年后被臣下所杀，不得善终。

根据《左传》记载，楚灵王在位前后，诸侯在宋国大夫向戌的推动下达成了弭兵之盟，春秋出现了一段难得的和平时期。这个时期，晋国君王年少，因而晋国虽然还是春秋最强的诸侯国之一，但其君臣争霸天下之心不强，让楚国轻易地召集诸侯。这段时期少有战争，晋国、郑国等中原诸侯与楚国的关系处于表面和平的阶段，双方并没有直接冲突，晋、郑等中原诸侯对楚国的策略是放任自流、静观其变。因而这时期的晋、郑等国已经从直接冲突的敌者转为冷眼旁观的第三方。晋国叔向与郑国子产、左师，和前面的卫国北宫文子一样，都是冷静的旁观者，他们对楚灵王的评价及此时期楚国的预言，都多少渗透《左传》作者的价值判断。从他们的评述中，骄纵、贪虐与奢侈的楚灵王形象如在眼前，而一个表面呼风唤雨、诸侯臣服，实际却逐渐走向衰落的深渊的楚国形象也被鲜明地勾勒出来。

此外，《左传》中不少对楚国发表评论的楚人，实际上也属于第三方范畴。他们虽是楚人，但对楚国发生的历史事件抱着冷静旁观的态度，完全独立于楚国之外。这一类人的评论，从功能上讲，与“君子曰”十分类似。如沈尹戌对平王时期的楚国的评论。《左传·昭公十九年》说得很清楚：

> 楚人城州来。沈尹戌曰：“楚人必败。昔吴灭州来，子旗请伐之。王曰：‘吾未抚吾民。’今亦如之，而城州来以挑吴，能无败乎?”侍者曰：“王施舍不倦，息民五年，可谓抚之矣。”戌曰：“吾闻抚民者，节用于内，而树德于外，民乐其性，而无寇仇。今宫室无量，民人日骇，劳罢死转，忘寝与食，非抚之也。”

《左传》记载：昭公十三年，吴国出兵攻占州来。令尹子旗请求讨伐吴国。当时平王刚刚登基，国内未稳，不允许出兵。他说“未抚民人，未事鬼神，未修守备，未定国家”，因而不能出兵，要子旗等待。这里，平王出兵，在州来筑城，挑衅吴国。显然，平王自认为已经“抚民人”“事鬼神”“修守备”“定国家”，所以才敢出兵。而前面《左传》的记载也告诉我们，平王让百姓休养生息五年之后才出兵。这段引文中的“侍者”也认为，平王做到了“抚民”。然而，沈尹戌却说出了真相。原来，平王只是表面上“抚民”，实际上与前任灵王一样奢侈，大量修建宫殿，百姓整天辛苦劳累，疲乏至死，连睡觉吃饭的时间都没有，这根本不是在休养生息，而是在摧残百姓。

平王时期，楚国基本上没有向中原扩张。由于吴国日益强大，楚国一直忙于与吴国作战，但已经很少胜利，处于绝对下风。在这种情形下，楚国开始大量修筑城墙，完全采取防守的姿态。这种苟安的心态，也导致后来差点亡国。《左传·昭公二十三年》记载楚令尹加固郢都的城墙。沈尹戌评论说：

> 子常必亡郢！苟不能卫，城无益也。古者，天子守在四夷；天子卑，守在诸侯。诸侯守在四邻；诸侯卑，守在四竟。慎其四竟，结其四援，民狎其野，三务成功。民无内忧，而又无外惧，国焉用城？今吴是惧而城于郢，守已小矣。卑之不获，能无亡乎？昔梁伯沟其公宫而民溃，民弃其上，不亡何待？夫正其疆埸，修其土田，险其走集，亲其民人，明其伍候，信其邻国，慎其官守，守其交礼，不僭不贪，不懦不耆，完其守备，以待不虞，又何畏矣？《诗》曰："无念尔祖，聿修厥德。"无亦监乎若敖、蚡冒至于武、文，土不过同，慎其四竟，犹不城郢。今土数圻，而郢是城，不亦难乎？

楚国修筑城墙的目的，是为了防备吴国的攻打。沈尹戌却对这种做法大加质疑。在他看来，城墙修得再高再厚都没用，关键在于如何保卫都城。在沈尹戌看来，古时候天子威服四海，他有三道防线来保卫王室：最外的一条防线是臣服天子的四夷，中间则是天子分封的诸侯，最里面的防线才是王室所在的都城。这种"御敌于国门之外"的防守策略，正是周王朝分封诸侯的一大目的。等到天子卑弱，四夷不再臣服，只能靠分封的诸侯拱卫王室。对于诸侯来说，最好的防御策略是让临近的诸侯国担负保卫之责，敌人根本无法进入本国境内，这是强国的待遇。而对于弱国来说，只能退守自己的边境。楚国大量修筑城墙，完全是弱国的被动防守姿态。楚国的这种做法已经完全失去了大国气度，表明其已经到了江河日下的境地。而这种被动防守，根本挡不住吴国的主动进攻。沈尹戌认为，好的防守根本不需要修筑都城，只要内政清明，让百姓安居乐业，在边境加强警戒，而在外交上与四邻保持好关系就足够了。他还回顾了楚国的历史：楚国从若敖、蚡冒至于武王、文王，领土不过百里，却从不需要修筑国都城墙，原因正在于那时候的楚国让四邻诸侯国担任保卫职责。而现在的楚国领土已经超过几千里，仅仅靠修筑城墙根本保卫不了。因此，沈尹戌断定楚国都城必被吴国攻破。

沈尹戌对当时楚国的判断十分冷静与理智。从他对楚国的几次评述，我们看到：平王时期的楚国已经濒临亡国的边缘。君臣不思进取，完全没有楚自开国以来历代君臣扩张至中原的野心，只想着守好现在的疆土。从这一点而言，楚平王连前任楚灵王都比不上。楚灵王虽然暴虐，但他还是总想着召集诸侯，做天下霸主。由于楚国僻处南方，地理环境险恶，经略中原成为历代君王的重点。没想到，经历楚庄王称霸天下之后，平王时期的楚国居然放弃经略中原，完全退守边境。此时的楚国已经不再具备任何大国气度，完全是一副被动挨打、濒临亡国且君臣不思进取的弱国形象。

四、“客观”书写所展示的楚国形象

按照我们的理解，《左传》展现的历史只是其作者理解与阐释的历史，并不能完全等同于真实的历史。因而，《左传》对春秋历史的书写，是其作者建构的产物。从这个意义上说，《左传》对楚国的书写不可能真正客观。然而，《左传》与《公羊》《穀梁》不同，其注重对史实的书写，而且其书写方式往往是按照时间先后将历史事件排列在一起。其对这些历史事件的书写，既没有直接评论，也看不出有意安排的痕迹，给人一种客观与真实的感觉。《左传》涉及楚国历史的部分，大都属于这种书写方式。这些看似客观的书写，很难看出《左传》作者的意图，也看不出《左传》对楚国形象的有意建构。但这些历史事件，有时间、地点、人物，甚至还有情节，完全可以当成故事来看，将这些看似客观的历史事件串联在一起，完全可以看出楚国形象在《左传》中的变迁。下面我们按照《左传》叙事的先后，分成三个阶段予以分析。

1. 创业期的楚国形象

我们将楚武王、文王时期称为创业期。这一时期，楚国积极向四周扩张，中原靠近楚国的诸侯国开始感受到它的威胁。《左传·桓公二年》记载："蔡侯、郑伯会于邓，始惧楚也。"正是从这一年开始，先秦史书逐渐加大对楚国的书写，一个与中原文化存在差异的楚国逐渐浮现。

鲁桓公二年，正是楚武王时期。这一时期的楚国，在《左传》中是一个不断扩张的形象。从《左传》的记载看，武王时期的楚国还在忙于侵伐靠得最近的随、郧及南方群蛮，对中原诸侯的实质性威胁还不大。但此时的楚国正在不断上升的阶段，发展势头强劲。而且这一时期的楚国，君王贤明，臣子足智多谋，为楚国日益强盛打下坚固的根基。

不管是攻打临近的大国随国，还是攻打其他小国，楚国君臣都充分运用谋略。楚国攻打绞国，就是一个典型的例子。《左传·桓公十二年》记载：

> 楚伐绞，军其南门。莫敖屈瑕曰："绞小而轻，轻则寡谋，请无扞采樵者以诱之。"从之。绞人获三十人。明日，绞人争出，驱楚役徒于山中。楚人坐其北门，而覆诸山下，大败之，为城下之盟而还。

楚国强大而绞国弱小，楚国完全可以凭借强大的军队直接攻城。但楚国君臣并没有如此鲁莽。他们准确地把握"绞小而轻，轻则寡谋"的弱点，巧妙地设计。按照惯例，采樵者身后都有军队保护。楚国为了麻痹对手，撤掉了保护采樵人的军队，让绞国人轻而易举地抓住了他们。这样，绞国人以为楚国采樵人根本没有军队保护，毫无顾忌地出兵驱赶他们，正好中了楚国军队的埋伏，因此大败。我们看《左传》对楚武王时期的记载，楚国对汉东弱国的征伐，一般都是谋定而后动，并不因其国力强大而蛮干。而且，通过这些记载，我们看到，楚武王是一个善于听从臣下建议、贤明宽厚的君主。而其臣子中有不少足智多谋之贤臣。甚至楚武王之妻，也是一位聪明睿智的人物。《左传·庄公四年》记载：

> 四年春，王三月，楚武王荆尸，授师孑焉，以伐随，将齐，入

告夫人邓曼曰："余心荡。"邓曼叹曰："王禄尽矣。盈而荡，天之道也。先君其知之矣，故临武事，将发大命，而荡王心焉。若师徒无亏，王薨于行，国之福也。"王遂行，卒于樠木之下。令尹斗祁、莫敖屈重除道、梁溠，营军临随。随人惧，行成。莫敖以王命入盟随侯，且请为会于汉汭，而还。济汉而后发丧。

我们看到，夫人邓曼在这里成了预言家。楚武王发兵之前心跳，邓曼以为这是国君将亡的征兆。果然，武王死在行军路上。按理，国君身亡，群龙无首，自然要退兵。但楚国军队并没有退兵，还是按照既定目标行进，在令尹与莫敖的率领下，完满地实现了出兵的目的。可以想见，夫人邓曼的预言必然让武王警惕，从而在行军前做了详细布置，所以楚军才在统帅身亡的情形下有条不紊地完成既定目标。综观《左传》对楚武王时期的书写，我们不难看出，这一阶段的楚国，君主贤明、夫人睿智、臣下足智多谋，君臣形成一股强大的合力，楚国萌发勃勃生机，为日后成为决定天下走势的强国奠定了良好的基础。

武王时期，中原诸国开始感受到楚国的威胁。到了文王时期，楚国已经侵入中原，不仅灭掉邓国、息国，还大败蔡国，征伐郑国。其中，灭邓是主动行为；灭息与败蔡，则是利用两国的矛盾所致。《左传·庄公十年》记载：

蔡哀侯娶于陈，息侯亦娶焉。息妫将归，过蔡。蔡侯曰："吾姨也。"止而见之，弗宾。息侯闻之，怒，使谓楚文王曰："伐我，吾求救于蔡而伐之。"楚子从之。秋九月，楚败蔡师于莘，以蔡侯献舞归。

从这段叙述看，蔡侯被俘完全是咎由自取。他对息国君主夫人无礼，导致息国人怨恨。但息国是小国，无力直接报复，只好引来楚国，对蔡侯予以惩罚。而楚国正要对中原用兵，自然正中下怀，名正言顺地出兵蔡国，俘获蔡侯而归。自此，息国与蔡国成了仇敌，互相寻机报复，都想借楚国之手灭掉对方。楚国正好借这个机会，将手伸向中原。庄公十四年，蔡侯在楚文王面前渲染息妫的美丽，引诱楚国出兵灭掉了息国。但蔡国也没讨到好，在息妫的刺激下，楚文王又出兵侵入蔡国。

不仅对邓、息、蔡等小国用兵，楚国还加紧对郑国的侵伐。郑国是春秋初期的大国，一度成为中原的霸主。然而到了楚文王时期，郑国已经威风不再，虽然在中原还是一个大国，但远不如楚国实力雄厚。由于郑国靠近楚国，正是楚国经略中原的必经之地，楚国收拾了息、蔡等邻近小国之后，自然要对郑国用兵。不过，郑国实力远非息、蔡可比，不可能轻而易举被吞掉。根据《左传》记载，楚文王时期，郑国正在跟中原诸国互相征伐。观其多次遭到齐、宋、卫、鲁等诸侯联军的讨伐，还敢不断攻打他国，可见其实力不可小视。因此，楚国对郑国也是伺机而动。《春秋·庄公十六年》云："夏，宋人、齐人、卫人伐郑。秋，荆伐郑。"对楚国讨伐郑国的原因，《左传》解释说："郑伯自栎入，缓告于楚。秋，楚伐郑，及栎，为不礼故也。"《左传》记载，郑厉公从栎地攻回郑国，重新成为郑国国君，是在庄公十四年。按理，国君新立，应该遍告诸侯，但郑厉公在庄公十六年才告诉楚国。显然，这是对楚国的不敬。实际上，如果我们看《公羊》与《穀梁》二书，就可知道，当时楚国是南蛮，中原诸侯以夷狄视之，自然不会按礼仪对待楚国。《左传》从礼仪的角度解释楚国讨伐郑国，未必合乎真情。楚国一向被中原诸侯鄙视，不敬之事多如牛毛。这里，楚国显然只是打着礼仪的幌子，趁郑国刚被诸侯联军攻打之机，浑水摸鱼，进一步削弱郑国的实力，为其经略中原铺路。

总体而言，《左传》前期所展示的楚国，是一个不断扩张的形象。这是一个创业的阶段，不管君王还是臣下甚至国君夫人都头脑清醒，兢兢业业，谋定而后动，过而能改。因而这是一个君贤臣能、强大而具有勃勃生机的楚国形象，又是一个对外狡诈、不断扩张、惟利是图但又在一定程度上恪守礼仪的国家形象。虽然其中出现过一些波折，但经过几代人的努力，楚国逐渐走上稳定发展的道路。

2. 鼎盛期的楚国形象

有了前期武王与文王打下的坚实基础，到成王、穆王与庄王时期，楚国逐渐进入鼎盛期。而楚国鼎盛的标志则是其对中原地区的影响力日益加大，并且逐步融入中原华夏文化，甚至成为天下霸主。

(1)成王、穆王时期

成王与穆王时期的楚国，从实力上讲已经具备争霸天下的条件，并且成功渗透进中原地区。与前期相比，这一时期的最大特色是楚国与中原霸主直接冲突，最后以失败收场，未能完成称霸天下的宏愿。楚成王时期，齐国崛起，在齐桓公与管仲的努力下，齐国成为中原霸主。为了阻止楚国对中原的扩张，齐桓公率领中原诸侯远征楚国，并最终与楚国签订盟约，这也是齐桓公成为春秋首霸的标志性事件。齐桓公死后，齐国衰落，中原群龙无首，楚国加紧进入中原。但不久，晋国在文公的治理下强盛起来，取代齐国成为中原霸主。为了争夺天下霸主地位，楚国与晋国在城濮展开大战，楚国战败。晋文公由此成为"春秋五霸"之一。楚成王相继遭受齐桓公与晋文公两大霸主的打击，最终未能称霸天下。《左传·僖公二十二年》也以"诸侯是以知其不遂霸"一语对楚成王盖棺定论。穆王登基后，晋文公去世，晋国实力有所下降。正如《左传·文公九年》范山对楚穆王所说："晋君少，不在诸侯，北方可图也。"楚国趁晋国君王年少，加紧对中原的扩张，相继攻打郑、宋等国。但终穆王之世，楚国也未能称霸天下。

通观《左传》对成王、穆王时期的楚国的书写，我们可以看到：这一时期的楚国，是一个野心勃勃的强国形象，对中原虎视眈眈，一有机会就大肆扩张，但由于文化上还没有很好地融入中原华夏，加上齐、晋两国相继崛起，楚国的扩张势头有所收敛，未能实现霸主的美梦。但这两个时期的楚国，已经预示了楚国即将攀上强盛的高峰，成为天下霸主指日可待。

(2)庄王时期

楚庄王是春秋五霸之一，但他执政之初，国内外环境并不容乐观。楚庄王立于文公十四年。这一年，国内发生叛乱，庄王被挟持。宣公四年，令尹子越又作乱，率族人攻打庄王。这两次叛乱差点让楚庄王性命不保。幸好在庄王与手下大臣的齐心协力下，两次叛乱都被平息，国内的不稳定因素被消除。

庄王执政之初，不仅国内不稳，外部形势也十分恶劣。文公十二年，群舒趁楚国令尹与君主相继去世之机，背叛楚国。因此，庄王即位的前几年，楚国一直在攻打群舒。到宣公八年，庄王亲征，灭掉舒国和蓼国。不仅群舒叛楚，楚国周围的戎人、群蛮、庸人等纷纷作乱，形势十分危急。楚国一度有迁都避敌的想法。《左传·文公十六年》记载：

> 楚大饥，戎伐其西南，至于阜山，师于大林。又伐其东南，至于阳丘，以侵訾枝。庸人帅群蛮以叛楚。麇人率百濮聚于选，将伐楚。于是申、息之北门不启。
>
> 楚人谋徙于阪高。蒍贾曰：“不可。我能往，寇亦能往。不如伐庸。夫麇与百濮，谓我饥不能师，故伐我也。若我出师，必惧而归。百濮离居，将各走其邑，谁暇谋人?”乃出师。旬有五日，百濮乃罢。自庐以往，振廪同食。次于句澨。使庐戢黎侵庸，及庸方城。庸人逐之，囚子扬窗。三宿而逸，曰：“庸师众，群蛮聚焉，不如复大师，且起王卒，合而后进。”师叔曰：“不可。姑又与之遇以骄之。彼骄我怒，而后可克，先君蚡冒所以服陉隰也。”又与之遇，七遇皆北，唯裨、儵、鱼人实逐之。庸人曰：“楚不足与战矣。”遂不设备。楚子乘驲，会师于临品，分为二队，子越自石溪，子贝自仞，以伐庸。秦人、巴人从楚师，群蛮从楚子盟。遂灭庸。

楚国之所以被中原视为南蛮，因为其处蛮夷之地。楚国周围，更是有不少偏远的部落。楚国内部稳定，凭借其强大的实力，可以压服周围的部落与小国。一旦楚国大乱，臣服的国家与部落自然要趁机造反。文公十二年群舒叛楚，就是如此。到了文公十六年，楚国出现大饥荒，国内不稳，周围的部落与国家一起攻打楚国。山戎从西南和东南两个方位进攻，庸人率领群蛮趁机反叛，麇人率领百濮则集结兵力准备攻打楚国。同时面临三股势力的威胁，难怪楚人想迁都避祸。庄王即位初年就遭大臣挟持，不到三年遭遇灭国之危。前面已经说过，庄王即位之时还年幼，过了三年，仍然没到独当一面的年龄。上面所引文字中，庄王只在大局已定的情形下才出现，表明其所起的作用更多是象征性的。按照《左传》对庄王的书写习惯，涉及国家大事，庄王都是当仁不让的主角。这里对其着墨如此之少，正表明其还不够成熟。幸好，庄王手下大臣能人众多，在危急关头出谋划策，使楚国避过了灭国之灾。楚国取胜的情形，与前面提到的武王时期的情形十分相似，都是以谋略取胜。芍贾对形势的分析，将敌人的心态摸得一清二楚。正如其所说，麇与百濮都是想趁机浑水摸鱼，他们对楚国仍然十分恐惧。只要向他们展示实力，表明楚国虽然遭遇大饥荒，但仍然可以出兵灭掉他们，他们自然会退兵。所以，关键之处在于他们能不能派出军队，主动出击。只要楚国龟缩不出，甚至迁都避敌，本来处于观望状态的麇与百濮，肯定信心大增，全力攻打楚国。在三股势力的夹击下，楚难逃灭顶之灾。最终楚国选择派军队主动进攻庸国。百濮观望一段时间后，果然如芍贾所料，退兵回国。不用正面冲突，三股势力只剩其二，楚国的形势就缓和多了。不过，庸人与群蛮的实力不容小视。如果在正常情形下，楚国军队可以硬碰硬，直接吃掉他们。但现在两面受敌，还遭遇大饥荒，硬碰硬的方式只会让楚国元气大伤，给虎视眈眈的山戎以可乘之机。武王时期，楚国与周围小国与部落交战，往往采用示弱的战术，趁敌人骄傲、没有防备的时候吃掉对方。这一次，对付庸人与群蛮，楚国再次采用这种战术，七次遭遇七次败北，让庸人更加坚定楚军不堪一击的想法，最后趁其不备，一举灭掉庸国。

内忧外患逐渐平息之后，楚国慢慢走上正轨，庄王也逐渐成熟。从宣公元年起，楚庄王正式开始其南征北伐的历程。《春秋·宣公元年》记载："楚子、郑人侵陈，遂侵宋。"这是《春秋》第一次对楚君称"楚子"而非"楚人"或者"荆人"。而这也是《春秋》《左传》两书中，庄王第一次主动带兵出征，表明其终于成为独当一面的君主。与前几代君主相比，庄王更加注重以礼和德服人。《左传·宣公十一年》记载：

冬，楚子为陈夏氏乱故，伐陈。谓陈人："无动！将讨于少西氏。"遂入陈，杀夏徵舒，轘诸栗门，因县陈。陈侯在晋。申叔时使于齐，反，复命而退。王使让之曰："夏徵舒为不道，弑其君，寡人以诸侯讨而戮之，诸侯、县公皆庆寡人，女独不庆寡人，何故?"对曰："犹可辞乎?"王曰："可哉。"曰："夏徵舒弑其君，其罪大矣，讨而戮之，君之义也。抑人亦有言曰：'牵牛以蹊人之田，而夺之牛。'牵牛以蹊者，信有罪矣；而夺之牛，罚已重矣。诸侯之从也，曰讨有罪也。今县陈，贪其富也。以讨召诸侯，而以贪归之，无乃不可乎?"王曰："善哉！吾未之闻也。反之，可乎?"对曰："可哉！吾侪小人所谓取诸其怀而与之也。"乃复封陈，乡取一人焉以归，谓之夏州。故书曰："楚子入陈，纳公孙宁、仪行父于陈。"书有礼也。

陈国的夏徵舒弑君自立，楚庄王起兵讨伐。前面已经说过，春秋时代，诸侯征伐，都要寻找一个冠冕堂皇的理由。陈国内乱，臣弑君，这对楚国来说就是一个完美的理由。连一向对楚国持贬斥态度的《公羊》，也对楚庄王的行动表示赞同。《公羊·宣公十一年》评论说："诸侯之义不得专讨，则其曰实与之何？上无天子，下无方伯，天下诸侯有为无道者，臣弑君，子弑父，力能讨之，则讨之可也。"本来，没有周天子命令，诸侯之间不得征讨。楚庄王征讨陈国，就是僭越天子的特权，不合礼法。何况，楚是子爵，陈是侯爵，楚攻陈是以下犯上。但周天子衰弱，征讨不义之国的责任，就落在强国身上。"力能讨之，则讨之可也"，正是对那些有能力征讨他国的强国所言。所以，正如申叔时所言："夏徵舒弑其君，其罪大矣，讨而戮之，君之义也。"楚庄王率兵征讨陈国，杀掉夏徵舒，是讨伐有罪，乃正义之举。但楚庄王征讨陈国的本意显然并非纯粹为了伸张正义。其目的明确，趁陈国内乱，吞并陈国。所以他杀了夏徵舒之后，顺手就把陈国灭了，将其作为楚国的一个郡县。这样，楚庄王就从一个正义的形象变成贪婪者形象。这对称霸天下很不利，容易引起诸侯反感。所以，在申叔时的劝说下，楚庄王又恢复了陈国。《左传》对此大加赞赏，认为有礼。

从文公十四年到成公二年，楚庄王在位二十四年。虽然比不上楚成王在位时间长，但由于楚庄王是春秋五霸之一，南征北讨比成王更为频繁，所以《左传》对这个时期的楚国也是着力书写。与其他时期相比，这个时期的楚国形象最为高大：楚庄王初立，国家面临内忧外患，但楚国在君臣同心协力下，安然度过危机。楚庄王执政时期的楚国，通过南征北讨，最重要的是通过符合礼义的战争，令诸侯宾服，最终成为春秋霸主。从《左传》的书写看，这个时期的楚国，庄王懂礼，令尹孙叔敖有为，楚国不仅国力强盛，而且上下和睦、百姓勤奋。

3. 衰落期的楚国形象

成公二年，楚庄王去世，共王即位。与其父一样，楚共王也是年幼即位。由于楚庄王的去世，以前臣服于楚国的诸侯纷纷转向晋国。共王时期，晋国重新强盛起来，楚国的邻国吴，也在晋国的扶持下强盛起来。在这两大强势力量的压制下，楚国逐渐走向衰落。其中，吴国与楚国临近，不断侵扰楚国，对楚国威胁最大。我们之所以将共王时期列为楚国衰落期的起点，正是因为这个时期吴国开始强大起来，不再臣服于楚，而且连年侵楚。从共王起，春秋时期的楚国受尽了吴国的侵扰，差点为吴所灭。因而，吴国的强大，是楚国由盛向衰的转折点。

(1)楚共王时期

楚共王十岁的时候，其父庄王去世。与庄王时期一样，幼主登基的楚国，同样面临内忧外患。从内部环境看，由于庄王的余威尚在，楚国大臣并没有人趁机作乱。这一点，比楚庄王好多了。然而，执掌大权的子重、子反，却是楚国祸乱之源。正是他们的贪婪与无能，使得楚国在内政外交上面临困境，并断送了楚庄王辛苦经营多年的霸业。《左传·成公七年》记载：

> 楚围宋之役，师还，子重请取于申、吕以为赏田，王许之。申公巫臣曰："不可。此申、吕所以邑也，是以为赋，以御北方。若

取之，是无申、吕也。晋、郑必至于汉。"王乃止。子重是以怨巫臣。子反欲取夏姬，巫臣止之，遂取以行，子反亦怨之。及共王即位，子重、子反杀巫臣之族子阎、子荡及清尹弗忌及襄老之子黑要，而分其室。子重取子阎之室，使沈尹与王子罢分子荡之室，子反取黑要与清尹之室。巫臣自晋遗二子书，曰："尔以谗慝贪婪事君，而多杀不辜。余必使尔罢于奔命以死。"

巫臣请使于吴，晋侯许之。吴子寿梦说之。乃通吴于晋。以两之一卒适吴，舍偏两之一焉。与其射御，教吴乘车，教之战陈，教之叛楚。置其子狐庸焉，使为行人于吴。吴始伐楚、伐巢、伐徐。子重奔命。马陵之会，吴入州来。子重自郑奔命。子重、子反于是乎一岁七奔命。蛮夷属于楚者，吴尽取之，是以始大，通吴于上国。

申公巫臣得罪子重、子反是在楚庄王时期。庄王大权独揽，臣下自然不敢作乱。等到庄王去世，共王年幼，子重、子反大权在握，开始疯狂地报私仇。申公巫臣早在庄王时期就逃到晋国，自然无法与两人在楚国争宠。为报私仇，子重、子反手段残忍，不仅杀掉申公巫臣的族人，还分掉他们的财产。根据《左传》和《国语》记载，申公巫臣是一个足智多谋之人。只因贪恋美色，得罪楚国君臣，因而逃奔晋国。他在晋国知道子重、子反如此残忍对待他的族人，自然不会善罢甘休。当时的晋国已经重新强盛，实力凌驾楚国之上，但晋与楚相距遥远，晋国绝不会为了他的私仇，千里迢迢攻打楚国。所以，他用计来到吴国，不仅促使晋国与吴国结盟，共同对付楚国，还帮助吴国训练军队，唆使吴国背叛楚国。吴国与楚国临近，所以吴国一旦强大起来，很自然地侵略楚国。以申公巫臣对楚国的了解，他可以很轻松地指使吴军避实就虚，屡战屡胜。加上晋国强大的压力，楚国自然不敢倾力攻吴。所以，申公巫臣终于实现誓言，"子重、子反于是乎一岁七奔命"。而吴国的强大，带给楚国的灾难，则是他们三人都无法预料的。正是子重、子反的公报私仇，为楚国惹来滔天大祸。不仅如此，在与晋国的争霸之战中，由于子反醉酒，直接导致鄢陵之战以楚国失败告终，晋国由此重新称霸中原。

由于臣下权力太重，且无能误国，加上共王在各方面都远远比不上其父庄王，导致楚国国力下降，原本臣服楚国的诸侯在庄王死后纷纷转向晋国。此时的晋国与楚国类似，国君年幼，大权被臣下把持。但晋国群臣在被楚庄王打败之后，卧薪尝胆，勤勤恳恳，使晋国重新强盛起来，并通过鄢陵之战，达到极盛。晋盛楚衰，加之晋国乃中原国家，诸侯自然倒向晋国。

综观《左传》对楚共王时期的记载，可以看到：共王时期的楚国在很多方面都比不上前一时期。同样是幼年登基，庄王遭遇内忧外患，反而迅速成熟，内政外交游刃有余，成为天下霸主。而共王始终不能很好地将楚国置于有效的管理中。从大臣的角度看，庄王还没独立掌权之前，手下大臣齐心协力，将国家打理得有条不紊，庄王掌权之后，更是提拔孙叔敖为相，国家达到空前强盛。共王掌权之前依赖的令尹与司马，能力上比不上前一时期，反而贪财残忍，多次犯错，给国家带来无可挽回的损失，共王掌权之后的令尹与司马也如此，唯有第三任令尹子囊勤勤恳恳。由于楚国君臣无所作为，导致国家实力下降，庄王时期天下归心的局面彻底打破，原本臣服的诸侯纷纷转向晋国，楚国在争霸事业上遇到空前挫折。同样，《左传》对这一时期的书写，也多次出现作为他者的楚国形象。与前一时期相比，中原诸侯眼中，楚国已经不再有德与有礼。庄王时期，中原诸侯没有将楚国视为蛮夷。而共王时期，《左传》中出现了“非我族类，其心必异”这句成语，表明随着楚国实力下降，加上楚国君臣无礼、无德，中原诸侯再次认识到楚国与他们在文化上的差异，因而纷纷转向同源的晋国。

(2)楚康王时期

康王时期，天下出现和平景象。由于宋国的向戌与晋国的正卿及楚国的令尹私交都不错，因而他发起弭兵运动后，得到晋国和楚国的同意。当时天下以晋楚最强，它们同意之后，各诸侯国纷纷同意，最后在宋国结盟。由此，春秋时期出现了罕见的和平局面。而在此前，楚国也只有少量的对外战争。所以，整个康王时期，楚国只对吴国、郑国等少数几个国家用兵。由于晋国强盛，中原诸侯都依附晋国，楚国无法向中原扩张。所以楚国只好在弭兵结盟仪式上争先，最后在晋国的退让下，成为弭兵结盟的盟主。

《左传》对楚康王的书写，可以用两个字概括——无德。襄公十八年楚国出兵攻打郑国，最后差点全军覆没，《左传》就借叔向之口批评其无德。弭兵之盟后，由于楚国与晋国是盟主，小国都要按时朝拜。郑国大夫按时前来朝拜，康王居然在半路让其回国，要求郑国国君亲自前来朝拜。《左传·襄公二十八年》记载，郑国大夫子大叔对康王之“不修其政德，而贪昧于诸侯”提出尖锐批评，并预言其将死，且楚国没有十年的时间不能重新称霸于诸侯。子大叔的预言很快得到验证，康王果然在这一年去世。而“不修其政德，而贪昧于诸侯”，正是康王的一贯作风。襄公十八年，他为了一时之快，发兵攻郑，使楚军遭遇天灾；襄公二十七年，弭兵之盟，又处处与晋国争先；弭兵之盟后，强令他国君王朝见。通观《左传》对这一时期的记载，可以看到，晋国恰恰是楚国的反面。郑国君王没有亲自去晋国朝拜，晋国也能接受。另外，中原诸侯中未结盟的齐侯都亲自前往晋国朝拜，却并不前往楚国朝拜。可见，晋国不仅比楚国强盛，而且十分注重德行，深得中原诸侯拥护。子大叔预言楚国没有十年的时间，不能争霸诸侯。后来，楚国发生内乱，到了楚灵王的时候才重新争霸诸侯。这一预言也得到验证。这些都凸显了楚康王的无德。

总之，康王时期的楚国实力较之共王时期进一步削弱。康王时时不忘成为天下霸主。但他无德无能，无法引导楚国走上富强，自然也没有争霸天下的本钱。由于没有一个贤明的令尹长期主持楚国内政，令尹更换频繁，楚国的内部一直不稳。这一时期，天下出现一段和平时期。楚国也只与郑、吴等国有过少量战争，但败多胜少。

(3)楚灵王时期

楚康王去世，郏敖继位，王子围为令尹。这个时期的楚国，真正进入了君弱臣强的局面。郏敖时期，令尹王子围大权独揽，逐步去掉反对势力，最后弑君自立，是为楚灵王。《左传》对郏敖时期的记载，处处皆是王子围的活动。可见，郏敖时期，实际上是灵王时期的预演。综合郏敖与灵王两个时期，《左传》对楚灵王进行大量书写。在春秋时期楚国众多君王中，楚灵王是被《左传》重点书写的一个人物。而且，《左传》对楚灵王的书写，主要借助其他人物之口对其进行评论。这一点，我们在前面已经分析过。从《左传》的书写来看，楚灵王有三大缺点：不义、暴虐与骄纵。

楚灵王在位期间，这三个缺点体现得淋漓尽致。由于其一向骄纵，因而很难听得进劝谏，导致灵王独断专行，任意妄为。昭公四年，他在诸侯面前杀戮齐国的庆封，本意在天下诸侯面前立威信，没想到庆封把灵王的丑事宣扬于众。《左传·昭公四年》记载：

> 将戮庆封。椒举曰："臣闻无瑕者可以戮人。庆封唯逆命，是以在此，其肯从于戮乎？播于诸侯，焉用之？"王弗听，负之斧钺，以徇于诸侯，使言曰："无或如齐庆封，弑其君，弱其孤，以盟其大夫。"庆封曰："无或如楚共王之庶子围，弑其君、兄之子麇而代之，以盟诸侯。"王使速杀之。

椒举是楚国的贤人，每次进谏都是真知灼见。他之所以反对杀庆封示众，是因为庆封与灵王犯下的是同样的罪行。庆封弑君，灵王也弑君。只不过，楚国实力强大，天下诸侯不敢讨伐。而庆封逃难到吴国，被楚国率领诸侯联军俘获，成了阶下囚。如果在公开场合杀掉庆封，天下诸侯自然也会想到灵王的罪行，对楚国显然不利，不是明智的行为。但楚灵王可能没把其弑君当一回事，根本听不进去，一心想要在诸侯面前立威。本来是声讨庆封罪行，结果庆封把灵王的罪行宣之于众。正如椒举所料，楚灵王当众出丑。对于灵王的种种行为，《左传·昭公四年》记载申无宇评论说：

> 楚祸之首，将在此矣。召诸侯而来，伐国而克，城竟莫校。王心不违，民其居乎？民之不处，其谁堪之？不堪王命，乃祸乱也。

这段话说得很清楚，楚灵王事事如意，想干什么就能实现什么，如此骄纵，楚国必将有祸乱。灵王召诸侯，诸侯听命赶来；讨伐吴国取得胜利；在边境筑城，也无人反对。简直是万事如意。如果是一个谨慎守礼的君子，自然会检讨自身，担心太顺利会遭灾难。楚灵王显然不是一个守礼君子，而是贪残、暴虐的君王。事事顺心，只会让其更加骄纵。所以，整个楚灵王时期，他经常召集诸侯，不是攻打他国，就是炫耀自己。不仅如此，还在国内大兴土木，劳民伤财，修建豪华的章华台。终于，楚国上下都无法忍受，纷纷起来造反，灵王最后落得自缢身亡的下场。

或许正如司马迁所评论的那样："楚灵王方会诸侯于申，诛齐庆封，作章华台，求周九鼎之时，志小天下；及饿死于申亥之家，为天下笑。操行之不得，悲夫！势之于人也，可不慎与？"①郏敖、灵王时期，《左传》一直不厌其烦地通过其他诸侯国大夫的视野评述楚灵王。这两个时期的楚国形象，就是一个由无德、暴虐而骄纵的昏君统治的国家。《左传》对楚国的书写，以这两个时期对他者视域的运用最多。可以说，这两个时期的楚国形象，在《左传》中最为直观。

(4)春秋晚期的楚国

应该说，灵王时期的楚国具备重新强盛的大好时机。因为当时楚国最大的竞争对手——晋国，正处于一个十分微妙的时期。晋国国君偏安国内，对天下霸主并没有太强烈的野心。而且晋国大夫权力很重，国内暗流汹涌，埋下后来一分为三的恶果。再加上当时天下诸侯还处在弭兵之盟的约束下，战争很少。楚国完全可以利用这一段时期，致力于国内经济发展，对外则展现德行，很容易得到天下诸侯的拥护。可惜，由于灵王的暴虐、骄纵，弄得天怒人怨，国家大乱。灵王之后，历代君主都没有多大作为，楚国差点为吴所灭。

楚灵王为局势所迫而自缢身亡，公子比自立为王，后来又在公子弃疾的逼迫下自杀，弃疾登基为王，即楚平王。平王登基之后，力图恢复

① （汉）司马迁：《史记·楚世家》，北京：中华书局1959年版，第1737页。

国内稳定，在初期表现出一个明君的气质。从《左传》对平王前期的书写来看，平王似乎是一个贤德的君王。在这样一个君主的治理下，楚国将要复兴。然而国内安定之后，平王就露出真面目，楚国不仅没有复兴，反而进一步沉沦。平王最大的缺点是轻信小人费无极。朝吴得到平王的信任，被安置在蔡国。费无极对其十分嫉恨，就向朝吴和位列其上的人分别进谗言，害得蔡国赶跑朝吴。平王对此十分恼怒，却没有对费无极予以惩罚。平王为太子建娶妻，居然在费无极的唆使下，将本应是太子的妻子据为己有。不仅如此，费无极还进谗言逼跑太子，逼杀伍奢父子，由此惹下伍子胥这个大祸。后来伍子胥逃到吴国，助吴成为春秋霸主，不仅攻破楚国都城，还将平王的尸体挖出来鞭尸。可见，费无极对楚国危害之大。

苟安而劳民伤财，又亲小人、远贤臣，楚平王完全具备一个亡国之君的特征。虽然在他手上，楚国还苟延残喘。但正是他的种种行为，最终葬送了楚国。《左传》对平王时期的楚国的书写，与前面大不相同。《左传》对这一时期，一开始大肆褒扬，让我们产生一种错觉，以为平王是一个明君，楚国在其手上肯定将重新繁荣。过不了多久，《左传》的书写就开始完全变样，对楚国只贬不褒，平王的种种愚蠢的行为一一出现，他终于露出真面目，彻底成为一个亡国之君。这种戏剧化的书写方式，让我们更加深刻体会到《左传》作者的机心。

综观《左传》对春秋晚期楚国的书写，我们可以看到：楚平王时期实际上是楚国的一大转折点。平王之前，楚国虽然自庄王之后逐渐衰弱，但依然是可以争霸天下的强国。即使是骄纵、暴虐的楚灵王，也能召集诸侯，没有哪个国家敢大规模攻打楚国。到了平王时期，平王不仅无所作为，还奢靡无度，又任由小人乱国，他种下的恶果在后代一一显现。他让楚国国力衰弱，又陷害忠良，使得伍子胥逃到吴国。不仅如此，还迫使自己的太子建逃亡他国。继之而起的昭王及惠王时期，楚国完全在偿还平王的债。在伍子胥的策划下，楚国不仅每年都要遭受吴国的进攻，最后更是被吴国攻破都城，差点亡国。惠王时期，太子建的儿子白公为报仇又发动叛乱，差点让楚国陷入万劫不复之地，幸好叶公子高力挽狂澜，楚国才幸免于难。可见，春秋晚期的楚国，内忧外患一起涌现，完全处于风雨飘摇之中。

五、结语

综上所述，我们可以对《左传》“客观”书写展示的楚国形象作一个简单总结：

与《公羊》《穀梁》不同，《左传》没有一以贯之的楚国形象。由于《左传》以叙事翔实取胜，加之其并不以夷狄视楚国，因而其对楚国的书写在各个时期并不相同。简单而言，楚庄王时期是春秋楚国的分界线。从创业期的武王、文王，到后来的成王、庄王，楚国一直处于蒸蒸日上的发展态势。武王、文王时期的楚国，君臣兢兢业业而又谋略得当，楚国得以平定周围的国家与部落，初步向中原扩张。到了成王、庄王时期，楚国国力已经处于鼎盛阶段，国君有为，特别是楚庄王在逆境中迅速成熟，向中原诸侯展示其有礼与有德的一面，最终让中原诸侯接受楚国。庄王也因此成为春秋五霸之一。但楚国鼎盛之后，由于后继君王的无所作为，开始逐渐走下坡路，实力不断削弱。从共王到灵王，国君与创业期、鼎盛期的君主不能同日而语，无能且无礼，逐渐失去中原诸侯的拥护。加之晋国重新恢复强盛，楚国一直处于下风。不过，虽然国君无能，但由于创业期和鼎盛期楚国君臣的努力，楚国基础雄厚，实力仍然不可小视，所以即使像楚灵王一般的骄纵、暴虐之君，还能不断召集中原诸侯来会盟。到了春秋晚期，就更加等而下之了。从楚平王开始，楚国全面失去争霸天下的雄心，面对吴国的压力，全面转入防守，并由此让吴国坐大，楚国被吴国攻破都城，差点亡国。

《左传》对楚国君王的书写，也是以楚庄王为分界线。前期的武王、文王、成王、庄王，甚至连弑君自立的穆王，《左传》对他们的书写也多是正面形象。从共王开始，《左传》的书写就开始变化，君王的缺点多有暴露。特别是灵王与平王，更是《左传》着力批判的对象，基本以反面形象为主。可见，国力的强盛与否，与国君是否贤明，密切相关。《左传》这种多样化的书写，相比《公羊》《穀梁》的简单化，更客观一些。这也是《左传》在后代广为接受的重要原因。

第二节 《战国策》中的楚国形象

先秦历史文本中，有关战国时期的记载主要集中于《战国策》。该书共三十三卷，记载西周、东周、秦、齐、楚、赵、魏、韩、燕、宋、卫、中山诸国之历史，时代上承春秋，下至秦吞并六国，是一部研究战国历史不可缺少的珍贵史书。《战国策》一书的作者是谁，学术界一直争论不休，至今仍是悬案。我们现在只知道：《战国策》一书大多为战国时人所著，在先秦时即已流传，但书名并非《战国策》，而是分别叫做《国策》《国事》《短长》《事语》《长书》《修书》。西汉时刘向将这六本书按国别重新整理，编为一本书，并将书名定为《战国策》。① 刘向所编《战国策》到了宋代就开始变得残缺不全，北宋著名学者曾巩又重新编订，将它补全。② 我们今天看到的《战国策》，主要是曾巩编订的这个版本。虽然曾巩编订的今本与刘向编订的古本，在内容、篇目上肯定会有一些差异，但学术界仍然普遍认为今本十分忠实于古本，可信度很高。

与《左传》不同，《战国策》并非各国历史的详细记录，其关注的对象是战国时代纵横捭阖、叱咤风云的谋略之士，因而详细记载他们的言行。由于其贯穿整个战国时代，必然要涉及对楚国的书写。但因其重点在于策士言行的书写，对史实的叙述很少，所以，《战国策》对楚国的书写相当分散，并没有一个相对完整的楚国历史脉络。因而，我们不可能像第一节那样，从《战国策》中梳理出战国时代楚国每一个阶段的形象。然而，《战国策》的特色在于对策士言说的大量书写，因而其中更多出现的是策士眼中的楚国形象。

---

① （西汉）刘向：《刘向书录》，见《战国策》，上海：上海古籍出版社 1978 年版，第 1195 页。

② 参见范祥雍：《战国策传本源流考》，见《战国策笺证》，上海：上海古籍出版社 2006 年版，第 11-16 页。

一、他者视域中的楚国形象

1. 敌人眼中的楚国

战国时期七国争雄，到了中后期，主要变成了秦、楚争霸。《战国策·楚策一》记载苏秦游说楚威王与赵国合纵时，说了一句著名的话："纵合则楚王，横成则秦帝。"当时秦国实力比其他六国强，在其他六国之中，以楚国实力最强大。为了对付秦国，当时其他六国在苏秦的游说下，试图联合起来一致对秦，楚国为合纵之长。秦国则在张仪的推动下，试图与其他六国结盟，以此分化它们的联盟，从而各个击破。因此，合纵成功，则楚国成为天下盟主；连横成功则秦国称霸天下。在战国七雄之中，最有可能统一天下的诸侯国即是秦国和楚国。因而两国水火不容，互相敌对。这样，我们在《战国策》中看到了秦人眼中的楚国形象。《战国策·秦策一》记载了张仪对秦王说的一段话：

> 张仪说秦王曰："……由此观之，夫战者，万乘之存亡也。且臣闻之曰：'削株掘根，无与祸邻，祸乃不存。'秦与荆人战，大破荆，袭郢，取洞庭、五都、江南。荆王亡奔走，东伏于陈。当是之时，随荆以兵，则荆可举。举荆则其民足贪也，地足利也。东以强齐、燕，中陵三晋。然则是一举而伯王之名可成也，四邻诸侯可朝也。而谋臣不为，引军而退，与荆人和，今荆人收亡国，聚散民，立社主，置宗庙，令帅天下西面以与秦为难，此固已无伯王之道一矣。"

张仪说秦王这一段文字，与《韩非子·初见秦》基本相同。在《韩非子》中，张仪变成了韩非。很显然，《战国策》与《韩非子》两书中有一本书照搬了另一本书。但究竟是《战国策》照搬《韩非子》，还是《韩非子》照搬《战国策》，从古至今，一直没有定论。宗《韩非子》的学者声称《战国策》照搬《韩非子》，而宗《战国策》的学者则正好相反。按照今天学界的普遍看法，《战国策》的这段文字在前，《韩非子》中的《初见秦》可能是后人编书时掺入而成。① 按照《史记》记载，秦破郢都在楚顷襄王二十一年，即秦昭王二十九年。而张仪早在秦武王二年即已死亡。时间差距如此之大，显然《战国策》这里游说秦王的那个人也不可能是张仪。究竟这里游说秦王的人是谁，古今一直没有定论，但通观整篇文字，此人完全站在秦国的立场上说话。因而，文中的观点完全可以代表秦国人的看法。

这段文字的核心观念有两点：第一，战争能够决定一个国家的存亡；第二，打击敌人要斩草除根，永绝后患。文中的游说者举了很多例子来支撑这两个观点，其中一个就是秦国与楚国的一次战争。秦国与楚国作战，大破楚国都城，取得了楚国大片土地，令楚王逃命到陈国。按游说者的观点，这时的秦国应该乘胜追击，彻底覆灭楚国。这样就去掉了一个心腹大患，为秦国统一天下扫除了最大的障碍。同时，吞并楚国之后能尽得其地，可以进一步对其他国家用兵。这样，一战定天下，战争之重要性由此可知。然而，当时秦国的谋士却看不到这点，秦军居然撤退，让楚王可以重新收拾残局，聚集全国之力，继续与秦国为敌。这就是“斩草不除根”的后果。其实，游说者用秦楚之战这个例子，只是为了表明秦国以前的谋士缺少战略眼光，从而向秦王推销自己。为了达到自我推销的目的，他显然夸大了事实。当时秦国虽然有灭掉楚国的实力，但楚国作为战国时期地域面积最大的诸侯国，实力也不可小视，如果秦军一味进攻，必将受到楚人的拼死抵抗，虽然能够覆灭楚国，秦国也必然元气大伤，令其他诸侯国有机可乘。因而，秦国的策略并没有错。但春秋战国时期的游士都擅长辩论，尤其《战国策》所记载的策士，他们往往都有滔滔不绝的雄辩之能。这里的游说者也不例外。他将几个同样的事例摆在一起，以排比句式、煽动性的语言、恢弘的气势表达出来，自然而然地达到言说的效果，很容易打动人。即使观点并不完全

① 参见邓廷爵：《关于〈韩子·初见秦〉的作者与韩非之死》，《学术月刊》1982 年第 3 期；牛鸿恩：《〈韩非子·初见秦〉小议》，《首都师范大学学报》(社会科学版)1979 年第 3 期。

对，也能让听者觉得十分有理。最重要的是，这里的游说者完全站在秦国的立场言说，其对秦军未能一鼓作气灭掉楚国而深表遗憾，自然更容易打动秦王。从这段话可以看出，楚国在秦国君臣的眼里，是一个急于灭之而后快的仇敌。对于这个仇敌，他们时刻不忘覆灭它，占有它的土地和人民。

正如《战国策·秦策一》中田莘所说："今秦自以为王，能害王者之国者，楚也。"在秦国君臣的眼中，楚国是唯一能阻挡秦国统一天下的诸侯国，因而他们对楚国的仇恨是与生俱来的，只有将之灭亡才能消除仇恨。楚国实力虽然比不上秦国，但其毕竟一直是春秋战国时代的大国，对秦国的威胁也很大。尤其是随着秦国的日益强大，其他六国为了生存，对其有同仇敌忾之心，很容易联合起来对付它。楚怀王时期，楚国与齐国结成同盟，共同对付秦国，两国实力相加，对秦国的威胁更大。楚怀王十一年，在苏秦的推动下，六国合兵一处，共同攻打秦国。这次战争对秦国而言虽然没有多少损失，但其他六国如此联合起来一起对付它，实在是心腹大患。先秦石刻《诅楚文》中说楚王"倍十八世之诅盟，率诸侯之兵以临加我。欲剗伐我社稷，伐灭我百姓……遂取吾边城新隍及于、长、莘"，可见秦人内心之恐惧、诸侯联军对秦国威胁之大。长此以往，秦国必将被诸侯联军所灭。为了化解六国联盟，秦国在张仪的推动下，采用连横之策，刻意与其中几国结盟，从而分化六国关系，以便各个击破。楚国与齐国的结盟对秦国威胁最大，分化两国关系是秦国的主要目标。因此，秦国派出与苏秦齐名的张仪前往楚国游说怀王。《战国策·秦策二》记载了张仪的一段话：

> 张仪南见楚王，曰："弊邑之王所说甚者无大大王，唯仪之所甚愿为臣者亦无大大王；弊邑之王所甚憎者亦无先齐王，唯仪之甚憎者亦无大齐王。今齐王之罪，其于弊邑之王甚厚。弊邑欲伐之，而大国与之欢，是以弊邑之王不得事令，而仪不得为臣也。大王苟能闭关绝齐，臣请使秦王献商於之地，方六百里。若此，齐必弱，齐弱则必为王役矣。则是北弱齐，西德于秦，而私商於之地以为利

也，则此一计而三利俱至。”

对比我们前面引用的一段话，张仪所说的这段话简单明了。他所说的话完全针对楚怀王的弱点而来。第一句话，他给楚怀王戴了一顶高帽，大大地称赞了一番。所谓“弊邑之王所说甚者无大大王，唯仪之所甚愿为臣者亦无大大王”，秦王最喜欢的人是楚怀王，张仪最愿意成为怀王的臣子：这显然是假话。前面所引《战国策》原文已经清楚地告诉我们：秦国与楚国势不两立，秦国君臣最痛恨的就是楚国。他们对秦军没有一鼓作气灭掉楚国而深表遗憾，显然对楚国恨之入骨。因而张仪说的这句话完全是拍楚怀王的马屁，清醒的人是不会当真的。张仪身为战国时代最有名的雄辩之士，其所说的第一句话绝对不可能是无的放矢。显然，这句话告诉我们，楚怀王狂妄自大且喜欢阿谀奉承之臣。这一点也与屈原《离骚》中的楚怀王形象一致。张仪阿谀奉承一句话之后，立即转入正题，谈到了此行的目的——分化楚、齐的同盟关系。秦王最喜欢的人是楚怀王，而最痛恨的人是齐王：这样的话在楚怀王的面前说出来，很明显是挑拨离间。为了进一步增强言说效果，张仪对楚怀王进行利诱。他答应楚怀王，只要楚国与齐国绝交，秦国立即奉上六百里地。对于楚国而言，不费吹灰之力就能得到六百里地，显然是一个极大的诱惑。张仪所说的“三利俱至”，其余的两利楚怀王可能不会放在心上，但这六百里地的诱惑太大，他不可能不动心。最后，楚怀王终于为这六百里地打动，不顾臣下的劝阻，答应与齐国绝交。

这段话里的楚国，再也不是秦人恨之入骨的仇敌，而是秦国的友邦，是张仪最想效力的诸侯国。同样是张仪，面对不同的对象有不一样的言说方式与言说内容。《战国策·魏策一》记载他游说魏王与秦连横时说：

且夫秦之所欲弱莫如楚，而能弱楚者莫若魏。楚虽有富大之名，其实空虚；其卒虽众，多言而轻走，易北，不敢坚战。魏之兵南面而伐，胜楚必矣。

这里，张仪在魏王面前建构的楚国才是最接近其内心的楚国形象。其对魏王表达了秦国最想削弱甚至灭掉的国家是楚国。为了唆使魏国攻打楚国，张仪建构了一个表面强大其实空虚、士兵虽多却不堪一击的楚国形象。我们看到，这里张仪显然将楚国故意弱化，其将楚国建构成一击即垮的国家形象，正是为了驱使魏国替秦国攻打楚国，好坐收渔人之利。

联系前面所引“张仪说秦王”那一段话，秦人眼中的楚国形象清晰地呈现出来。“张仪”面对秦王、魏王时，其完全站在秦国的立场，视楚国为仇敌，欲灭之而后快。但为了达到分裂楚、齐同盟的目的，张仪在楚怀王面前赞扬楚国为秦国最想结交的友邦。显然，两个楚国形象的出现，只是因为言说对象和言说目的不同而导致的结果。实际上，正如《战国策·韩策一》中张仪所说“秦之所欲，莫如弱楚”，在秦国君臣的眼中，楚国一直是他们最大的对手，是他们时刻不忘灭掉的仇敌。

2. 盟友眼中的楚国

孟子云：“春秋无义战。”①这个评语对战国时代也完全适用。战国时期，诸侯之间攻伐频繁，它们之间的外交关系风云变幻，国与国之间并没有固定的同盟，也没有固定的仇敌，一切都基于本国的利益。战国中后期，秦国的实力明显超出其他六国，对它们的威胁日益加剧。在这种强大的压力下，以前互相征伐的六国开始谋求结成同盟。这就是历史上著名的合纵。苏秦是合纵的主要推动者。《战国策·楚策一》记载苏秦游说楚王的一段话：

苏秦为赵合从，说楚威王曰：“楚，天下之强国也；大王，天下之贤王也。楚地西有黔中、巫郡，东有夏州、海阳，南有洞庭、苍梧，北有汾陉之塞、郇阳，地方五千里，带甲百万，车千乘，骑

① （战国）孟子：《孟子·尽心下》，上海：上海古籍出版社 2004 年版，第 295 页。

万匹，粟支十年，此霸王之资也。夫以楚之强与大王之贤，天下莫能当也。今乃欲西面而事秦，则诸侯莫不南面而朝于章台之下矣。秦之所害于天下莫如楚，楚强则秦弱，楚弱则秦强，此其势不两立。故为王至计，莫如从亲以孤秦。大王不从亲，秦必起两军：一军出武关，一军下黔中。若此，则鄢、郢动矣。臣闻'治之其未乱，为之其未有'也。患至而后忧之，则无及已。故愿大王之早计之。……夫秦，虎狼之国也，有吞天下之心。秦，天下之仇雠也，横人皆欲割诸侯之地以事秦，此所谓养仇而奉雠者也。……故从亲则诸侯割地以事楚；横合则楚割地以事秦。此两策者，相去远矣，有亿兆之数。两者大王何居焉？"

战国时期的纵横之士游说君王策略非常高明。与前面引文中的张仪一样，苏秦游说楚王的策略也是先戴高帽，大加赞颂令楚王心情愉快。只不过，张仪的赞颂明显是假话，清醒的君王都不会放在心上。苏秦的赞颂虽然有些夸大，但也建立在事实之上。其称楚国为“天下强国”，这完全符合事实。而其赞楚威王为“天下之贤王”，虽然是溢美之辞，但楚威王是楚国历史上有作为的君王，这种溢美也不太过。“楚国之强”与“楚王之贤”是苏秦言说的两大基石，也是用来游说楚威王的主要论点。接着，苏秦进一步夸大楚国的强大。“地方五千里，带甲百万，车千乘，骑万匹，粟支十年”，其中真假难辨，但这种夸大之辞对楚王来说正合适，进一步增强其自豪感与自信心。既然楚国与秦国一样强大，所谓“一山难容二虎”，其自然是秦国的心腹大患。“秦之所害于天下莫如楚，楚强则秦弱，楚弱则秦强，此其势不两立”，两国之间的关系势同水火，一方强则另一方弱，不可能同时强大而互不侵犯。这样，苏秦苦心孤诣地建构起一个楚国形象：楚国地大物博，兵强马壮，加上楚王贤明，这样的实力完全与强大的秦国平分秋色，可以称霸天下。苏秦的目的，正是要树起这样一个与秦国分庭抗礼的楚国，激起楚王与秦国争霸天下的雄心，带头与秦国对抗，造成二者势不两立的状态，令楚国不敢轻易与秦国议和。有楚国领头，其他几国自然望风附和，六国合纵之势水到渠成。

不仅如此，为了进一步激起楚王对抗秦国的决心，苏秦紧接着又建构起秦国“虎狼之国”的形象。“夫秦，虎狼之国也，有吞天下之心”，这句话清晰地表达了其他六国对秦国的恐惧。在其他六国人看来，秦国的日益强大，给他们带来了巨大的威胁。秦国如虎狼一般，具有凶残与贪婪的本性，不吞并天下绝不罢休。由于其虎狼之性，秦国当然会对接壤的楚国发动攻击。为了加强说服力，苏秦为秦军攻打楚国设计了两条路线。“一军出武关，一军下黔中”，两军形成夹攻，楚国形势自然万分危险。这虽然是苏秦的假设，但极有可能成为现实。这样，苏秦巧妙地将楚威王置于两者选其一的境地：秦乃“虎狼之国”，攻打楚国是早晚的事，楚国要么被动挨打并臣服，要么抢先动手。“故从亲则诸侯割地以事楚；横合则楚割地以事秦”，抢先动手的好处也很明显，联合其他几国打击秦国，楚国自然可以称霸天下。苏秦先给楚威王大灌迷汤，建构起一个强大的楚国形象，并巧妙地营造出楚国与秦国两国不能并立的形势，又点出秦国对楚国虎视眈眈，令楚威王不得不接受其合纵抗秦的提议。整个言说过程逻辑清晰，充分显示苏秦高超的言说策略。

这段话建构了楚国与秦国两个对立的形象：秦国是“虎狼之国”，总想吞并天下，对楚国虎视眈眈，其是一个侵略者形象。楚国也是天下强国，地大物博，君王贤明，具备争霸天下的条件。在“虎狼之国”的威胁下，楚国奋起反抗，联合其他弱国共同抗秦，这是一个正义的反抗者形象。

3. 其他人眼中的楚国

楚国是横跨春秋、战国的强国。正如前面苏秦游说楚威王时所说：“楚，天下之强国也……楚地西有黔中、巫郡，东有夏州、海阳，南有洞庭、苍梧，北有汾陉之塞、郇阳，地方五千里，带甲百万，车千乘，骑万匹，粟支十年，此霸王之资也。”这段话虽然是为迎合楚威王而说，但也在一定程度上道出楚国的一大特征——地域广大、物产丰富。这一特征是春秋战国时人的共识。《战国策·宋卫》记载了墨子的一段话：

荆之地方五千里，宋方五百里，此犹文轩之与弊舆也。荆有云梦，犀兕麋鹿盈之，江汉鱼鳖鼋鼍为天下饶，宋所谓无雉兔鲋鱼者也，此犹梁肉之与糟糠也。荆有长松、文梓、楩、楠、豫樟，宋无长木，此犹锦绣之与短褐也。恶以王吏之攻宋为与此同类也。

墨子说这段话的目的是劝说楚王不要攻宋。为了增强言说效果，他将楚国与宋国作了一个对比：楚国地方五千里，宋国只有五百里；楚国物产丰富，山里有各种野兽，江水里有各种鱼类，各种高大的树木遍地都是，而宋国资源匮乏，没有丰富的野兽、鱼类以及高大的树木。这样，一富一贫形成强烈的对比，如果楚国还要攻打宋国，那就是富人攻打一无所有的穷人。墨子对宋国的描述显然是夸张，为了衬托楚国的富饶，其将宋国塑造成一个穷乡僻壤般的国家。不过，墨子对楚国的描述并没有太多夸张的成分在内，否则也不可能仅凭这段话就能说服楚王。

楚国“地方五千里”，拥有云梦、江汉之富饶，这是《战国策》一再向我们描述的。《战国策·秦策三》云：“楚苞九夷，又方千里，南有符离之塞，北有甘鱼之口。”这里虽然没有说楚国地方五千里，但楚国地域之广大也可见一斑。《战国策·中山》记载秦王责备武安君白起时说：“楚地方五千里，持戟百万。”这与前面苏秦所说“地方五千里，带甲百万”句式和内容都基本一样，虽不可全信，但也道出楚国地域之广与兵力之众。白起回应秦王责备时说“是时楚王恃其国大”，可见在楚国人自己眼中，地域广大也是他们骄傲的资本。

总之，《战国策》给我们塑造了一个地域广大、物产富饶的楚国。无论在春秋时期的墨子眼中，还是战国时代的苏秦、秦王、白起等人眼中，楚国这一形象都没变。

二、楚人眼中的楚国形象

值得注意的是，《战国策》也记载了大量楚国君臣的言行，因而也描述了楚人眼中的楚国形象。前面已经说过，在春秋战国时人的眼中，楚国是一个地域广阔的大国。这一点，楚人也同样认可。《战国策·楚策一》云："今楚，万乘之强国也；大王，天下之贤主也。"这话虽然与苏秦游说楚威王的开场白几乎一样，同样也是一种言说策略。但出自楚人之口，意义就不大相同。苏秦的那句话是恭维之辞，楚人的这句话虽然也有夸张的成分在内，但其希望楚国继续强大的心意不言自明。可见，到战国后期，虽然楚国逐渐衰落，但在楚人眼中依然是一大强国。这也与前面白起所说——"是时楚王恃其国大"，十分吻合。

春秋时期，楚国是五霸之一；战国时期，楚国又是七雄之一。作为一个横跨春秋、战国的大诸侯国，楚国在楚人眼中自然强大。不仅如此，楚国还是一个历史悠久、英才辈出的诸侯国。《战国策·楚策一》记载了楚威王与莫敖子华的一段话。在这段话中，莫敖子华回顾了楚国的历史，历数楚国历史上的五大忠臣。原文为：

> 威王问于莫敖子华曰："自从先君文王以至不穀之身，亦有不为爵劝，不为禄勉，以忧社稷者乎?"莫敖子华对曰："如华不足知之矣。"王曰："不于大夫，无所闻之。"莫敖子华对曰："君王将何问者也？彼有廉其爵，贫其身，以忧社稷者；有崇其爵，丰其禄，以忧社稷者；有断脰决腹，一瞑而万世不视，不知所益，以忧社稷者；有劳其身，愁其志，以忧社稷者；亦有不为爵劝，不为禄勉，以忧社稷者。"

《左传》对楚国历史的详细叙述，是从楚武王开始的。之前的历史，仅有片言只语。楚文王则是《左传》详细描述的第二代楚王。根据《战国策》《史记》的记载，楚威王是楚怀王之父，乃战国中后期的楚王。从文王到威王，横跨春秋、战国，揽括史书所载楚国历史的大部分。楚威王对这段历史的回顾，并不是要缅怀历代先王的丰功伟绩，而是想要知道楚国大部分历史中有没有一心为公的忠臣。所谓"不为爵劝，不为禄勉，以忧社稷者"，正是那种丝毫不要官位与爵禄、只知道为楚国社稷着想的大忠臣。从君王的角度看，这样的忠臣自然是最值得肯定的，也是君王最想要的。然而，忠臣有很多种，仅仅肯定这一种显然十分狭隘，对其余的忠臣也不公平。因而，莫敖子华提出了五大忠臣：一是为官清廉、两袖清风，但忧心社稷的忠臣；二是拥有高官厚禄，仍然忧心社稷的忠臣；三是为国捐躯但寂寂无闻的忠臣；四是劳心劳力为国着想的忠臣；五是楚威王所提出的不要官位与爵禄、一心为国的忠臣。在莫敖子华看来，五种忠臣都是国家的栋梁，其对国家的忠心是没有高下之别的，都值得肯定。

接着，莫敖子华一一举出相应的例子。第一种忠臣——“廉其爵，贫其身，以忧社稷者”，令尹子文是其典型。身为楚国宰相，子文身居高位，却为人清廉，穿的是“缁帛之衣”和“鹿裘”，十分朴素。不仅如此，他操心国事达到废寝忘食的地步，“未明而立于朝，日晦而归食”。这是典型的忠臣。

“崇其爵，丰其禄，以忧社稷者”，这是第二种忠臣。莫敖子华举的例子是叶公子高。其位高权重，“食田六百畛”，可谓爵崇、禄丰。然而这种丰厚的待遇却是叶公子高应得的，是其忠心为国的回报。要不是他平定“白公之乱”，楚国极有可能分崩离析，甚至亡国。因而，尽管高官厚禄，他也是大忠臣。

第三类忠臣是“断脰决腹，一瞑而万世不视，不知所益，以忧社稷者”。这类忠臣的典型是莫敖大心。吴国攻打楚国，楚国危在旦夕，为了报效国家，莫敖大心身先士卒，奋不顾身地扑入吴军中，以死殉国。

第四类忠臣是“劳其身，愁其思，以忧社稷者”。莫敖子华举的例子是棼冒勃苏。吴国攻入郢都，楚王外逃，楚国处于生死存亡的危急关头。为了挽救楚国，棼冒勃苏历尽千辛万苦，前往秦国求救，其“上峥山，逾深谿，蹠穿膝暴，七日而薄秦王之朝，雀立不转，昼吟宵哭，七日不得告，水浆无入口，瘨而殚闷，旄不知人”。秦王终于为其诚心感动，派兵救援楚国，使楚国免于灭亡。① 棼冒勃苏也可谓大忠臣。

---

① 这个故事与《左传》所记申包胥故事几乎一样。棼冒勃苏与申包胥是否为同一人，古人争论甚多，至今还是悬案。参见范祥雍：《战国策笺证》，上海：上海古籍出版社 2006 年版，第 814 页。

第五种是楚威王所问的那种忠臣，即“不为爵劝，不为禄勉，以忧社稷者”。莫敖子华举的例子是蒙榖。吴国攻破楚国都城，“君王身出，大夫悉属，百姓离散”，国家即将灭亡。蒙榖却不急忙逃命，反而直奔郢都，将宫中的法典背出，逃到云梦之中。等到楚昭王复国，“五官失法，百姓昏乱”，急需法典的时候，蒙榖将法典献上，使楚国走上正常轨道。然而，他却谢绝封赏，逃到磨山之中。可见其完全没将名利放在心上，只是一心为国家着想，当然也是忠臣的典范。

我们看到，虽然莫敖子华列举以上五大忠臣的目的，是为了劝导楚威王重视贤臣。但这种回顾历史的做法，无疑极大地增强了楚人对国家的自豪感。从《战国策》的描述来看，我们看到了楚人眼中的楚国形象：楚国不仅地方五千里，地大物博，国力强盛，而且还是一个历史悠久、忠臣辈出的诸侯国。

综上所述，《战国策》主要是通过对话的形式书写楚国形象的。由于其记载了十二国的历史，书写了大量的纵横家形象，他们的言说立场与目的各不相同，因而呈现出各不相同的楚国形象。与先秦其他文本相比，《战国策》塑造的楚国形象更为丰富：从敌对国秦国的立场看，楚国是一个势不两立的仇敌，秦人时刻不忘灭掉它；从合纵国的立场看，秦国是六国诸侯最大的威胁，楚国是其他诸侯的盟友，更是他们攻打秦国的“领头羊”，因而他们将楚国塑造成一个兵强马壮、与秦国平分秋色而水火不容的强国形象；从其他没有直接利害关系的人眼中，我们又看到一个地大物博、资源丰富的大国形象；从楚人的立场来看，他们眼中的楚国既是一个地域广阔的大国，又是一个有着悠久历史、忠臣辈出的国度。

第三章　自我建构中的楚国形象

第一节　《楚辞》中的楚国形象

楚辞是产生于楚地的一种文学样式。在中国文学史上，楚辞一直与《诗经》并驾齐驱，“风”“骚”并称，成为中国文学的两大传统，对后世影响深远。与《诗经》一样，楚辞也来源于民间诗歌，只不过不像《诗经》那样很早被人收集整理。到了战国时代，楚国大诗人屈原在楚地民歌的基础上，创作出《离骚》《九歌》等诗歌，在其影响下，楚国出现一批楚辞作家。这种“书楚语，作楚声，纪楚地，名楚物”①的诗歌样式，被汉人称为“楚辞”。汉代刘向奉旨校书，将屈原、宋玉以及汉代贾谊、东方朔等人的作品收录，名之为《楚辞》。这是最早的楚辞专集。对我们来说，汉人作品不属于我们的考察范围，因而，下面提到的“楚辞”专指屈原、宋玉等先秦楚人的作品。

由于楚辞具有强烈的地域色彩，屈原、宋玉等人又是楚国大夫，因而他们作品中的楚国形象，自然是自我形象。特别是屈原，其身为楚国贵族，最后为楚国殉身，对楚国的感情非同一般，因而其笔下的楚国形象自然不同于孔孟等中原人眼中的楚国形象。这一点，我们看《离骚》《招魂》等作品，可以很清楚地感受得到。

---

① （宋）黄伯思语，参见陈振孙《直斋书录解题》，上海：上海古籍出版社1987年版，第436页。

一、祖先溯源与神灵崇拜

1. 对远祖先王的追溯

楚国是芈姓之国。《国语·郑语》中记载："融之兴者，其在芈姓乎？……蛮芈蛮矣，唯荆实有昭德，若周衰，其必兴也。"①显然认为楚国乃祝融之后。《史记·楚世家》也持同样的观点：

> 楚之先祖出自帝颛顼高阳。高阳者，黄帝之孙，昌意之子也。高阳生称，称生卷章，卷章生重黎。重黎为帝喾高辛居火正，甚有功，能光融天下，帝喾命曰祝融。共工氏作乱，帝喾使重黎诛之而不尽。帝乃以庚寅日诛重黎，而以其弟吴回为重黎后，复居火正，为祝融。吴回生陆终。陆终生子六人，坼剖而产焉。其长一曰昆吾；二曰参胡；三曰彭祖；四曰会人；五曰曹姓；六曰季连，芈姓，楚其后也。

这里，司马迁进一步将楚国始祖的世系向前拓展。祝融是颛顼帝之孙，而颛顼是黄帝之孙。这样，我们看到，《国语》与《史记》实际上都以为，芈姓是祝融的后代，而祝融是中华民族的始祖黄帝的后代。楚国是芈姓之后，显然也是黄帝之后。这样说来，楚国与中原诸夏一样，都是华夏正统，并非蛮夷。

实际上，不仅《国语》《史记》如此，楚人也认为自己是颛顼之后。屈原的《离骚》开篇即说：

> 帝高阳之苗裔兮，朕皇考曰伯庸。

这段话描述了屈原的身世。"高阳"，是颛顼帝的别名。"帝高阳之

① （春秋）《国语》，上海：上海古籍出版社 1978 年版，第 511 页。下文所引《国语》原文均出自该书。

苗裔兮”，屈原第一句话就说明自己是颛顼帝的后代。这样说来，屈原自认为颛顼帝是其远祖。而屈姓是楚国的王族大姓。早在楚武王的时候，其儿子瑕被封在屈地，因而以封地为姓，其后代都以屈为姓氏。①《左传》提到的莫敖屈瑕，正是楚武王之子，也是屈原的祖先。综合《国语》《史记》《左传》来看，显然楚国王族自认为是祝融之后，当然也是颛顼之后。屈姓是楚国的王族大姓，自然以颛顼后代自居。战国时代，诸侯争战，各国之间交流频繁。中原诸侯大多是姬姓后代，以黄帝为祖先。中原人往往以华夏自居，视楚人为蛮夷。屈原博学多才，自然不肯承认是蛮夷之后，也要找一个显赫的先祖。按《史记》的说法，颛顼是黄帝之孙，楚人乃颛顼之后，自然也与中原一样，是华夏正统。

不仅如此，《离骚》还对楚国三位先王念念不忘：

> 昔三后之纯粹兮，固众芳之所在。杂申椒与菌桂兮，岂维纫夫蕙茝？

这里的“三后”，历来有两种解释：一是三皇，即黄帝、颛顼、帝喾三位传说中的远古贤君。② 这也是古代典籍中普遍出现的情形。二是特指楚国的三位君王，即熊绎、若敖、蚡冒。③ 他们对楚国贡献很大，因而深受楚人尊敬。两种解释各有道理，但综合后文来看，第二种解释更为适合。从《离骚》接着谈到当代楚国君王听信谗言、不思进取等情形来看，追思前代楚王的贤明，自然要比叙说飘渺的远古贤君更接近一些。何况后文有“及前王之踵武”，正是希望当代楚王继续前王的事业，

---

① 参见(宋)朱熹:《楚辞集注》，上海：上海古籍出版社 1979 年版，第 3 页。

② 关于三皇具体为谁，诸家注释并不相同。(宋)朱熹《楚辞集注》以为是禹、汤、文王，参见上海古籍出版社 1979 年版，第 5 页。(宋)洪兴祖《楚辞补注》与此相同，参见中华书局 1983 年版，第 5 页。(清)蒋骥《山带阁注楚辞》以为是伯夷、禹、后稷，参见上海古籍出版社 1958 年版，第 35 页。

③ (清)戴震《屈原赋注》云：“其熊绎、若敖、蚡冒三君乎。”参见戴震《屈原赋注》，上海：商务印书馆 1935 年版，第 2 页。

不仅指前一代先王，还指楚国的历代先王，尤其指楚国历史上赫赫有名的熊绎、若敖、蚡冒三位君王。这样前后呼应，更有说服力。

这里短短两句话，表达了两个方面的意思：一是三位君主的贤明。“纯粹”，是德行精美之意。① “昔三后之纯粹兮”，正是追忆先王的贤德。第二个方面的意思是三位君王时期贤才众多。“众芳”，以芳草比喻贤才众多。《离骚》一向喜欢用芳草美人喻贤才，这里也不例外。不仅贤才众多，而且各方面的贤才都有，并不局限于一个方面。申椒、菌桂、蕙、茝，作者列出四种香草，比喻各种人才应有尽有，并非只有一种人才。短短两句话，鲜明地勾勒出三位君王时期的楚国形象：君王贤明，人才鼎盛。这样的国家自然奋发有为，蒸蒸日上。

“高阳”与“三后”，前者是楚国的远祖，后者是楚国历史上的名君。《离骚》对二者的叙述，充分展现了楚国先祖的荣光。对“高阳”的追溯是既是针对自己，也是针对中原诸侯而言的。我们已经知道，楚国在春秋战国时期被中原人以“夷狄”视之。从《左传》的“非我族类，其心必异”、《公羊》的“楚夷国也”、《穀梁》的“夷狄不言正不正”，到孔子的“夷狄之有君，不如诸夏之亡”、孟子的“吾闻用夏变夷者，未闻变于夷者也”以及荀子的“居楚而楚”，可以清楚看出：春秋战国时期的楚国，在文化上并不具备与诸夏平等的地位。“夷狄”“南蛮”的称呼，表明楚国被排除在中原华夏文化圈之外。这种偏见根深蒂固。一旦楚国实力削弱，中原诸侯就会倒戈相向。《离骚》开宗明义，点出楚国乃颛顼之后，与华夏同源，也是黄帝的后代。这样做的目的，正是试图改变这种偏见，让楚国在文化上与中原诸夏平起平坐。虽然楚国横跨春秋战国，一直是当时的大国，具备左右天下大势的实力，但这种文化上的不平等却并非军事实力能够改变。何况，楚国越强大，在中原的扩张程度越深，中原诸侯文化上的优越感就更加强烈。所以，屈原的努力正是从文化上改变楚国的劣势。

对楚国三位君王的叙述，显然是针对当代楚王而言的。楚国的先王

① 聂石樵：《楚辞新注》，北京：商务印书馆 2004 年版，第 4 页。

奋发有为，德行高尚，为了楚国的前途，招揽大量人才，因而创下了赫赫声名。而屈原时期的楚王，即楚怀王，却亲小人远贤臣，听信谗言，放逐忠臣，正好与三位先王相反。屈原对三位君王的叙说，无疑既是宣泄心中的愤懑，也用先王的例子劝谏楚怀王，希望其继续楚国先祖的荣光，使楚国强盛起来。

2. 对天地神灵的祭拜

《楚辞》中，《天问》与《九歌》最为难解，古今争诉最多。就《九歌》而言，争论的焦点主要有两个方面：第一，篇名《九歌》，为何却有十一章？第二，《九歌》祭祀对象为谁？对这两个问题，从古到今，众说纷纭，一直到今天依然没有定论。这两个问题实际上密不可分，必须综合起来考察。

最早涉及这两个问题的是东汉的王逸。其在《楚辞章句・九歌序》中说："《九歌》者，屈原之所作也，昔楚国南郢之邑，沅湘之间，其俗信鬼而好祠，其祠必作歌乐鼓舞以乐诸神。屈原放逐，窜伏其域，怀忧苦毒，愁思沸郁，出见俗人祭祀之礼，歌舞之乐，其词鄙陋，因为作《九歌》之曲，上陈事神之敬，下见己之冤结，讬之以讽谏。"①此后，宋人朱熹在《楚辞集注・九歌叙》中也本此说。后人依据此说，大抵以为《九歌》乃分祭诸神之作，彼此间联系不大，可拆分来看。这样就回避了篇名与内容数目不同的问题。

明清以后，学界开始认真探讨篇名与内容数目不同的问题，提出了诸种说法。大体而言，有两派：一派视九为实数，一派则视为虚数。

明人陆时雍在《楚辞疏》中提出："《国殇》《礼魂》不属《九歌》。想当时所作不止此，后遂以附歌末。"②清人李光地在《九歌注》中也采用删除法，同样将《国殇》《礼魂》排除在外，其以为："后两篇或无所系属而以附之者。"③清人徐焕龙在《楚辞洗髓》中也同意这一观点，将二篇

① （汉）王逸：《楚辞章句・九歌序》，见（宋）洪兴祖《楚辞补注》，北京：中华书局 1983 年版，第 55 页。

② （明）陆时雍：《楚辞疏》，明末缉柳斋刻本。

③ （清）李光地：《九歌注》，清康熙五十八年刻本。

排除，凑成九章之数。① 清人钱澄之在《庄屈合诂》中说："河非楚所及，而山鬼涉于妖邪，皆不宜祀。屈原仍其名，改为之词而黜其祀，故无赞神之语，歌舞之事，则祀神正得九章。"②其将《河伯》《山鬼》排除在祭祀之外，正好为九，与篇目数同。近人闻一多也沿袭这一思路，但他不再采取排除法，而是以为十一章为一个不可分之整体。其在《什么是九歌》《九歌的结构》中提出："《东皇太一》为迎神曲""《礼魂》为送神曲"，"这一来，十一篇除去首尾二篇，余下九篇，篇目与篇名的数字合了"。其还以为，二篇有其独立性，不管中间是多少篇，都不能改变二篇为迎送神曲的性质。闻一多这一说法，实际上是综合前人研究成果而得："王夫之首先主张《礼魂》为送神曲，后来王邦采、王闿运、梁启超等皆赞成之。近人郑振铎、孙作云、丁山诸先生又以《东皇太一》为迎神曲。"③闻一多此说一出，应者甚多。如姜亮夫在《九歌解题》中也说："按全曲所以祀昊天者也，即东皇太一，而以群神从祀。东皇者主神，例需迎送，故全篇皆歌礼备迎神之事，此舞中之迎曲……故不入九数也，其《礼魂》一篇……以曲言，盖所以送上列九神者也……故亦不入九数。"④二篇为迎送神曲的说法几为定论。

视九为实数，还有另一种说法。明人周用在《楚辞注略》中说："《九歌》又合《湘君》《湘夫人》《大司命》《少司命》为二篇。"⑤则《湘君》《湘夫人》合为一篇，《大司命》《少司命》合为一篇，正为九章。此后，清人吴世尚也承此说，认为《湘君》《湘夫人》及《大司命》《少司命》意义相承。⑥ 清人王邦采在《屈子杂文·九歌笺略》中说："《九章》是九篇，《九辨》是九篇，何独《九歌》而异之？当是《湘君》《湘夫人》只作一歌，

---

① （清）徐焕龙：《楚辞洗髓》，见《离骚汇订》，清康熙六十一年刻本。

② （清）钱澄之：《庄屈合诂》，清刻本。

③ 上引文字均参见闻一多：《九歌的结构》，见《楚辞研究论文选》，杨金鼎主编，武汉：湖北人民出版社 1985 年版，第 449 页。

④ 姜亮夫：《九歌解题》，见《姜亮夫全集·楚辞学论文集》，昆明：云南人民出版社 2002 年版，第 298-299 页。

⑤ （明）周用：《楚辞注略》，见《周恭肃公集》，明嘉靖二十八年刻本。

⑥ （清）吴世尚：《楚辞疏》，清雍正五年刻本。

《大司命》《少司命》只作一歌，则《九歌》仍是九篇耳。”①近人陈子展在《〈楚辞·九歌〉之全面观察及其篇义分析》中也持此说。

视九为虚数者也不在少数。早在宋人姚宽的《西溪丛语》中就说：“歌名九，而篇十一者，亦犹《七启》《七发》，非以章名之类。”②《四库全书总目提要》对李光地《九歌注》提出批评说：“《国殇》《礼魂》向在《九歌》之末。古人以九纪数，实其大凡之名……光地谓当止于九篇，竟不附载，则未免拘泥矣。”③清人马其昶在《屈赋微》中说：“《九章》九篇，《九歌》十一篇，九者数之极，故凡甚多之数皆可以九约，其文不限于九也。”④

上述诸说，均言之成理，谁更切近《九歌》实际，实难下断语。但我们仍可综合言之：《九歌》之九可能非实数，然《东皇太一》与《礼魂》确乎可视为迎送神曲。

下面我们再看第二个问题。与第一个问题比较起来，《九歌》的祭祀对象问题更为复杂，诸家之考证近乎琐屑。为便于梳理，我们分两个层次考察：首先以是否为楚地祭歌将诸家考证分为两大块，接着梳理所祭对象。

早在东汉，王逸的《楚辞章句》就明确提出《九歌》为楚民间祭歌，屈原流放时见其词鄙陋，故修改成《楚辞》之《九歌》。宋人朱熹也持此说，其在《楚辞集注·九歌叙》中云：“蛮荆陋俗，词既鄙俚，而其阴阳人鬼之间，又或不能无亵慢淫荒之杂。原既放逐，见而感之，故颇为更定其词，取其泰甚。”⑤后人持此说者最众。但近人姜亮夫观点颇为不同，他认为《九歌》并非楚地民歌，乃楚国郊祀之乐章。其在《九歌解题》中说：“《九歌》盖本夏乐，而杂以楚俗，翻为郊祀者也。”又说：

---

① （清）王邦采：《屈子杂文》，清康熙六十一年刻本。

② （宋）姚宽：《西溪丛语》，北京：中华书局 1993 年版，第 30 页。

③ （清）永瑢等：《四库全书总目提要》，上海：商务印书馆 1933 年版，第 3098 页。

④ （清）马其昶：《屈赋微》，清光绪刻本。

⑤ （宋）朱熹：《楚辞集注》，上海：上海古籍出版社 1979 年版，第 29 页。

“《九歌》者，楚人郊祀之乐章，本为楚俗，而屈子为国君修饰润色之者也，或即怀王欲以却秦师者邪。”①这一说法本于其“楚乃夏后”的观点：楚人与夏同源，后迁往楚地，故保存夏制颇多，《九歌》也是承夏制。陈子展在《〈楚辞·九歌〉之全面观察及其篇义分析》中也通过考证得出类似的结论，不过他不以为《九歌》乃承夏制，而以为乃屈原受楚怀王之命所作的抗秦战争之前的郊祀乐章。②

古今考证《九歌》祭祀对象甚多，笔者不拟仔细梳理，只在是否祭祀楚地祖先神灵这一点上梳理诸家之说。

如前面所引，姜亮夫以为《九歌》乃承夏制，自然所祭对象非楚人特有。据其《九歌解题》考证，东皇太一为天神，乃神之至尊；云中君乃月神；湘君、湘夫人乃舜与其二妃；大司命乃三台星的上台司命、少司命乃文昌第四星；东君乃日神；河伯乃河神；山鬼乃神女之庄严面；国殇乃死国者。考之其他诸说，东皇太一为至尊天神，为诸家所同。云中君一说为云神（王逸《楚辞章句》持此说，后人大多同此说），一说为云梦泽之神（清人徐文靖《管城琐记》、近人陈培寿《楚辞大义述》皆持此说），一说为云中郡地方神（闻一多《什么是九歌》持此说），一说为日神（如前述）。湘君、湘夫人一说为舜二女（明人陈士元《江汉丛谈》持此说），一说舜二妃（《史记·始皇本纪》中秦博士持此说，后人多演绎之），一说舜与二妃（东汉王逸《章句》以为“君，谓湘君也”、湘夫人为舜二妃。后人大多从此说，以为湘君、湘夫人为舜与二妃），一说湘山神夫妻二人（清人赵翼《陔余丛考》持此说）。大司命、少司命一说为前述三台星的上台司命与文昌第四星（此说非姜亮夫首创，《楚辞》古注《洪补》《朱注》《戴注》均持此说），一说为楚宫中小神（王闿运持此说），一说为大司命司人生死、少司命司子嗣（王夫之《楚辞通释》主此说，聂石樵《楚辞新注》从之）。东君一说为日神（《洪补》持此说，今人多持此

① 参见姜亮夫：《姜亮夫全集·楚辞学论文集》，昆明：云南人民出版社2002年版，第297页。

② 陈子展：《〈楚辞·九歌〉之全面观察及其篇义分析》，见《楚辞研究论文选》，杨金鼎主编，武汉：湖北人民出版社1985年版，第400-405页。

说），一说为句芒之神，即东方之神（王闿运持此说）。河伯乃河神殆无异议。山鬼一说为《庄子》所言之“夔”（《洪补》、王夫之皆持此说），一说为巫山神女（顾成天《九歌解》以为襄王梦见的瑶姬，郭沫若《屈原赋今译》、陈子展《〈楚辞·九歌〉之全面观察及其篇义分析》也持此说）。《国殇》为死国者，诸家皆同。

也有不少学者认为《九歌》祭祀对象乃楚先祖。张中一于1988年发表论文《考订〈九歌〉应是楚天神、地祇、人鬼之祭歌》，认为“《九歌》中的十神名之于《九歌》原著中是没有的，是汉人整理《九歌》时按照汉代的阴阳五行理论而加上去的”“《九歌》应是楚天神、地祇、人鬼之祭歌”。其通过出土楚墓祭祀竹简上的神名与《九歌》十神对比，发现“从墓中出土的记录祭祀及卜筮竹简上的神名来看，祭祀对象除楚之先公、先王外，有‘大水’‘句土’‘司命’‘云君’‘东城夫人’‘司祸’‘地宇’等，没有一个确切的神名与《九歌》篇中的标题神名相吻合”。他以为，《九歌》主祭楚先祖炎帝，其他神并非如标题所称的神名，在楚人那里，水神称为“大水”，山神为“后土”，云神为“云君”。① 蒋南华1992年发表论文《〈九歌〉多是颂祖抒情诗》，认为《九歌》乃楚人颂祖抒情诗，也主祭楚人始祖炎帝：东皇太一乃太阳神，即楚始祖炎帝；云中君并非云神，乃雷神，即楚宗祖祝融吴回；大司命主寿，少司命主缘，二者为灶神，乃炎帝与吴回的化身；东君乃太阳星君，也为炎帝化身；国殇乃刑天即蚩尤，为炎帝后裔，也是楚人的战神。② 汤漳平2001年发表论文《再论楚墓祭祀竹简与〈楚辞·九歌〉》，与张中一观点相对，他根据最新的考古发现，对比出土楚墓文物中的神系、《史记·封禅书》中的神系以及《九歌》神系，认为三组神系有着惊人相似。因此，他认为“《九

① 张中一：《考订〈九歌〉应是楚天神、地祇、人鬼之祭歌》，《贵州社会科学》1988年第12期。

② 蒋南华：《〈九歌〉多是颂祖抒情诗》，《贵州师范大学学报》（社会科学版）1992年第3期。

歌》神系是楚王室的祭祀神系”。① 韩高年 2003 年发表的论文《〈九歌〉楚颂说》在汤漳平的基础上进一步研究先秦典籍，认为“《九歌》在舞容、功用上与《商颂》《周颂》是一脉相承的”“《九歌》的创作，就是希望能以颂诗仪式兼祭先祖，从而起到团结宗族的作用”。②

综观前人所说，均言之成理，很难判定孰是孰非。我们认为，关于《九歌》篇数问题，闻一多的解释可能更切合实情。《礼魂》一篇是送神曲，很容易说通。该篇与前十篇截然不同，没有所祭之神。从原文看来，该篇是祭祀典礼的最后部分。祭祀完成，群鼓齐鸣，众巫合唱，一派庄严肃穆的场面。最后两句“春兰兮秋鞠，长无绝兮终古”，更是许下诺言，发誓在每年的春秋二季，都会举行祭祀，千秋万代永不断绝。与前面几篇的热闹、缠绵相比，这一篇气氛浓重，只有祭祀完成、送神离开才会如此。我们再看第一篇《东皇太一》。这一篇与《礼魂》十分类似，气氛庄重严肃。首句“吉日兮辰良，穆将愉兮上皇”，点出所祭之神为“上皇”，也就是东皇太一神。这是天地最高的主宰神，因而要选择一个吉日良辰来祭祀。从第二句开始，一直到最后，都在叙说祭祀的场面：美酒佳肴都已摆放完毕，乐师们敲起鼓、唱起歌，各种乐器也纷纷奏响，巫师跳起舞蹈。值得注意的是，通篇并不见天神出现。最后一句“五音纷兮繁会，君欣欣兮乐康”，虽然出现“君”（即东皇太一神），但此句并非说天神降临，而是祈望通过虔诚的祭祀让天神高兴，从而降福祭祀的人。正如朱熹所说：“此言备乐以乐神，而愿神之喜乐安宁也。”③我们看到，《东皇太一》祭祀的场面浓重、庄严，祭祀的供品与仪式都准备充分，唯独未见天神降临。而从后面的《云中君》开始，诸神纷纷降临。从这点来看，《东皇太一》为迎神曲，也能够说通。不管《九歌》之“九”是实数还是虚数，《东皇太一》是迎神曲，《礼魂》是送神曲，理由依然充足。这样，《东皇太一》与《礼魂》是迎送神曲，中间九

① 汤漳平：《再论楚墓祭祀竹简与〈楚辞·九歌〉》，《文学遗产》2001 年第 4 期。

② 韩高年：《〈九歌〉楚颂说》，《中州学刊》2003 年第 1 期。

③ （宋）朱熹：《楚辞集注》，上海：上海古籍出版社 1979 年版，第 30 页。

篇是诸神祭歌，《九歌》构成一个完整的祭祀体系。

既然我们认为《东皇太一》与《礼魂》是迎送神曲，那么中间的九篇才是《九歌》的主干部分，九篇之神才是主要祭祀对象。这样，《九歌》主祭东皇太一、群神从祀之说，就显得有些牵强。对主祭之神没有文字描述，反而对从神大加渲染，未免不合情理。但东皇太一是天之至尊神，祭祀天地诸神，必然要首先祭祀他。因而，《九歌》应该有独立描述东皇太一的文字，或许由于年代久远，在传播的过程中缺失了。由此，我们认为，《九歌》的祭祀对象是天地众神，包括东皇太一与其他诸神，他们并没有主从之分。《九歌》对他们都是一并祭祀的。按照周代礼制，“三代命祀，祭不越望”①，只有天子才有权遍祀天地诸神，诸侯只能祭祀领地内的神灵。《九歌》的写作已经是战国后期，周王室已经为秦所灭，诸侯遍祀天地诸神也是很正常的情形。《九歌》十一首，对神有迎有送，是一篇完整的祭歌，民间祭歌不可能如此严整。而且祭祀对象是天地众神，只有楚王才有资格这样做。民间祭歌只可能祭祀一到几个神，不可能一起祭祀如此众多的神。另外，民间祭歌不可能出现《国殇》这样的篇章，只有国家才可能大规模祭奠为国捐躯的战士。这样看来，《九歌》很有可能如姜亮夫、陈子展等人所言，是楚国郊祀的祭歌。然而，令人费解的是，《九歌》文辞委婉缠绵，充满男女爱情，完全不像国家祭歌。我们看《诗经》的《大雅》《商颂》《周颂》，涉及祭祀先祖、神灵的诗歌，都是诚惶诚恐、庄严肃穆的，唯恐怠慢了神灵，惹来灾祸。如：

《诗经·大雅·荡之什·云汉》：“敬恭民神，宜无悔怒。”

《诗经·大雅·生民之什·板》：“敬天之怒，无敢戏豫。敬天之渝，无敢驰驱。昊天曰明，及尔出王。昊天曰旦，及尔游衍。”

《九歌》除了《东皇太一》与《礼魂》庄严肃穆、《国殇》悲壮激昂，其余诗歌都如同一首首情诗，只有追求不到神灵的惆怅，根本没有对神灵

① 《左传·哀公六年》，参见（唐）孔颖达疏：《左传注疏》，《唐宋注疏十三经》(三)，北京：中华书局 1998 年影印本，第 637 页。

的敬畏之情。这一风格与《离骚》完全相同，可见《九歌》绝对是屈原手笔。这里有两种解释：一是宋人朱熹的说法：

> 九歌者，屈原之所作也。昔楚南郢之邑，沅、湘之间，其俗信鬼而好祀，其祀必使巫觋作乐，歌舞以娱神。蛮荆陋俗，词既鄙俚，而其阴阳人鬼之间，又或不能无亵慢淫荒之杂。原既放逐，见而感之，故颇为更定其词，去其泰甚，而又因彼事神之心，以寄吾忠君爱国眷恋不忘之意。是以其言虽若不能无嫌于燕昵，而君子反有取焉。①

这种说法承袭东汉王逸而来，但说得更清楚。在朱熹看来，《九歌》是从民间祭歌而来，不仅文辞鄙俚，而且人神之间夹杂荒淫之事，后来屈原将它修改，去掉过于荒淫之辞，成了后来的样子。然而，由于《九歌》脱胎于民间祭歌，那些描写人神爱情的"燕昵"之言仍然存在。人神之爱，也与《离骚》一样，象征着屈原对楚王的眷恋之情。这就是为什么《九歌》不像中原祭歌那样庄严肃穆的原因。另一种说法我们前面已经提到过。姜亮夫、陈子展等人以为，《九歌》不仅是楚国郊祀的乐章，而且还是屈原受楚王委托修改而成。这种说法同样可以解释《九歌》的缠绵风格：既然是屈原手笔，自然与《离骚》一样，也充满了人神之爱。两种解释都有可取之处，如果将两者综合，可能是更好的解释：《九歌》虽是楚国郊祀祭歌，但歌词、曲调来源于民间祭歌，难免充满人神之爱，经过屈原修改之后，民间祭歌中的荒诞、鄙陋的部分被去掉，变得文辞优美，风格缠绵。

大体而言，《九歌》众神可分为天神、山川之神与人鬼三类。天神有东皇太一、东君、云中君、大司命与少司命；山川之神则有湘君、湘夫人、河伯与山鬼；人鬼则有国殇。既然我们将《九歌》定为楚国郊祀的祭歌，那么里面的众神应该是与楚国关系密切的神灵，甚至在楚人心

① （宋）朱熹：《楚辞集注》，上海：上海古籍出版社1979年版，第29页。

中是专门庇佑他们的神灵。我们前面已经提过，有些学者以为，《九歌》主祭楚国远祖炎帝，里面的众神要么是炎帝，要么是炎帝的化身。① 这种观点也有其道理，但我们从《九歌》本书中无法找到明显的证明。从出土文物看，楚地出土了多座战国大墓，其祭祀神灵众多，与《九歌》相比，也有一些类似。如包山楚墓中就有"太一""云君""司命"，就与《九歌》中的"东皇太一""云中君""大、少司命"吻合。据考证，包山出土三座战国大墓，墓主身份与屈原相当，两个比屈原略早，一个与其同时。② 可见，《九歌》确为楚王室的祭歌。《左传·成公十三年》云："国之大事，在祀与戎。"在先秦，祭祀是与战争同等重要的大事，必须慎之又慎。祭祀关系到国家兴亡，没有哪个国家敢马虎。因而，各国对祭祀对象都要认真挑选，不会随便祭祀的。《左传·哀公六年》记载：楚昭王病重，占卜显示是河神作怪，大夫要求祭祀，昭王认为黄河不是楚国封地，不能祭祀黄河之神。昭王宁愿病重也不愿胡乱祭祀，可见各国对祭祀对象的选择是如何严格。既然《九歌》是楚国郊祀的祭歌，里面的众神绝不会是随便选择的，必然都与楚国关系十分密切。天神中太一为至尊，不能不祭；东君（太阳神）与云中君（云神）是太一尊神的从属，地位尊崇，也要祭祀。至于大司命掌管人的寿命，少司命掌管人的子嗣，与楚人关系更为密切，也要祭祀。天神应该是当时战国人通行的神灵，所有国家都要祭祀。但天神众多，日月星辰莫不有灵，楚人唯独选择这五位神灵，则充分展示其希望神灵庇佑、祈求长寿与子孙繁衍不绝的良好愿望。山川之神与楚人关系更为密切。正如楚昭王所说："三代命祀，祭不越望。"诸侯国封地内的山川之神，是诸侯祭祀的主要对象，也是他们的主要保护神。各国都不会去祭祀他国封地内的神灵。《九歌》的山川之神带有鲜明的楚地特色，湘君、湘夫人是湘水之神，

---

① 参见张中一：《考订〈九歌〉应是楚天神、地祉、人鬼之祭歌》，《贵州社会科学》1988 年第 12 期；蒋南华：《〈九歌〉多是颂祖抒情诗》，《贵州师范大学学报》1992 年第 3 期。

② 参见汤漳平：《再论楚墓祭祀竹简与〈楚辞·九歌〉》，《文学遗产》2001 年第 4 期。

山鬼是巫山之神。河伯究竟为谁，古今争论不休。黄河并不在楚国的封地之内，从前面昭王至死不肯祭河神来看，这里的河伯不大可能是黄河之神。但战国时期的楚国已经扩张至黄河流域，祭祀河神也在情理之中。至于《国殇》则是祭祀为国捐躯的战士，不仅可以让战死的鬼魂安息，还可激励楚国的战士为国效命，是国家祭祀不可缺少的内容。

从出土文物来看，楚王室的祭祀体系中，除了天地神灵、人鬼外，还有祖先祭祀。包山楚墓的祭祀竹简中，常常出现“太公”“先公”之类，这就是对祖先的祭祀。①《九歌》祭祀天神、山川之神、人鬼，并没有出现祭祀祖先的部分。但对天地神灵的祭祀，与祖先祭祀一样，都是为了祈求神灵或先祖降福，庇佑楚人。《九歌》中的天地神灵，与楚人关系密切，大多为楚地特有的神灵。在楚人心中，他们就是楚国的庇护神。从这一点来讲，《九歌》中天地神灵的功能，与祖先神的功能一样。

与《诗经》相比，《九歌》对神灵的祭祀别具特色，其塑造的神灵形象也十分独特。简而言之，《九歌》中的天地神灵有以下特色：

(1)神灵多情。《诗经》中提到神灵的地方不少。神灵掌管人间的祸福，是人间是非、正邪的判断者，他们会根据人类祭祀的虔诚与否、德行的端正与否，来决定是否给予庇佑或者降临灾祸。由于他们是天地间的执法者与掌控者，人类对他们充满崇敬与恐惧，因而《诗经》塑造的神灵高高在上，冷峻、严肃，没有一点人情味。如《大雅·文王之什·皇矣》说：“皇矣上帝，临下有赫。监观四方，求民之莫。”上帝掌管天地，对人间明察秋毫，根据君主德行的好坏来决定国家的兴亡。这是一个威严而一丝不苟的天神。再如《大雅·生民之什·板》：“上帝板板，下民卒瘅。”上帝手握人类的生杀大权，一旦发怒，就会给人间带来灾难。所以，《诗经》告诫人们，对上天一定要敬畏。同样拥有掌管天地的特权，《九歌》中的神灵形象截然不同，他们与人类一样，内心丰富，敏感而多情。除了《东皇太一》和《礼魂》外，我们到处可见这种多情的

① 参见湖北省荆沙铁路考古队：《包山楚墓》，北京：文物出版社 1991 年版，第 561-563 页。

神灵。如《东君》中太阳神一出场，就表现出一副多愁善感的样子：

暾将出兮东方，照吾槛兮扶桑。抚余马兮安驱，夜皎皎兮既明。驾龙辀兮乘雷，载云旗兮委蛇。长太息兮将上，心低佪兮顾怀。羌声色兮娱人，观者憺兮忘归。

从东汉王逸开始，不少学者以为，《九歌》寄寓屈原对楚王的眷恋、忠贞之情。前面所引朱熹语录说得很清楚，《九歌》乃"因彼事神之心，以寄吾忠君爱国眷恋不忘之意"。这种观点也有其道理。我们看到，太阳神驾着龙车，载着云旗出现，却"长太息兮将上，心低佪兮顾怀"，对自己是否远行犹豫不定，对故土眷恋甚深。这种对故土深深的眷恋之情，与《离骚》一脉相承，可见屈原确实将自己的情感赋予《九歌》诸神。再如《湘夫人》中湘水之神一出场就面带忧愁："帝子降兮北渚，目眇眇兮愁予。"帝子就是湘夫人，显然是一个女性神。她刚降临水滨，就极目远眺，一副忧心忡忡的样子。如果我们看后面的文字，就知道她之所以如此焦急，是因为她与自己的爱人错过了，正在四处寻找。

《九歌》众神有丰富的情感，很多时候显得多愁善感，偏于展现阴柔的一面。这与《诗经》中威严、刚直甚至暴怒的天神形象相差太远。然而，《九歌》诸神也有刚强的一面。《东君》最后对太阳神这样描述道：

青云衣兮白霓裳，举长矢兮射天狼。操余弧兮反沦降，援北斗兮酌桂浆。撰余辔兮高驰翔，杳冥冥兮以东行。

与前面的犹豫不决不同，太阳神在这里展现了一个天神的勇武、坚决。他穿着青云衣、白霓裳，操起长弓射天狼，然后以北斗七星作为舀酒的斗，痛饮月宫桂花佳酿。最后快马加鞭，向东疾驰。整个过程紧凑、连贯，太阳神的动作如行云流水，充分刻画了一个潇洒、勇武、豪爽的战神形象。不仅如此，我们在《国殇》里看到一大批人间的战神：

带长剑兮挟秦弓，首身离兮心不惩。诚既勇兮又以武，终刚强兮不可凌。身既死兮神以灵，子魂魄兮为鬼雄。

人鬼的地位不如天神崇高，但他们游荡在人间，是人变化而成，与人类关系更为密切。《国殇》祭奠的是为楚国捐躯的战士。他们在战场上面对强敌毫不退缩，即使身首分离，爱国之心仍然坚贞不屈。他们勇武、刚强，对楚国至死不渝，即使死了，也是鬼中豪雄。《国殇》充分展现了楚人尚武的风气，也塑造了一批英勇顽强的战士形象。在楚人看来，正是这些为国捐躯的烈士，与庇佑楚国的天神一起，保障了楚国国运长久、绵延不绝。

(2)人神之恋

《诗经》中人神沟通的方式很简单：人虔诚地向神祷告，神如果被其感动，会根据人的德行来决定降灾还是降福。很多时候，神对人的祷告根本不会理睬。前面提到的《大雅·荡之什·云汉》正是如此。人间出现大灾，百姓处于生死存亡的危急关头，国君遍祭天地众神，虔诚祈祷，依然无人理睬。《九歌》中也经常出现迎神而神不至的情形。如《湘君》：

君不行兮夷犹，蹇谁留兮中洲？美要眇兮宜修，沛吾乘兮桂舟。令沅、湘兮无波，使江水兮安流。望夫君兮未来，吹参差兮谁思？

《诗经》向神灵祈祷，往往有着功利目的：或者是人间出现灾祸，求神解决，如《大雅·荡之什·云汉》；或者是昏君暴虐，求神赐一个贤君，如《大雅·荡之什·桑柔》；或者对上天赐下贤君的感恩，希望能够长久，如《大雅·文王之什·皇矣》。《九歌》既然是楚王室的祭歌，当然也有其功利目的。其在《东皇太一》中祝天神快乐安康，《礼魂》更是发誓要永远祭祀，显然希望天神能够庇佑楚国。有意思的是，《九歌》祭神，却并没有向神提出任何要求，好像作者只是为祭神而祭神，或者说，作者以为，只要虔诚祭拜，神灵自然知道该怎么去保佑他。所以《九歌》着重展示的是追求神的过程，而不是拜神的目的。正因为没有明确的功利目的，《九歌》对神的追求显得很纯粹，仅仅是对神本身感兴趣，至于神能给人带来什么好处，并没有考虑在内。这样，我们在《九歌》中完全看不到《诗经·云汉》那种迎神不至的绝望与伤心欲绝。我们在《湘君》这里看到的，是对神的思念。“君不行兮夷犹”，湘水神过得很舒适，并不愿响应人的祈祷，动身去见人。所以，“沛吾乘兮桂舟”，人求神不至，只好乘着桂舟来接神。即使这样，神依然不为所动。如果像《诗经·云汉》那样，求神是因为国家、百姓处于生死存亡的边缘，神来则生，神不来则死，求神不至意味着灭顶之灾，自然是伤心欲绝、万念俱灰。然而，《九歌》对神没有这么多目的，人只希望见神一面，与其携手共游一番。因而，“望夫君兮未来，吹参差兮谁思”，求神不至，也只是淡淡地哀怨与相思。

《诗经》中天神掌管人间祸福，人对神只有恐惧与敬畏。《九歌》中天神同样掌管人间祸福，但人对神并没有恐惧之情，反而充满爱慕之意。因而，人会想方设法地向神传达自己的爱慕之情。如《湘君》：

捐余玦兮江中，遗余佩兮澧浦。采芳洲兮杜若，将以遗兮下女。时不可兮再得，聊逍遥兮容与。

朱熹对此段话解释说：“此言湘君既不可见，而爱慕之心终不能忘，故犹欲解其玦佩以为赠，而又不敢显然致之以当其身，故但委之水滨……以阴寄吾意，而冀其或将取之。……然犹恐其不能自达，则又采香草以遗其下之侍女，使通吾意之殷勤，而幸玦佩之见取。其恋慕之心如此，而犹不可必，则逍遥容与以俟之，而终不能忘也。”①这个解释十分清楚，也很切合原文。《湘君》整篇讲的是人追求湘水之神的过程。虽然人几番追求，湘君始终不肯前来相见。无奈之下，人只好解下身上

① (宋)朱熹：《楚辞集注》，上海：上海古籍出版社 1979 年版，第 34-35 页。

的玦佩，放入湘江之中，希望神能看见。但人又怕玦佩不能通达水神那里，于是采摘香草送给神的侍女，希望她能转交给水神。这种种行为，可见人对湘水神的爱慕之深。如果这样还不能感动水神，人只能在岁月的流逝中慢慢等待。“聊逍遥兮容与”，这句话虽然说得很潇洒，但按照前面展现出来的爱慕之心，人恐怕做不到逍遥自得。《九歌》的主干部分都是讲人对神的爱慕与追求。然而，正如《湘君》展示的那样，天人相隔，人对神的追求往往都是毫无结果。即使人能够见到神，最后也只有黯然离别。如《河伯》，全篇讲的是人与河神携手相游的过程：

> 与女游兮九河，冲风起兮横波。乘水车兮荷盖，驾两龙兮骖螭。登昆仑兮四望，心飞扬兮浩荡。日将暮兮怅忘归，惟极浦兮寤怀。鱼鳞屋兮龙堂，紫贝阙兮朱宫。灵何为兮水中？乘白鼋兮逐文鱼，与女游兮河之渚，流澌纷兮将来下。子交手兮东行，送美人兮南浦。波滔滔兮来迎，鱼邻邻兮媵予。

人与河神携手游九河，是何等威风，又是何等快乐。“日将暮兮怅忘归”，人在与神的游玩中忘记了时间，也忘记人神之间的悬隔，人与神已经宛然融为一个世界。然而，人与神毕竟要回到现实。最后一段描述的是人与神的分别。河神与人拱手而别，双方在南浦分道扬镳。“波滔滔兮来迎，鱼邻邻兮媵予”，这句话相当精彩：就在人与神挥手离别的时候，波浪滚滚而来，还想把人迎回河神的身边；鱼儿也一个一个跳出水面，前来送别。离别的依依留恋与淡淡哀愁，在最后一句中展露无遗。整篇《河伯》很好地诠释了《少司命》中的一句话：“悲莫悲兮生别离，乐莫乐兮新相知。”求神不至的惆怅，与神相逢的欣喜，人神分别的黯然：《九歌》向我们展示了一首首人神恋歌。

《九歌》显然在很多方面与《诗经》展示的中原祭歌截然不同。然而，《九歌》中的人神之恋并不像人与人恋爱一样，它仍然根源于对神的崇拜。人对神追求的艰难，表明人与神依然处在两个世界。楚人对神的爱慕与中原华夏对神的敬畏，其实都是对神的崇拜，只不过表现的方式不同。《诗经》中的神威严刚直，让人恐惧，所以中原人对天神敬畏。《九歌》中的神感情丰富，令人亲近，所以楚人对天神爱慕。但《九歌》与《诗经》中的祭歌，从功能上讲都一样，都是为了通过神灵崇拜，来团结王室宗族以及国人，达到保存国家的目的。

神灵崇拜与祖先崇拜相同。不管是《离骚》对楚国先祖的追认与强调，还是《九歌》对楚国天地神灵的祭拜，都是为了证明楚国存在的合法性。一个有着特殊神灵庇佑，并拥有辉煌的先祖的国家，自然能够唤起国人的自豪感，也更让他们拥有安全感。《楚辞》中的楚国显然就是如此。

二、屈原时代的楚国形象

1. 国内现状

屈原是楚怀王时期的贵族。楚怀王时期，已经到了战国后期。当时，诸侯以秦国最为强大，其统一天下指日可待。秦强楚弱，楚国君臣庸庸碌碌，怀王更是受张仪愚弄，犯下种种致命的错误，最后落得被秦国扣留、客死异乡的下场。由于楚国日益削弱，百姓处于水深火热之中。屈原对这一点深感痛心，其在《九章·哀郢》中写道：

> 皇天之不纯命兮，何百姓之震愆？民离散而相失兮，方仲春而东迁。去故乡而就远兮，遵江夏以流亡。

中国有句俗语：“一年之计在于春。”对于农耕社会来说，春天正是谷物播种的季节。这是忙碌的季节，也是充满希望的季节。然而，楚国的人民却在春天逃离故乡，沿着江水和夏水流亡。“皇天之不纯命兮”，屈原将这一切归结为天命无常。但正如王逸所理解的那样，这里的“皇天”，既可指上天，也暗指君王。① 因而，这句话既可说天命无常，也可理解为楚王政令无常，令百姓“离散而相失”。王夫之以为，这段话

① 见(宋)洪兴祖：《楚辞补注》，北京：中华书局1983年版，第132页。

描述的是顷襄王畏惧秦国而迁都于陈，百姓离散的场景。① 百姓流离失所，这是屈原亲眼所见，因而才有"皇天之不纯命"这样的悲叹。显然，楚国的衰亡已经不可避免。不仅百姓流离失所，而且楚国再也不是一片乐土。同样是《九章·哀郢》中，屈原再次写道：

> 哀州土之平乐兮，悲江介之遗风。当陵阳之焉至兮，淼南渡之焉如？曾不知夏之为丘兮，孰两东门之可芜？

"哀州土之平乐兮"，按王逸的解释，此句意为："悯惜乡邑之饶富也。"②楚国是春秋战国时期领土面积最大的诸侯国。《战国策·楚策》云："楚，天下之强国也。楚地西有黔中、巫郡，东有夏州、海阳，南有洞庭、苍梧，北有汾陉之塞、郇阳，地方五千里。"不仅如此，楚国由于特殊的地理位置，国家富饶，人民衣食无忧。《汉书·地理志》云："楚有江、汉、川泽、山林之饶。江南地广，或火耕水耨。民食鱼稻……饮食还给，不忧冻饿，亦亡千金之家。"可见，只要不遇上天灾人祸，楚人的生活还是十分舒适的。然而，由于楚国君臣无能，国家日益削弱，加上强秦的威胁，楚人往日的富饶、舒适已经一去不返。所以，屈原对楚国即将沦落、百姓流离失所感到悲哀。"哀州土之平乐兮，悲江介之遗风"，既悲叹富饶的楚国风光不再，也悲叹楚国先祖筚路蓝缕、艰苦创业的遗风消失殆尽。襄王东迁，郢都的人民向远方逃亡。而当战火来临，远方也不是乐土，整个楚国都将陷入战乱之中。"曾不知夏之为丘兮，孰两东门之可芜"，这句颇有"黍离之忧"的味道。屈姓是楚国王族三大姓氏之一。屈原毕竟是楚武王的后代，对楚国有着深沉的眷恋。因而，面对日渐积弱的国势，他可以想象，用不了多久，楚国先祖建造起来的宫殿将会成为一片废墟，郢都两边繁荣的东门也将

---

① （清）王夫之：《楚辞通释》，参见《船山全书》（第十四册），长沙：岳麓书社 1996 年版，第 309 页。

② 参见（宋）洪兴祖：《楚辞补注》，北京：中华书局 1983 年版，第 134 页。

变成荒丘。这对一个时刻谨记自己是楚国贵族、武王后代的人来说，是无法承受的屈辱和痛苦。因此，秦军攻破楚国都城，屈原只好投水自尽。

2. 国君形象

从《九章·哀郢》可以看到，屈原时代的楚国已经积弱难返，处于亡国的边缘。与这一现状相符，《楚辞》中的楚王也具备亡国之君的特点。大体而言，有以下几大特征：

(1)亲小人，远贤臣。从《史记·屈原贾生列传》来看，屈原出身楚国王族大姓，开始的时候很受怀王信任，但后来因为小人进谗言，怀王逐渐疏远他，并将其放逐。宋玉的情形不是很清楚，但从《九辩》来看，与屈原的遭遇相差不远，也不被重用。因而，他们对小人痛恨万分，对亲小人、远贤臣的楚王十分失望。特别是屈原，出身贵族，对楚国的感情深厚，却深受小人所害，两次被流放，对楚王的失望在《楚辞》中随处可见。如《离骚》：

> 昔三后之纯粹兮，固众芳之所在。杂申椒与菌桂兮，岂维纫夫蕙茝！彼尧、舜之耿介兮，既遵道而得路。何桀、纣之猖披兮，夫唯捷径以窘步。惟党人之偷乐兮，路幽昧以险隘。岂余身之惮殃兮，恐皇舆之败绩！忽奔走以先后兮，及前王之踵武。荃不察余之中情兮，反信谗而齌怒。

正如我们在上一节分析的那样，这段话首先列出三位楚国先王的丰功伟绩。作者以为，三位先王之所以能取得如此大的成就，在于他们大量选拔人才。其以香草为喻，不论蕙、茝，还是申椒与菌桂，一律使用，比喻杂用各类人才。大量选拔人才，国家才得以昌盛，这是明君的做法。与之相反，亲小人、远贤臣，这是亡国之君的做法。显然，屈原时代的楚王正具备亡国之君的特征。小人结党营私，却被君王重用，因而“偷乐”。而贤臣为国家“忽奔走以先后”，希望君王能够继承先王遗志，使国家富强，却遭到君王的疏远。“荃不揆余之中情兮，反信谗以齌怒”，这句话道出了当时楚国的政治黑暗：臣下忠心耿耿，君王却视而不见，他只是一味听信小人的谗言，对忠臣大发雷霆。将三位先王与当代楚王放在一起，作者的用意不言自明，对楚怀王的怨恨与失望巧妙地通过对比传达出来。不仅拿楚怀王与先王对比，作者还对比了历史上有名的贤君与昏君。尧、舜是有名的贤君，他们光明正大，循着正途而走上大道。桀、纣是有名的昏君，他们猖狂、邪恶，总想走捷径，却寸步难行。一正一反的对比，褒贬自明。作者显然想通过楚国先王、尧、舜与桀、纣的对比，来告诫楚怀王，让其明白正道，远离小人而广泛任用人才。然而，现实毕竟是残酷的，楚王终究无法明白作者的苦心。因而屈原在《九章·惜往日》中感叹："君含怒而待臣兮，不清澈其然否。蔽晦君之聪明兮，虚惑误又以欺。弗参验以考实兮，远迁臣而弗思。"君王被小人重重包围，他的聪明才智完全被遮蔽，加上小人的欺惑，他完全无法分清是非，不去查清事情的真相，就听信谗言，轻易将忠臣放逐。

(2)出尔反尔

《楚辞》中的楚王不仅亲小人、远贤臣，还不守承诺。对一个君王来说，要想让臣下死心塌地，信守承诺是起码的要求。由于君王是国家的最高统治者，其一言一行都会对国家产生很大的影响。所谓"君无戏言"，国君随口说出的一句话，都会成为臣下行动的标准。因而国君要谨言慎行，对自己所说的话负责，这样才能让臣下信服。朝令夕改，拿承诺当耳边风，不仅让臣下无所适从，国家政令不稳，还会严重影响到臣下对君王的忠心与信服，容易出现内乱。君王不守承诺，自然让臣下产生不安全感。屈原对这一点体会深刻，其在《九章·惜诵》中说："君可思而不可恃。"正因为君王拿承诺当耳边风，自然不可依恃。

屈原身为楚国贵族，对楚王的感情更为深厚。由于其曾一度受楚怀王重用，因而对楚王眷恋不舍。即使被楚王疏远，又被放逐，仍然对其念念不忘。然而，正因其对楚王眷念之深，所以楚王的不守承诺对其伤害更深。他在《离骚》中写道：

余固知謇謇之为患兮，忍而不能舍也。指九天以为正兮，夫唯灵修之故也。曰黄昏以为期兮，羌中道而改路！初既与余成言兮，后悔遁而有他。余既不难夫离别兮，伤灵修之数化。

屈原并非愚笨之人，他也知道直言进谏会给其带来灾难。然而其“忍而不能舍”，对于恶的事情，他不吐不快。不过，他直言极谏并非为了自己，而是“唯灵修之故也”，全心全意为君王考虑。拥有这样一个忠心耿耿的贤臣，显然是国君之福。然而，楚怀王并不这么想，他开始疏远屈原。“曰黄昏以为期兮，羌中道而改路”，本来他与屈原约好在黄昏见面，走到半路上却改道。当然这句话很可能是一个比喻的说法。后面的“初既与余成言兮，后悔遁而有他”，更直接地说出楚怀王曾经与屈原有过承诺，但后来他又后悔，因而改变了主意。正是君王不守承诺、朝令夕改，令忠心耿耿的屈原感到十分悲伤。“伤灵修之数化”，既道出屈原的失落与悲伤，也表明朝令夕改对楚怀王而言已经是家常便饭。

类似的语句在《九章·抽思》中也出现：

昔君与我成言兮，曰黄昏以为期。羌中道而回畔兮，反既有此他志。憍吾以其美好兮，览余以其修姱。与余言而不信兮，盖为余而造怒。

前面两句话与上面所引《离骚》中的语句基本相同，意思都是讲楚王与屈原起初相处融洽，楚王对屈原许下承诺，但后来又变卦。不仅如此，楚王对屈原的态度完全改变。“憍吾以其美好兮，览余以其修姱”，这一句则透露出《离骚》中没有的细节：楚王在屈原面前炫耀自己的才能与德行。从这句看来，楚王对屈原疏远的原因在于，其对自己的才能与德行沾沾自喜，因而对屈原不再欣赏。正因楚王对自己过于相信，善于逢迎的小人自然更容易得到他的信任，而直言进谏的人总与其判断相反，当然不会得到重用。长此以往，直言进谏的屈原越发被楚王疏远，以前的诺言都被楚王抛在脑后。“盖为余而造怒”，楚王甚至找借口对屈原大发雷霆。从信任到疏远，再到故意发怒，屈原在楚王的心中地位一落千丈，被放逐也是顺理成章的事。从这段话来看，楚王的堕落是一个渐变的过程。起初他对直言进谏的忠臣十分爱护，但后来，或者是习惯了逢迎拍马，他的自信极度膨胀，不再相信相反的意见，甚至对忠言进谏的人愤怒有加，成了一个自大的昏君。

(3)不重人才

春秋战国时期，诸侯并立，各国之间面临激烈的竞争。为了不被他国蚕食，各国都千方百计地加强自身的实力。其中，对人才的吸纳是一个国家成败的关键。所谓“得士者强，失士者亡”①，说的正是这种情况。荀子云：“故明主急得其人，而闇主急得其势。”②在荀子看来，作为一个君王，首要的任务就是寻找合适的人才，将他们放在适当的职位上。这样即使国君完全不理朝政、一味耽于享乐，下面的臣子依然能够各司其职，将国家治理得井井有条。然而，如果没有寻找合适的人才，君王依然荒淫无道，那自然只有亡国了。明君本身并不一定有多能干，但一定有识人之明，懂得任用人才。而昏君之所以成为昏君，正是因为他不懂人才的重要，没有识人之明。显然，屈原、宋玉作品中的楚王就是一个没有识人之明的昏君。

前面已经说过，楚怀王被小人重重环绕，忠臣被疏远甚至流放。他根本无法听到相反的意见，更不用说任用人才。君王处在深宫之中，朝政为结党的小人所操持，人才自然难以进入君王的视野。想要精忠报国和有一番作为的人被拦在重重宫门之外，思念君王而不得。《九章·思美人》云：“思美人兮，擥涕而伫眙。媒绝路阻兮，言不可结诒。”美人喻君王。忠臣、贤才想念君王而不得，只能呆望着默默流泪。“媒绝路阻兮，言不可结诒”，想念美人，说媒之路却被堵死，心意无法传达。

① （汉）东方朔：《答客难》，见《汉书·东方朔传》，北京：中华书局 1962 年版，第 2865 页。

② （战国）荀子：《荀子·君道》，见（清）王先谦撰：《荀子集解》，北京：中华书局 1988 年版，第 230 页。

这个比喻很巧妙。忠臣、贤才想见君王，却无人通传，心意根本无法被君王听到，何谈被重用。宋玉在《九辩》中也说："君之门以九重！猛犬狺狺而迎吠兮，关梁闭而不通。"君王的宫门有九重之多，想要见君王一面难如登天。既有猛犬挡在宫门前，关卡和桥梁又都封闭、不让通行。可见，屈原、宋玉所处的楚国，不仅言路不通，人才选拔也困难重重，楚怀王根本没有兴趣选拔和任用人才。因此，屈原在《九章·怀沙》中感叹：

> 重华不可遌兮，孰知余之从容！古固有不并兮，岂知其何故！汤、禹久远兮，邈而不可慕……伯乐既没，骥焉程兮。

"重华"是舜的名。"重华不可遌兮，孰知余之从容"，意思是说：舜帝不可遇，谁能知道我的雍容气度呢？很明显，作者有"怀才不遇"之感。后面进一步感叹，商汤、夏禹的年代太久远，作者想追慕都做不到。舜、汤、禹都是远古有名的贤君，作者追思他们，自然是悲叹生不逢时，没有遇到像他们那样重人才的贤君。这里虽然没有写出楚怀王，古今对比的意图却很明显。"伯乐既没，骥焉程兮"，这句话更是点出作者的意图：善于相马的伯乐都没有了，千里马怎么能够呈现出来呢？显然，没有重视人才的君王，人才压根没有出头之日。人才不被重用，即使想报效国家都不能。所以宋玉在《九辩》中哀叹道："君弃远而不察兮，虽愿忠其焉得？"楚国不是缺少忠臣，而是缺少发现忠臣并重用他们的君王。

3. 群臣形象

楚国群臣在《楚辞》中很鲜明地分为两类：一类为忠臣形象，另一类则为小人形象。这两类形象水火不容，一方得势，另一方自然衰微。忠臣形象以屈原、宋玉的自我形象为代表。由于是自我书写，这类形象自然接近完美。首先，他们德行与才能都出类拔萃，十分优秀。屈原在《离骚》中自我描述道："纷吾既有此内美兮，又重之以修能；扈江离与辟芷兮，纫秋兰以为佩。""内美"，意思为内在的、天生的美，指的是屈原是颛顼的后代，其在吉日良辰诞生以及名字的不同凡响。这些在古人看来都是上天赋予的，非一般人所能承受。有这些内在的品质还不够，屈原还十分注重自己的外表与才能。“扈江离与辟芷兮，纫秋兰以为佩”，讲的是屈原用各种香草来装饰自己，比喻其在德行与才能等各方面完善自身。从出身、德行还是才能等方方面面来讲，《离骚》中的屈原都是无可挑剔的。显然，出身贵族而又受过良好教育的屈原，对自己十分自信。宋玉虽然不如屈原这样家世显赫，但他同样对自己十分自信。其在《九辩》中说：“众鸟皆有所登栖兮，凤独遑遑而无所集。”这句话虽然充满怀才不遇的悲叹，但将众人比作凡鸟，而将自己比作凤凰，显然对自己的德行与才能十分骄傲。

其次，这类形象最典型的特征是忠心耿耿。屈原忠而被谤的形象早已深入人心，从古至今关于这方面的论述多如牛毛。《楚辞》中描述屈原忠心的句子随处可见。如《离骚》云：“岂余身之惮殃兮，恐皇舆之败绩！忽奔走以先后兮，及前王之踵武。荃不揆余之中情兮，反信谗以齌怒。余固知謇謇之为患兮，忍而不能舍也。指九天以为正兮，夫唯灵修之故也。”这段话十分典型地表达了屈原的忠心：其为君王奔走效劳，并不是为了升官发财，而是希望君王能够继承先王的遗志，让楚国繁荣富强。他也知道忠言逆耳，容易招来祸端，但他并不担心自身的安危，因为他无法舍弃对君王的忠心。为了表白心迹，他甚至对天发誓，自己所做的一切完全是为了楚王。如此忠心耿耿，也难怪屈原在被流放之后，依然不肯离开楚国，最后殉国而亡。宋玉不像屈原那样出身楚国王姓之家，但其也是忠心爱国，可惜不被重用而不能尽忠。《九辩》云：“纷纯纯之愿忠兮，妒被离而鄣之。”宋玉一片忠心，却无人理会，真的是想尽忠而不能。

《楚辞》对小人的描写众多。从这些描写来看，由于楚王完全为小人蒙蔽，忠臣势力弱小，处于被打击的地位，不是被疏远，就是被流放，反而小人得势，气焰嚣张。大体而言，《楚辞》中小人有以下特征：第一，结党营私。《楚辞》中的忠臣形象高大，才德兼备。小人显然在才与德两方面都无法与忠臣相比。但他们有一个优势，懂得将力量集中起来，结党对付忠臣。而忠臣清高孤傲，往往孤军奋战，自然不是小人的对手。所以，我们在《楚辞》中经常看到的都是孤独的忠臣形象，一个人面对一个集体，自然势单力孤。《离骚》云："世溷浊而嫉贤兮，好蔽美而称恶。闺中既以邃远兮，哲王又不寤。"君王被小人团团围住，形成一个巨大的圆圈，忠臣被排斥在这个圆圈之外，想见君王一面难比登天。这样，君王与小人成了一个庞大的集团，忠臣则成了游离在外的个体。我们在《楚辞》中多次看到与《渔父》中"举世皆浊我独清，众人皆醉我独醒"类似的句子，将个人与"举世""众人"区别开来，表明小人的势力多么庞大。而真正形容小人结党的一个词——"党人"，在《楚辞》中更是频频出现。如《离骚》：

> 世幽昧以眩曜兮，孰云察余之善恶？民好恶其不同兮，惟此党人其独异。户服艾以盈要兮，谓幽兰其不可佩。览察草木其犹未得兮，岂珵美之能当？苏粪壤以充帏兮，谓申椒其不芳。

第一句又将"余"与"世"对立起来，大意是：举世昏暗，谁能分辨我的善恶美丑？第二句点出要批判的对象，讽刺小人有眼无珠，根本无法分辨是非、美丑。后面几句则是通过举例来进一步加强这个结论。"党人"这个词将所有小人一网打尽，是个全称概念。所以第三句说"户服艾以盈要兮，谓幽兰其不可佩"，所有的小人都佩戴艾草，声称幽兰不能佩戴。这与最后一句其实类似，所有的小人都将香囊中填满干粪，却偏偏说申椒不香。如此香臭不分，对结党营私的小人确实是一个极大的讽刺。连草木的香臭都分辨不出，何谈分辨是非、美丑？作者对无才无德的小人极尽讽刺之能事。然而，现实是残酷的，这些一无是处的小人偏偏是楚王最信任的一群人，而忠臣则被排斥。

第二，小人的另一大特征是擅长造谣诽谤。从《楚辞》看，屈原由于出身楚国王族大姓，加上才能、德行无不出类拔萃，因而在一段时间里得到君王的信任。然而，好景不长，屈原遭到小人造谣诽谤，逐渐被楚王疏远，最后甚至被流放。而小人之所以诽谤屈原，究其原因在于妒忌。《离骚》有两段话说得很清楚：

> 众皆竞进以贪婪兮，凭不厌乎求索。羌内恕己以量人兮，各兴心而嫉妒。忽驰骛以追逐兮，非余心之所急。老冉冉其将至兮，恐修名之不立。
>
> 众女嫉余之蛾眉兮，谣诼谓余以善淫。固时俗之工巧兮，偭规矩而改错。背绳墨以追曲兮，竞周容以为度。

第一段话塑造了两类人："余"与"众"，也就是忠臣与小人。这里重点展示了小人的贪婪。小人贪得无厌，想尽千方百计来追名逐利。他们对自己宽宏大量，对他人却十分苛刻。因此，看见别人得势便生嫉妒之心。而屈原所代表的忠臣却与之相反，他们追求的不是功名利禄，而是千秋美名。他们想做贤人、圣人。很明显，这是水火不容的两类人。忠臣得势，小人自然嫉妒，造谣诽谤在所难免。第二段话进一步点出小人造谣诽谤的内容。第一句是个比喻的说法："余"长得俊美，"众女"心生嫉妒，因而她们造谣说"余"生性淫荡。这里的"余""众女"与上一段的"余""众"相同，都是指屈原所代表的忠臣与和其相对的小人。第一句话实际上比喻忠臣得势，小人想方设法中伤他。后面两句话则进一步指出小人的丑恶嘴脸：他们完全无视规矩、歪曲绳墨，只知道谄媚、讨好君王。偏偏君王正好喜好这种谄媚的小人，因而他们对忠臣的造谣诽谤都能收到效果。对君王谄媚、奉承，对忠臣诽谤打击，再加上小人结党营私，他们自然得势。

综上所述，屈原时代的楚国已经濒临灭亡的边缘：国君昏庸无能，亲小人、远贤臣，对自己盲目自信，完全忽视人才的作用。而大臣之中，小人结党营私，奸臣当道，忠臣要么被疏远，要么被放逐。在国君无能的情形下，没有出现能够力挽狂澜的贤臣，可以说楚国上下无能，国家的衰亡不可避免。当政者无能，加上强秦的侵伐，直接导致国力衰弱，百姓处于水深火热之中，纷纷逃离故土，楚国面临灭顶之灾。

三、招魂辞中的楚国形象

《楚辞》诸篇中，《招魂》与《大招》别具地方特色，充分展现了楚地的祭祀文化。它们与《九歌》并不相同。《九歌》是楚国的祭祀乐章，主祭天地众神与人鬼。《招魂》与《大招》则是专门的招魂辞，并非祭歌。它们针对的是人的魂魄，希望将死者的魂魄招回故乡。招魂辞与祭歌的存在，充分证明楚人“信鬼而好祠”的风俗。

从汉代开始，《招魂》与《大招》的作者问题就一直争论不休。司马迁在《史记·屈原贾生列传》中说：“余读《离骚》《天问》《招魂》《哀郢》，悲其志。”①其将《招魂》与《离骚》《天问》并列，显然认为是屈原所作。然而，王逸在《楚辞章句》中明确提出：“《招魂》者，宋玉之所作也。”②朱熹、洪兴祖、王夫之等人都持这一观点。同样，关于《大招》的作者问题也有两种说法。王逸云：“《大招》者，屈原之所作也。或曰景差，疑不能明也。”③其以为是屈原所作，但也提出另一种说法，即为景差所作。朱熹则从语言、文风的角度，认为“此篇决为差作无疑也”。④ 不仅如此，关于两篇招魂的对象问题也是争论不休。王逸以为《招魂》是宋玉招屈原之魂，《大招》是屈原招自己之魂。朱熹、王夫之对王逸关于《招魂》的说法都深信不疑。但王夫之以为，《大招》是景差招屈原之魂。⑤ 从《招魂》与《大招》的内容来看，两篇所写居室、饮食与乐舞的盛况都是一个国君应该享有的，而且《大招》还谈到治国之事，

① (西汉)司马迁：《史记·屈原贾生列传》，北京：中华书局1959年版，第2503页。

② (东汉)王逸：《楚辞章句》，见(宋)洪兴祖：《楚辞补注》，北京：中华书局1983年版，第197页。

③ 参见(宋)洪兴祖：《楚辞补注》，北京：中华书局1983年版，第216页。

④ 详见(宋)朱熹：《楚辞集注》，上海：上海古籍出版社1979年版，第145页。

⑤ 王逸、朱熹之说，详见前面注疏。王夫之论述，详见《船山全书》(第十四册)，长沙：岳麓书社1996年版，第417页。

显然与屈原的身份不合，因而有学者认为两篇均为招楚怀王之魂。①综而言之，由于资料的匮乏，我们无法证明《招魂》与《大招》的作者究竟为谁，但从前人论述来看，其作者为屈原同时代的楚人当无疑义。而从两篇文章的内容来看，二者所招之魂应该是楚怀王，而非屈原。

《招魂》与《大招》既是楚人手笔，又是招魂辞，为了达到招回楚怀王魂魄的目的，两篇文章极力铺陈楚国之美，同时夸大四方之险恶，令怀王魂魄不敢四处乱跑，只好回归故土。在这种奇特的想象中，我们看到一个既真又幻的楚国形象。

1. 四方险恶

《大招》基本模仿《招魂》，因而两篇文章在结构上十分相似。为了达到招魂的目的，招魂者一开始即极力渲染四方的险恶，以吓阻魂魄四处游荡。所以《大招》在开头部分即说道："魂乎归来！无东无西，无南无北只。"

《招魂》与《大招》首先描述的是东南西北四方的险恶。由于《大招》为模拟之作，两篇文章在内容上也有不少相似。对于东方，《招魂》称其地有巨人索魂，还有十个太阳并出，能把金属和石头熔掉。《大招》则称东方有大海和蛟龙。南方在《招魂》《大招》中是深山丛林，有各种吃人的猛兽怪物。《招魂》与《大招》中的西方是千里流沙，水土都有害，而且有怪兽。北方在两篇文章中都是白雪皑皑，天寒地冻。此外，《招魂》还描述了天上和地府的恐怖，不让魂魄上天入地。这样，东西南北、天上地下，处处都是险恶之地，魂魄自然不敢轻易乱跑。

我们看到，虽然《招魂》与《大招》是招魂辞，它们对天地四方的想象极尽夸张之能事，其中的猛兽怪物更是荒诞，然而在荒诞背后，它们对四方的描述还是有一定依据。剔除那些明显虚构的成分，我们还是能够看出楚人对天地四方的认识。《招魂》称东方"十日代出"，《大招》称其地为"汤谷"，虽然夸张，但还是说明东方是太阳升起的地方。而且，

① 详细论述，参见聂石樵：《楚辞新注》，北京：商务印书馆2004年版，第173、191页。

《大招》还告诉我们东方有大海。楚国本在南方，因而楚人对南方的认识更真实一些。不过，《招魂》与《大招》中的南方则是楚国的南方，是一片深山丛林，有蝮蛇、虎豹之类的野兽。西方在《招魂》与《大招》中很显然是沙漠，五谷不生。北方是严寒地带，常常被冰封，被白雪覆盖。这些都是先秦楚人对中国地理的认识。这些基本的判断在今天看来依然正确。可见，至少到了战国时代，中国各地之间的交流已经比较频繁，先秦人对天地四方的认识已经基本接近事实。然而，《招魂》与《大招》极力渲染天地四方的险恶，一方面固然是招魂辞这种文体的特殊性所致，同时也在一定程度上反映楚人心目中的四方显然不是乐土。正如《招魂》所说："魂兮归来，反故居些。天地四方，多贼奸兮。"天地四方危险重重，只有楚国才是他们心目中的乐土。

2. 楚国之美

描述完四方的险恶之后，作者开始极力铺陈楚国之美。《招魂》叙述的范围相对狭窄，重在展现楚国宫室之美。作者从宫室周围的环境写起：宫室被山水环绕，异常幽静。接着，作者登堂入室，极力描述了宫室内部的繁华与舒适。然后，一个个婀娜多姿而又含情脉脉的美女出现，充分展现了宫廷生活的香艳。接下来，作者又开始写景，宫廷内部的美景一一呈现。最后是一场欢庆的宫廷大宴，美食层出不穷，美女翩翩起舞，各种乐歌交替唱响，席间的游戏热闹非凡。如此美景，唯有主人的魂魄远游未归，难怪《招魂》最后以"魂兮归来，哀江南"总结全篇。浓浓的哀伤，与前面叙述的热闹、繁华景象形成鲜明的对比。楚国如此乐土，楚王却客死异乡，难怪楚人悲伤。

《大招》描述的范围广泛，从各方面展现了楚国之美。作者铺陈天地四方的险恶之后，先总括性地概述楚国之美：

> 魂魄归徕！闲以静只。自恣荆楚，安以定只。逞志究欲，心意安只。穷身永乐，年寿延只。魂乎归徕！乐不可言只。

这几句概述了楚国的几大特点："闲以静只""安以定只""心意安

只”“年寿延只”“乐不可言只”。悠闲清静、舒服安定、称心如意、延年益寿、乐不可言：这就是楚人对楚国的评价。与天地四方的险恶比起来，楚国这片土地就是一片乐土。接着，作者开始从各方面叙述楚国的好处。首先，作者描述的是饮食之美：飞禽走兽、瓜果蔬菜、陈年佳酿，无一不是美食，想吃什么就吃什么。其次，作者开始描述歌舞之美：各种各样的舞蹈与乐曲令人心醉神怡。然后是各种各样的美女轮番上场，香艳的场面比《招魂》有过之而无不及。再接着则是宫廷的美景，奇花异草与各种稀罕的鸟兽应有尽有。最后，《大招》描述了楚王的功德与政绩：施行仁政、赏罚得当、重视贤士、造福国家、声威赫赫。这一项是《招魂》所没有的。可见，《大招》所招之魂应为楚王无疑。只有楚王才有资格承受这些政绩。《大招》的调子比起《招魂》来相对明快一些，综观全篇并没有太多悲伤的成分在内。

作为招魂辞，《招魂》与《大招》自然要极力渲染天地四方的险恶，并铺陈楚国之美，从而导引魂魄返回故土。因而，其所书写的四方之恶与楚国之美，显然与当时的实际情形相差甚远，更多幻想与虚构的成分在内。然而，这种夸张的背后还是多少透露出当时的实际情形。应该说，天地四方的险恶是楚人的想象与虚构，但《招魂》与《大招》对楚国地理物产与风俗的描述，还是很可信的。从这些描述，我们对楚国的物产丰富、宫室及歌舞之美会有更深入的认识。更重要的是，从这两篇招魂辞，我们看到了一个与《离骚》《九章・哀郢》等篇截然不同的楚国形象：这里物产丰富，环境优美，人民悠闲安定，并拥有饮食之美、宫室之美、歌舞之美，甚至还有一个爱护臣民、奋发有为的明君，简直是一个世外桃源般的乐土。对于战国末期的楚国而言，这完全是一种想象。从我们对《楚辞》其他篇章的认识来看，屈原时代的楚国已经处于风雨飘摇之中，战火已经蔓延到楚国都城，楚国并不是一片乐土。《招魂》与《大招》所塑造的楚国形象，显然只是因为招魂的需要，招魂者虚构出来的。但这个乐土形象，又折射出当时的现状，处于亡国边缘的楚人只好靠回忆与想象来抚慰受伤的心灵。同时，饱受战火之乱的楚人，迫切渴望一片安定舒适的乐土。

第二节　楚人眼中的国家形象

一、复仇者眼中的楚国形象

中国古代有一句著名的成语——“楚材晋用”。这个成语源自《左传》，讲的是春秋时代的楚国，大量人才外流到他国，为他国尤其是晋国所用。这些外流的人才，大多并非因为在楚国不得志而远赴他国寻找机会，而是因为在楚国受到迫害，不得已出逃他国。因而，这些远走他国的人大多是复仇者。他们怀着刻骨仇恨，往往选择逃到楚国的敌对国，帮助它们对付楚国。由于他们对楚国十分熟悉，因而能针对楚国的特点出谋划策，对楚国构成很大的威胁。《左传・襄公二十六年》记载了蔡大夫声子对“楚才晋用”的一段论述：

> 初，楚伍参与蔡大师子朝友，其子伍举与声子相善也。伍举娶于王子牟，王子牟为申公而亡，楚人曰：“伍举实送之。”伍举奔郑，将遂奔晋。声子将如晋，遇之于郑郊，班荆相与食，而言复故。声子曰：“子行也！吾必复子。”及宋向戌将平晋、楚，声子通使于晋，还如楚。令尹子木与之语，问晋故焉，且曰：“晋大夫与楚孰贤？”对曰：“晋卿不如楚，其大夫则贤，皆卿材也。如杞梓、皮革，自楚往也。虽楚有材，晋实用之。”子木曰：“夫独无族、姻乎？”对曰：“虽有，而用楚材实多。……今楚多淫刑，其大夫逃死于四方，而为之谋主，以害楚国，不可救疗，所谓不能也。……”

声子以为，不仅“杞梓、皮革”这样的物材出自楚国，却被晋国使用，而且楚国的人才也同样被晋国重用。他将晋、楚两国的人才对比之后，发现一个很有意思的现象：晋卿比不上楚国的卿，然而其大夫要比楚国的大夫贤明。其中的原因很简单，卿作为仅次于君王的高级贵族，其地位非同一般，只有那些世代都是高官的人才有资格入选，来自他国的人根本没有这个可能。但大夫就不一样，其属于中层贵族，一国的大夫逃到他国，仍然可以做大夫。声子的意思很明白，楚国的卿与大夫本来都比晋国优秀，但由于楚国的人才外流到了晋国，导致楚国大夫素质下降，而晋国大夫实力增强，自然出现“晋卿不如楚，其大夫则贤”的结果。楚国不设卿位，其重要官职如令尹、莫敖、司马等相当于他国的卿。声子的言说对象是令尹子木，自然要顾及令尹的颜面，所以说“晋卿不如楚”。至于实际情形，并不一定如此。而其说晋大夫比楚贤明，目的是要让令尹子木警觉到“楚材晋用”的危害，从而使出逃的好友回到楚国。虽然其中可能有夸张的成分在内，但“楚材晋用”的现象确实存在，并且危害非同小可。为了加强说服力，声子举了四个例子：析公、雍子、子灵、苗贲皇。这四个人都是因为在楚国获罪而出逃晋国，结果都被晋国用为大夫。由于他们本身既是人才，又对楚国了如指掌，因而使得晋国在与楚国的争霸战中，得以针对楚国的弱点从容定计，导致楚国几次大战均以失败告终。可见“楚材晋用”对楚国危害之烈。

这四个人对楚国的危害虽大，但比起后来的伍子胥要逊色太多。伍子胥父兄被杀，出逃到吴国，最后帮助吴国攻破楚国都城，差点让楚国灭亡。可以说，春秋时期，还没有哪一国能像楚国那样，如此众多的人才纷纷出逃他国，并怀着刻骨仇恨来帮助他国对付楚国。这是一个很有意思的现象，其中的原因值得我们深思。我们要探讨的是：这些复仇者眼中的楚国形象究竟是怎样的？下面我们将以申公巫臣与伍子胥为例，详细分析这个问题。

1. 申公巫臣、伍子胥出逃楚国之动机

申公巫臣，也就是前面提到的子灵，是屈荡之子。其在楚庄王时代，为楚国出谋划策，很受楚庄王重用。然而，他却因为一个女人，背叛楚国。《左传·成公二年》详细记载了其出逃晋国的经过：

楚之讨陈夏氏也，庄王欲纳夏姬，申公巫臣曰：“不可。君召诸侯，以讨罪也；今纳夏姬，贪其色也。贪色为淫，淫为大罚。《周书》曰：‘明德慎罚。’文王所以造周也。明德，务崇之之谓也；

慎罚，务去之之谓也。若兴诸侯，以取大罚，非慎之也。君其图之！”王乃止。

子反欲取之，巫臣曰：“是不祥人也！是夭子蛮，杀御叔，弑灵侯，戮夏南，出孔、仪，丧陈国，何不祥如是？人生实难，其有不获死乎？天下多美妇人，何必是？”子反乃止。王以予连尹襄老。襄老死于邲，不获其尸，其子黑要烝焉。巫臣使道焉，曰：“归，吾聘女。”又使自郑召之，曰：“尸可得也，必来逆之。”姬以告王，王问诸屈巫。对曰：“其信。知罃之父，成公之嬖也，而中行伯之季弟也，新佐中军，而善郑皇戌，甚爱此子。其必因郑而归王子与襄老之尸以求之。郑人惧于邲之役，而欲求媚于晋，其必许之。”王遣夏姬归。将行，谓送者曰：“不得尸，吾不反矣。”巫臣聘诸郑，郑伯许之。

及共王即位，将为阳桥之役，使屈巫聘于齐，且告师期。巫臣尽室以行。申叔跪从其父，将适郢，遇之，曰：“异哉！夫子有三军之惧，而又有《桑中》之喜，宜将窃妻以逃者也。”及郑，使介反币，而以夏姬行。将奔齐，齐师新败，曰：“吾不处不胜之国。”遂奔晋，而因郤至，以臣于晋。晋人使为邢大夫。

从这几段文字看，楚庄王对申公巫臣十分信任，遇事往往都要征求他的意见。而申公巫臣正是利用这种信任，来达到自己的目的。可以说，从楚国攻打陈国，楚王将夏姬带回来的时候，申公巫臣已经产生占有她的想法。因而，他一再阻止他人得到夏姬。楚庄王想纳夏姬，被他一番符合礼仪的道理说服，放弃了这个念头。子反想娶夏姬，则被他以“不祥人”的理由吓退。他以种种理由阻止楚庄王与子反，而这些理由也成为他娶夏姬的障碍，所以只能眼睁睁地看着美人成为连尹襄老的妻子。连尹襄老战死沙场，夏姬又与其子黑要有染。巫臣一看有机可乘，于是派人送信给夏姬，要她回到娘家，许诺明媒正娶。对夏姬来说，巫臣愿意到她娘家——郑国明媒正娶她，表明其对她十分看重，并不因其嫁给多个男人而鄙视她，这是求之不得的事情，因而同意了。这时候，巫臣充分展现其出类拔萃的智谋。他首先通过郑国告诉夏姬，连尹襄老的尸首找到了，必须要其妻子亲自过来才能领回去。这样就给了夏姬离开楚国、回到娘家的绝好理由。楚庄王并不知这事是巫臣一手策划的，反而征询他的意见，自然正中其下怀。这样，夏姬名正言顺地回到郑国，巫臣借出使郑国的机会，在郑国君主的同意下，明媒正娶了她。这只是计划的第一步，要想永远和夏姬呆在一起，还需要下一步行动。楚庄王去世，共王即位，巫臣出使齐国。他借这个机会，把全家一起带走，经过郑国的时候带走夏姬，一起出逃。为了怕楚国报复，他必须找一个与楚国实力相当的国家，齐国刚刚吃了败仗，于是他举家跑到楚国的敌对国——晋国。晋国依然让他作了大夫，还封了一块地给他。对于他的出逃，楚共王并没有震怒，也没有采取任何行动。

从整个过程看，申公巫臣的出逃完全是主动的。为了得到一个女人，申公巫臣一再欺骗楚庄王，并最终利用他的信任得偿所愿。可以说，在申公巫臣心中，忠君爱国这样的观念十分淡薄。他眼中没有国家只有自己。因而，为了得到一个女人，他不惜多次欺骗君王，最后甚至背叛楚国。正因其将个人私利放在国家利益之上，所以一旦个人利益受损，必将做出对国家不利的举动来。后来发生的事情完全证实了这一点。由于申公巫臣在楚庄王时期得罪了子反与子重，庄王去世，共王即位，子反与子重手握大权，申公巫臣又出逃晋国，因而他们只好拿申公巫臣留在楚国的族人开刀，杀巫臣之族子阎、子荡，并瓜分了他们的家产。申公巫臣大怒，指天发誓，一定要让子反与子重奔命而死。于是他出使到吴国，使吴国与晋国结为同盟，共同对付楚国。不仅如此，他还留在吴国，教导吴国射御、乘车与战阵之法，并唆使吴国背叛楚国。在他的帮助下，吴国逐渐强大起来，并不断侵伐楚国。从此，楚国开始长期的梦魇，被吴国骚扰得国无宁日，子反与子重也因此病死。申公巫臣不仅报了自己的私仇，还给楚国埋下无穷后患。到了伍子胥，进一步帮助吴国强大，差点灭掉楚国。

申公巫臣出逃他国，完全是他精心策划的结果。这一点与析公、雍子、苗贲皇及伍子胥都不一样。析公是受到子仪之乱的牵连而逃到晋国。雍子因其父兄的谗言导致君王与大夫不信任他而出逃。苗贲皇则是受到若敖之乱的牵连，不得不出逃。还有《国语·楚语上》所举的王孙启，也是受到令尹子元之乱的牵连而逃奔晋国。伍子胥的情形更惨。其父伍奢为太子老师，费无极为少师。由于太子不宠爱费无极，因而遭其忌恨。费无极于是在楚平王面前称太子与伍奢想要造反，平王居然相信，派人捉拿太子与伍奢。太子闻讯逃亡宋国，伍奢则被抓。由于伍奢尚有两个儿子，为免后患，费无极建言平王以赦免伍奢为借口诓二人，欲将父子三人一齐杀掉。《左传·昭公二十年》记载：

> 无极曰："奢之子材，若在吴，必忧楚国，盍以免其父召之。彼仁，必来。不然，将为患。"王使召之，曰："来，吾免尔父。"棠君尚谓其弟员曰："尔适吴，我将归死。吾知不逮，我能死，尔能报。闻免父之命，不可以莫之奔也；亲戚为戮，不可以莫之报也。奔死免父，孝也；度功而行，仁也；择任而往，知也；知死不辟，勇也。父不可弃，名不可废，尔其勉之，相从为愈。"伍尚归。奢闻员不来，曰："楚君、大夫其旰食乎！"楚人皆杀之。

我们之所以列出这段原文，是因为伍尚在归案之前对其弟伍员说了一段饶有深意的话。从这段话看来，伍尚其实已经知道楚王赦免父亲的希望不大，因而做了两手准备：他去陪父亲赴死，伍子胥则逃到吴国给父兄报仇。"吾知不逮，我能死，尔能报"，伍尚对两兄弟的才能与性格知道得一清二楚，他知道自己无法担当报仇的大任，因而坦然选择赴死。他也知道救出父亲的希望不大，但只要有希望就要去试试，这就是"闻免父之命，不可以莫之奔"。同时，他让弟弟逃跑，是要让弟弟承担更艰巨的任务——为父兄报仇，因为"亲戚为戮，不可以莫之报"。我们看到，伍尚的话里没有一句提到君王与国家。这一点在汉代至清朝那一段时间看来是不可想象的。可见，先秦时期，忠君爱国的观念还没有深入人心。"君要臣死，臣不得不死"的愚忠观念，在先秦还没有出现。伍尚提到孝、仁、知、勇，偏偏没有提到忠。表明在他看来，忠并不重要，至少远远不如孝。因此，父母亲人在伍尚心中是最重要的，即使是君王杀了他们，也一定要找君王报仇。这样，找君王报仇，也就是找国家报仇。可见，对伍尚来说，根本是有家无国，爱国完全是再次要不过。

伍子胥逃到吴国后，正逢吴国将有内乱，并没有机会实现报仇的愿望。过了十年，吴王阖闾弑父篡位，才重用伍子胥，开始对楚国用兵。此时的吴国比起申公巫臣那个时代来更加强盛，其实力在楚国之上。而伍子胥的才智比起申公巫臣来，有过之而无不及。针对楚军喜欢集中兵力的特点，其将吴国军队分成三股轮番骚扰楚国。其让一支部队攻打楚国，等到楚军出来，吴军便退兵。楚军退兵，第二支吴军又前来骚扰，稍一接触又退。等到楚军退兵，第三支吴军又来挑战。如此轮番骚扰，楚军疲惫不堪，吴军却生龙活虎，当然是战无不胜。由于伍子胥对楚国了如指掌，加之其才智绝高，吴国在与楚国的斗争中占尽上风，最后一举攻破楚国都城，差点灭掉楚国。那个时候，楚平王早已去世多年，伍子胥甚至掘出他的尸身，鞭尸三百。可见，其对楚平王仇恨有多深。

2. 复仇者与楚国之关系

我们看到，申公巫臣与伍子胥虽然出逃动机不同，但他们在与楚国关系上仍然有诸多相同点。首先，他们都将个人置于国家之上。申公巫臣是屈姓，乃楚国王族大姓。但在他眼里，根本没有君王与楚国。为了一个女人，他处心积虑，多次欺骗楚庄王，最后外逃到晋国。楚庄王对其一直信任有加，后来的楚共王对其外逃也没有采取任何行动，可以说楚国两代君王对其只有恩没有仇。然而，他依然为了一个女人而出逃他国，可见其完全将个人私利置于国家之上，有个人而无国家。可以说，在此之前，楚国对申公巫臣恩遇有加，并无过错，反而是申公巫臣出现过错。到了后来，子反与子重为了报私仇而灭了申公巫臣的族人，并瓜分他们的家产。由于子反与子重执掌楚国大权，一为令尹一为大司马，申公巫臣无法直接报复他们。于是，他将复仇的矛头对准楚国。根据《左传》记载，共王即位之初，子反与子重大权在握，君王所起的作用很小。因而，子反与子重的行为也在一定程度上代表国家行为。这样，在楚国与在申公巫臣的关系中，楚国也出现过错。按理说，双方均有过错，互不相欠。然而，申公巫臣并不如此想，他依然要复仇。他不仅促使吴国与晋国结盟共同对付楚国，还出使到吴国，在各方面帮助吴国，使其逐渐强大起来。吴国与楚国邻近，对楚国的威胁更大。申公巫臣不仅唆使吴国背叛楚国，还教其不断攻打楚国。尝到甜头的吴国从此一发不可收拾，在很长时间内一直成为楚国的头号强敌，使楚国完全处于被动防御的地步，再也无力争霸中原。申公巫臣为了一个女人背叛楚国，又为了家族利益迁怒、报复楚国。其自始至终都没有将国家放在重要的位置上，反而在其心中，个人、家族是最重要的。为了捍卫个人、家族利益，他不惜投靠敌国，从而报复楚国。

伍子胥的情形虽有不同，但其也与申公巫臣一样，将个人与家族放在第一位。楚平王听信费无极的谗言，杀死伍子胥的父兄，过错当然完全在楚平王。由于平王代表楚国，因此，在伍子胥与楚国的关系中，犯错的一方是楚国，伍子胥的复仇行为并无不对。为了报仇，伍子胥在吴国隐忍十年，最后终于借吴国之力，攻破楚国都城，并掘出楚平王的尸身鞭打三百。虽说报复手段有些激烈，但伍子胥依然名垂青史。原因就在其复仇行为是正义的。然而，就其与国家关系而言，他眼中同样没有国家，只有个人和家庭。这一点，对析公、雍子、苗贲皇等人同样适用。

其次，他们都是借助他国力量来实现复仇理想。正因他们将个人、家族利益放在第一位，所以一旦个人、家族受到国家侵害，他们一定要报仇。申公巫臣在楚庄王时期得罪子反、子重。二人在共王即位后独掌大权，而此时申公巫臣早已逃到晋国，他们唯有对其族人下手。由于共王年幼，子反、子重位高权重，无人能够制止他们胡作非为，因而他们的行为必然要让楚国负责。申公巫臣针对楚国展开报复行动，也是顺理成章的事。正因子反、子重权倾朝野，申公巫臣又身在晋国，无法直接报仇。一个人的力量相对一个国家而言，自然是很渺小的。要想报复一个国家，只有借助一个实力相当甚至更为强大的国家来对付它。当时，楚国在楚庄王的带领下刚刚实现霸业，国力强盛。虽说到了共王即位以后，国力有所衰退，但整个中国只有齐、晋两国可堪匹敌。而齐国刚吃了败仗，所以申公巫臣只好逃到晋国。春秋时期，晋国与楚国一直争霸中原，两国积怨甚深。要想对付楚国，晋国是一个理想的选择。不过，晋国在中原，楚国在南蛮，两国相距甚远。晋国不可能千里迢迢来攻打楚国。于是，申公巫臣想到了吴国。当时，吴国依然臣服楚国，但其实力逐渐增强，自然不甘永远臣服。在申公巫臣的撮合下，吴国与晋国结成同盟，共同对付楚国。这样，晋国在中原与楚国争霸，而吴国在南方不断侵扰楚国，进一步扩大地盘。为了加强吴国的军事打击力，申公巫臣教导吴国射御、乘车与战阵之法。楚国在吴国与晋国的夹击下两面受敌，常常顾此失彼。由于吴国与楚国邻近，申公巫臣对楚国又了如指掌，因而吴国的频繁骚扰对楚国产生极大的威胁。子反与子重也因为要应对两面的夹击而奔波不停，最后都劳累与忧虑致死。

伍子胥的复仇对象是楚平王。要想报仇，必须打倒楚国，更要借助他国的力量。到了伍子胥的时代，吴国的实力进一步增强，已经可以与楚国并驾齐驱。而且两国毗邻，双方一直争夺地盘，二者完全水火不容。伍子胥的到来，令吴国如虎添翼，在与楚国的战争中全面占优。伍子胥针对楚国的特点，充分发挥吴国军队灵活的优势，不断骚扰楚国，令楚国完全处于被动挨打的地步。此时的楚国实力不断衰退，君臣碌碌无为，对这种局面束手无策。为了应对吴国日益加剧的威胁，楚国开始在边境修筑城墙，全面转入防御阶段。此消彼长下，吴国实力与士气远远凌驾于楚国之上，最后终于大败楚军，攻破楚国都城，令楚昭王四处逃窜，楚国差点灭国。

总之，在那些复仇者眼中，国家观念并不存在，或者十分淡薄。在他们那里，更重要的是小的集体(家族、家庭)，以及个人。他们没有“普天之下莫非王土，率土之滨莫非王臣”这样的观念，更不会有“君要臣死，臣不得不死”的观念。对他们而言，血缘、亲情以及个人，要远远大于虚无缥缈的国家。这种将家族、家庭及个人置于君主、国家之上的观念，一方面可能是受到春秋时期君臣平等观念以及游士风气的影响。春秋时期，周王室衰微，天下由大大小小的诸侯国占据，由于没有一个统一的国家，周代大一统的观念逐渐淡薄。加之各诸侯国为了保存自己，互相竞争，竞相招揽人才。因此，游士之风兴起，有一技之长的人才往往喜欢周游天下寻找赏识自己的明主。君臣之间并没有形成如后世那样的固定关系，臣下如果不满意君王，可以自由离开。在这样的环境下，君臣关系是不固定的，人与国家之间的关系也不是固定的，只有血缘、亲情以及个人是固定不变的。这就形成了只重家族、家庭以及个人，却不重视国家的社会风气。另一方面，楚国地处蛮荒，中原文化的影响并不深，周王朝的等级制以及“普天之下莫非王土，率土之滨莫非王臣”的观念，在楚国并没有普及。中原正统的君臣之道，对楚国并没有多大影响。楚人并没有君王、国家至上的观念。因而，一旦君王、国家侵犯到楚人的家族、家庭及个人利益，楚人自然会反抗。为了报仇，他们甚至可以投靠他国，借他国之力来对付楚国，即使灭掉楚国也在所不惜。

二、忠国者眼中的楚国形象

古人有一句俗话：“忠孝不能两全。”在忠国与孝亲发生冲突时，各人的选择也并不相同。在大一统的时代里，古人往往将“忠”放在“孝”的前面。而在诸侯并立的春秋战国时代，“孝”往往比“忠”更重要。血缘、亲情以及个人，要比君王、国家更真切可感与可亲。这也就是楚国那些复仇者不惜毁国来报家仇的原因。然而，我们也要看到，楚人当中仍然不乏忠君爱国者。“忠”的观念仍然在楚国存在着。对有些人来说，“忠”与“孝”的观念同样重要。一旦它们发生冲突，很难取舍。《左传·襄公二十二年》记载：

> 楚观起有宠于令尹子南，未益禄，而有马数十乘。楚人患之，王将讨焉。子南之子弃疾为王御士，王每见之，必泣。弃疾曰：“君三泣臣矣，敢问谁之罪也?”王曰：“令尹之不能，尔所知也。国将讨焉，尔其居乎?”对曰：“父戮子居，君焉用之? 泄命重刑，臣亦不为。”王遂杀子南于朝，轘观起于四竟。子南之臣谓弃疾，

> 请徙子尸于朝，曰："君臣有礼，唯二三子。"三日，弃疾请尸，王许之。既葬，其徒曰："行乎?"曰："吾与杀吾父，行将焉入?"曰："然则臣王乎?"曰："弃父事仇，吾弗忍也。"遂缢而死。

令尹子南宠爱下臣无度，引起楚人的担忧和君王的猜忌。因而，楚康王准备诛杀他。恰好子南的儿子弃疾又是康王的近卫，康王天天见他，就想起他的父亲，有些左右为难。按理，康王想杀子南，应该先把他的儿子调离身边，免得事情泄露，反而导致令尹先下手。康王却没有这样做。大概他对弃疾十分宠爱，居然把杀其父亲的想法告诉了他。如果是申公巫臣、伍子胥这样的人，知道君王要杀自己父亲，肯定会把消息透露给父亲，为救父亲甚至可以杀君王。然而，在弃疾那里，"忠"与"孝"同等重要。因而，他的选择是保守秘密，让其父亲在毫无防备的情况下被君王所杀。这是"忠"的表现。如果忠君至上，他可以大义灭亲，在父亲死后继续侍奉君王。然而，他在葬父之后，并没有这么做，而是选择自杀身亡。以身殉父，这是"孝"的表现。提前知道君王杀父的消息，却尽忠职守，没有让秘密外泄，这实际上是参与杀父的行动。父亲被杀，没有选择外逃为父报仇。这是不孝，却是忠。参与杀父行动，安葬父亲之后自杀，这是孝。然而，抛弃侍奉君王的职责，却是不忠。正因在其心中，"忠""孝"无法取舍，所以他唯有自杀。

"忠"的观念虽然在楚国并不普及，但也有一些人坚守君臣之道。在"忠"与"孝"发生冲突的时候，选择"忠"。楚国都城被吴军攻破，楚昭王逃到郧地。由于楚平王曾经杀死郧公的父亲，其弟想要为父报仇，杀死楚昭王。郧公阻止了他，并带着昭王逃到随国。《左传·定公四年》记载了郧公的一段话：

> 郧公辛之弟怀将弑王，曰："平王杀吾父，我杀其子，不亦可乎?"辛曰："君讨臣，谁敢仇之?君命，天也，若死天命，将谁仇?《诗》曰：'柔亦不茹，刚亦不吐，不侮矜寡，不畏强御。'唯仁者能之。违强陵弱，非勇也。乘人之约，非仁也。灭宗废祀，非孝

也。动无令名，非知也。必犯是，余将杀女。”斗辛与其弟巢以王奔随。

我们在上一部分说过，“忠”的观念对楚国影响不大，很多人依然把个人与亲情放在第一位。如果个人与亲情受到侵犯，他们都会选择报仇，即使报仇的对象是君王也不例外。这里的怀也是如此。楚平王杀了他父亲，为了报仇，他就要杀楚平王的儿子。楚昭王的君王身份对他起不了任何阻碍作用。在他眼里，楚昭王只有一个身份，那就是仇人的儿子。然而，他的哥哥郧公的观念正好与他相反。在郧公看来，君命就是天命，君要臣死，臣不得不死。楚平王讨伐他的父亲，那是君王的正当权力。天命难违，向君王报复会遭天谴。不仅如此，在他看来，平王杀其父，弟弟不找平王报仇，却想杀落难的昭王，那是避强欺弱，并不是勇。乘人之危，也不仁义。而因为杀君王惹来灭族大祸，那是不孝。没有正当理由而胡乱行动是无知。所以他不仅阻止弟弟杀逃难的昭王，还亲自护送其逃到随国。

复仇者将个人与亲情放在国家之上，一旦国家侵犯个人与亲情，他们会不惜一切代价去报复国家。而忠君爱国者则把国家放在第一位，越是在国家最危险的时刻，越能体现他们的价值。楚国历史上有名垂千古的复仇者伍子胥，也有流芳百世的爱国者申包胥。申包胥是伍子胥的好友。伍子胥为报亲仇，矢志覆灭楚国。而申包胥则正好相反，他要挽救楚国。为了挽救楚国，他前往秦国搬救兵，不眠不休，饮食不进，痛哭七日七夜，终于感动秦哀公，使楚国免去灭国之灾。如果没有申包胥这样的爱国者，楚国也不能横跨春秋战国而不倒。《左传·定公四年》记载：

初，伍员与申包胥友。其亡也，谓申包胥曰：“我必复楚国。”申包胥曰：“勉之！子能复之，我必能兴之。”及昭王在随，申包胥如秦乞师，曰：“吴为封豕、长蛇，以荐食上国，虐始于楚。寡君失守社稷，越在草莽。使下臣告急，曰：‘夷德无厌，若邻于君，疆埸之患也。逮吴之未定，君其取分焉。若楚之遂亡，君之土也。若以君灵抚之，世以事君。'"秦伯使辞焉，曰："寡人闻命矣。子姑就馆，将图而告。"对曰："寡君越在草莽，未获所伏。下臣何敢即安？"立，依于庭墙而哭，日夜不绝声，勺饮不入口七日。秦哀公为之赋《无衣》，九顿首而坐，秦师乃出。

这一段记载颇有《战国策》的风格，讲述一个才智之士如何坚韧不拔地实现自己的理想。刚开始的记载很像两个穷困潦倒的年轻人各自诉说自己的理想。如果没有后来的故事，我们肯定只把他们的对话当成一段笑话。然而，伍子胥与申包胥并不是两个夸夸其谈者，他们真有覆灭和挽救一个国家的才智。伍子胥父兄被杀，楚王在全国范围内抓捕他。在逃亡的途中，他对好友申包胥表达了覆灭楚国的决心。为了实现这个理想，他辗转逃亡多个国家，最后终于逃到吴国。到了吴国之后，他的理想并不能立刻实现，于是他隐忍了十年，最后终于得到野心勃勃的吴王阖闾的赏识，实现覆灭楚国的理想。整个逃亡过程的九死一生，十年漫长的等待，都足以证明伍子胥的坚韧。如果不是拥有常人难及的才智与坚韧，伍子胥怎么可能实现覆灭一个强国的梦想。同样，申包胥也具有这样的品质。吴国在阖闾的手上达到鼎盛，一跃成为当时最强的国家。从当时的形势看，中原诸侯唯有晋国有出兵救楚的实力，然而其与吴国结盟，能够覆灭楚国这个宿仇，对晋国自然也很有利。除了晋国之外，西方的秦国有这个实力。当时秦楚还有联姻的关系。楚平王曾为太子建从秦国娶妃，后来在费无极的唆使下将其据为己有。因此，秦国出兵救楚的可能性是存在的。于是，申包胥在吴军攻破楚国都城、国家岌岌可危的关键时刻，前往秦国搬救兵。当时楚昭王逃亡郧地和随国的途中，接连遭遇危险，差点性命不保，根本无暇顾及派人去秦国搬救兵。虽然申包胥自称奉君命，然而实际上他的行动完全是个人的选择。为了挽救楚国，他不得不独自前往秦国。按理说，楚国灭亡对申包胥并无太大损害。以他的才干，他完全可以逃到他国，像前面我们提及的那些逃到晋国的楚大夫一样，继续享受大夫的封地和特权。然而，他的理想显然不是这样，挽救楚国对他来说才是最重要的。为了实现这个理想，他宁愿付出生命。不过，秦国并不愿意出兵。其并不与楚国毗邻，出兵救楚并不能得到太多实惠，反而会惹上吴国这个强敌。秦哀公对申包胥说的那番话，完全是外交辞令，先稳住申包胥，看清形势再说。申包胥显然非同一般，闻弦歌而知雅意，对秦哀公的心意了然于胸。楚国灭亡在即，如果不能及时搬回救兵，最后只能得到国破家亡的悲惨结局。为了向秦哀公表达求救的决心，他靠着庭墙哭了七天，其间不眠不休，饮食不进。面对这么惨烈的场面，秦哀公最后终于被感动，秦国军队也实时出兵，解了楚国之危。

为了毁灭楚国，伍子胥在吴国隐忍十年。为了挽救楚国，申包胥在秦国哭了七日七夜。这一对朋友，为了实现各自的理想，展现出常人难及的坚毅。而他们正好代表了楚国两种截然不同观念的对抗。前者完全没有国家观念，把个人与亲情放在第一位，一旦它们遭到国家的侵害，必然不惜一切代价去报仇，甚至不惜毁掉自己的国家。而后者恰恰相反，国家的存亡是第一位的，为了挽救国家，甚至可以牺牲自己的生命。申包胥如此，战国时代的屈原也是如此。

屈原是中国历史上著名的爱国诗人。从先秦的《楚辞》开始，一直到当代，屈原的形象被不断建构，其爱国形象早已深入人心，传颂古今。屈原在《离骚》中一再表明忠君爱国之心："岂余身之俾殃兮，恐皇舆之败绩！忽奔走以先后兮，及前王之踵武。"这两句话说的是被流放之前的屈原，根本不在乎自己的荣辱安危，一心一意地为楚国效力。他四处奔走，目的是担忧楚国吃败仗，希望楚王能够继承先王遗志，让楚国恢复往日的繁荣昌盛。不仅如此，他还对楚国的百姓表达了深厚的感情："长太息以掩涕兮，哀民生之多艰。"楚怀王客死秦国，顷襄王又不思进取，只知道迁都避秦，楚国灭亡在即，百姓流离失所。屈原在流放的途中，目睹百姓的艰难，因而潸然泪下。报国无门，救民于水火也有心无力，自身又被君王疏远流放，屈原的痛苦可想而知。但即使在如此恶劣的环境下，屈原仍然不肯离开楚国，舍弃君王。在《离骚》中，他本有意远走他国，但始终无法忘怀故土："陟升皇之赫戏兮，忽临睨夫旧乡。仆夫悲余马怀兮，蜷局顾而不行。”屈原本已选好吉日准备远行，在快要离开故土时却心生不舍，看着故乡久久不愿离开，连胯下的马也不愿离开故土，曲着身子，回头张望而不肯前行。屈原始终放不下对楚国的眷恋之情，一直流连在楚国境内，最后听到楚都被破的消息而投水自尽。同样是楚都被他国攻破，申包胥冒死前往秦国搬救兵，而屈原则以身殉国。表面看来，屈原不如申包胥那样轰轰烈烈，面对国破家亡的现状无所作为。然而，春秋和战国的形势截然不同。春秋后期，虽然吴国强大，但还有晋国与秦国与之匹敌。战国后期，秦国一统天下的形势已经明朗，各国自顾不暇，根本不可能发兵救援。而且春秋后期的楚国虽然实力下降，但基础尚在，王室的凝聚力还在，昭王也很得人心，楚国上下仍然团结一致共渡难关。而战国后期，怀王客死他乡后，继任的君王都不思进取，百姓流离失所，楚国上下如一盘散沙，不可能齐心协力地保卫楚国。因而，申包胥可以去秦国请救兵，屈原只能无奈地投江殉国。虽然表现不同，他们的爱国之心却是相同的。

综上所述，虽然“忠”的观念在楚国还没达到根深蒂固的程度，但也在一定范围内流传。从我们前面所列举的例子来看，能够接受“忠”的人大多为上层贵族，尤其是与君王关系密切的人。弃疾是令尹之子，楚王的近卫；郧公则是楚国封地的领主；屈原是楚国王族大姓的成员，曾经深受君王信任。申包胥史书记载不详，但其也算是君王的使臣。即使是上一部分提到的申公巫臣，在他叛逃晋国之后，子反请求用重金收买晋国禁锢他，楚共王反对这样做，理由就是申公巫臣对楚庄王忠诚。《左传·成公二年》记载：

> 子反请以重币锢之，王曰：“止！其自为谋也，则过矣。其为吾先君谋也，则忠。忠，社稷之固也，所盖多矣。……”

对于一个叛臣，楚共王居然还能以“忠”来评价，可见共王之清醒与大度。楚共王对申公巫臣的评价主要有正反两方面：一、批评其“自为谋”，认为其为了一个女人叛逃，这是其过错。二、申公巫臣为楚庄王出谋划策，忠心耿耿。这一点，楚共王说得很客观。申公巫臣虽然在夏姬的事情上欺骗楚庄王，但对国家并无妨害。他对庄王的忠心，从其选择出逃的时机就可以看出来。在庄王时期，他虽然已经背着庄王娶了夏姬，但并未出逃他国。直到庄王去世，共王即位，他才选择出逃。虽然其中也有对庄王的恐惧心理在内，但庄王时期的申公巫臣，确实配得上“忠”的评价。值得注意的是，楚共王还表达了对“忠”的重视。在他看来，“忠”对一个国家至关重要。臣下尽忠，是一个国家稳固的基础。正是从“忠”的角度，他并未将申公巫臣的叛逃看得多严重，反而对其忠心予以赞赏。可见，早在春秋时期，楚国王室就深刻地认识到“忠”的重要性。因此，为了保证楚国的稳定及子孙后代的长远统治，楚国王室对“忠”的宣扬与推广是可以想见的。这也是“忠”的观念在那些与王室关系密切的上层贵族中流传的重要原因。对那些忠君爱国者来说，君王与国家至上，为了楚国，他们可以慨然赴死、从容殉国。在他们那里，楚国与他们自身荣辱与共，成为一个密不可分的整体。

三、隐士眼中的楚国形象

春秋战国时期，周王室衰微，国家分裂为大大小小的诸侯国。为了生存，它们互相之间不断发生战争。在这样一个动荡的社会里，出现不少出世的隐居者。这些隐士，以楚国最多，“如孔丘游楚时遇见的接舆、长沮、桀溺，荀况《尧问》中的缯丘之封人，韩非《解老》中的詹何，《吕览·异宝》中的江上丈人，《韩诗外传》中的北郭先生等，都是楚人”。①

天下动荡，各诸侯国竞相招揽人才。这对那些有着政治雄心、希望一展宏图的人来说，是一个绝佳的机会，因而他们并不觉得这个时代有什么不好，反而为之欢欣鼓舞。而在那些志行高洁的隐士眼中，那是一

① 参见聂石樵：《楚辞新注》，北京：商务印书馆2004年版，第154页。

个“彼窃钩者诛，窃国者为诸侯，诸侯之门而仁义存焉”①的时代，三代以来的美德已经荡然无存，有的只是强权，他们不愿同流合污，宁愿选择贫困，归隐田园与深山。那些隐士视野开阔，他们胸怀天下，并不仅仅局限于所在的国家。因而，在他们看来，天下都已不可救药，何况是其中任何一个诸侯国。《论语·微子》记载楚狂接舆的一段歌，从中可见一斑：

楚狂接舆歌而过孔子曰：“凤兮凤兮，何德之衰？往者不可谏，来者犹可追。已而已而！今之从政者殆而！”

这段凤歌因《论语》的传播而知名于后世。但歌词之间脉络并不清晰，因而很难理解。尤其开头歌咏凤凰，究竟意指什么，根本无法从后文判断出来。汉人孔安国以为，此处凤凰喻指孔子。只有出现圣君，凤凰才会现身；同样，只有出现明君，孔子才可出仕。而孔子正好相反，其周行天下，寻找出仕的机会。因而楚狂接舆以“凤兮凤兮，何德之衰”，来批评孔子汲汲于功名。② 按照这种解释，整段歌词的意义就能连贯起来。楚狂接舆批评孔子以往的行为不对，应该放弃周行天下，像他一样做个隐士，等待明君出现后方可出仕。最后一句，接舆道出其选择做隐士的原因。“今之从政者殆而”，在他看来，当时的政治黑暗无比，从政者已经无可救药。显然，这里的“今之从政者”，并不特指哪国的从政者，而是指天下所有的从政者。接舆身为楚人，对楚国的政治现状自然了如指掌，其斥天下从政者无可救药，楚国的从政者自然更不在话下。

《论语·微子》中另一个楚国隐士桀溺也说：“滔滔者，天下皆是也，而谁以易之？”在他看来，当时的天下，到处都是操控政治的坏人，

① （战国）庄周：《庄子·胠箧》，见陈鼓应《〈庄子〉今注今译》，北京：中华书局1983年版，第256页。

② 参见（宋）邢昺疏：《论语注疏》，《唐宋注疏十三经》（四），北京：中华书局1998年影印版，第121页。

如滔滔洪水一般，无论是谁都无法改变这种状况。正因对现实政治感到绝望，他才选择归隐。既无法改变这种现状，又不愿意同流合污，唯有避开现实，归隐山林。《庄子·人间世》说得更清楚：

> 孔子适楚，楚狂接舆游其门曰："凤兮凤兮，何如德之衰也！来世不可待，往世不可追也。天下有道，圣人成焉；天下无道，圣人生焉。方今之时，仅免刑焉。福轻乎羽，莫之知载；祸重乎地，莫之知避。已乎已乎，临人以德！殆乎殆乎，画地而趋！迷阳迷阳，无伤吾行！吾行卻曲，无伤吾足！"

这段话显然是依据《论语·微子》衍生而来，又加进了庄子的思想。"天下有道，圣人成焉"，天下有道，圣人可以成就一番事业。"天下无道，圣人生焉"，天下无道，圣人只能保全自身。那么，春秋战国时期是一个什么样的时代呢？接舆后面的歌词已经告诉我们答案。"方今之时，仅免刑焉"，在春秋战国时代里，人们仅仅能够避免刑罚，更何谈成就一番事业？其以为，在那个时代里，幸福比羽毛还轻，而祸患则比大地还要沉重。因而，明知世事不可为，就要趋利避害，在乱世中保全自身。所谓"吾行卻曲"，即是要改变做法，也就是要放弃周行天下，而要隐居避世。

总之，这些隐士选择隐居主要有两个原因：一是当时天下政治一片黑暗，无一净土，他们不愿同流合污，因而归隐。二则是出于保全自身的需要。在天下动乱的时代里，既然不能实现救世的理想，就要首先自救。趋利避害，保全生命是人的本能，在乱世中尤其显得重要，这也是春秋战国时期出现大量隐士的重要原因。应该说，隐士与复仇者相似，他们心中也没有国家观念。在他们看来，天下都是漆黑一片，楚国显然也不例外。而由于他们是楚人，又长期生活在楚国，楚国政治现状在很大程度上成为他们得出如此结论的重要来源。因而，他们眼中的楚国，显然也并非一片净土，而是与其他诸侯国一样，也是污浊之地。

第四章　近出楚简中的楚国形象①

早在宋代，就已经有与楚国有关的文物出土，“楚公逆镈”“楚王孙钟”“楚王作曾侯乙钟”等楚器就出土于这一时期。② 北宋时期出土的秦国《诅楚文》，虽然是秦国的文物，但其内容直指楚国，直接构建了一个暴虐无道的楚国形象。20 世纪以来，随着考古学科的逐渐发展，出土的楚国文物不可计数，楚国所在的河南、湖北、湖南等地也成为楚文化考古的重镇，众多震撼世界的文物出土。特别是随着一大批楚国竹简的出土，直接印证了先秦的诸多历史与学术，而一些楚简的问世，也彻底改写了我们对先秦历史以及学术的固有认识。如对古文《尚书》的真伪之辨，一向是学界的公案。《清华简》的出世，则清楚地告诉世人，古文《尚书》中《咸有一德》一定是伪作。近些年，陆续有大批战国楚竹简面世，特别是上海博物馆藏战国楚竹书与清华大学藏战国楚竹简的出现，在历史学、哲学、文学等方方面面有着重大意义。

与先秦文学中的其他文本一样，这些战国楚竹简，不仅有着对楚国历史的书写，还可以从中见出时人眼中的楚国形象。由于立场的不同，楚人对楚国形象的建构与其他诸侯国人对楚国形象的书写迥异。通过近出楚竹简与先秦文学中的其他文本相互印证，可以相对清晰地呈现出先秦文学中的楚国形象。

---

① 本章大部分均已发表。参见拙文《近出楚简对楚国形象的书写及其文化逻辑》，《华中学术》2018 年第 2 期。

② 参见楚文化研究会编：《楚文化考古大事记》，北京：文物出版社 1984 年版，第 3 页。

第一节　上博楚竹书与楚国形象

上海博物馆藏战国楚竹书主要来源于香港古玩市场，为一千二百余支完、残的竹简，后经上海博物馆整理、注释出版。上博楚竹书与楚国形象有关的，主要有如下几篇：《柬大王泊旱》《昭王毁室》《平王问郑寿》《郑子家丧》《君人者何必安哉》《吴命》《命》《志书乃言》《陈公治兵》《邦人不称》等，但其中直接对楚国形象进行书写的并不多。与先秦其他文本对楚国形象的书写一样，上博楚竹书中的楚国形象，既有楚人对楚国形象的建构，也有其他诸侯国人对楚国形象的建构，前者为自我形象，后者为他者形象。

一、楚人视域中的楚国形象

由于上博楚竹书出土于楚境，很多内容均与楚国历史相关，因而相比其他先秦文献，其中对楚国形象的自我建构，要多于其他诸侯国人视域中的楚国形象。也就是说，自我形象的比重要高于他者形象。

1. 对祖先与神灵的书写

对祖先与神灵的书写，是已经出土的楚国文字中比重极大的一部分内容。特别是对祖先的祷告，普遍见于出土的楚国青铜器铭文中。如楚公逆钟铭文云："唯八月甲午，楚公逆祀氒(厥)先高祖考，夫工四方首。楚公逆出，求氒(厥)用祀四方首。……楚公逆其万年寿，用保氒(厥)大邦，永宝。"①由于用途的不同，这些青铜器上的铭文主要用于向祖先及神灵祷告，因而对祖先及神灵的书写普遍集中。

简帛与青铜器的用途不一样，因而简帛上记载的文字自然与青铜器铭文在内容上有较大差异。上博楚竹书对楚国祖先与神灵的书写，并不用于向祖先神灵祷告，其往往记载于君臣的对话中。从根本上说，这是

① 刘彬徽、刘长武：《楚系金文汇编》，武汉：湖北教育出版社 2009 年版，第 47 页。

一种言说方式。如《柬大王泊旱》，记载的是楚柬(简)王时大旱，柬(简)王也病重。他命令祭祀之官，为其病祭祀。祭祀之官回答说：

> 楚邦又(有)棠(常)，为楚邦之魂(鬼)神宝(主)，不敢吕(以)君王之身，叓(变)亂(乱)魂(鬼)神之棠(常)。故夫帝(上帝)魂(鬼)神高明，安敢杀祭？吕(以)君王之身杀祭未尚(尝)又(有)。①

在先秦，祭祀对国家来说是很重要的礼仪。《左传·成公十三年》云："国之大事，在祀与戎。祀有执膰，戎有受脤，神之大节也。"②周朝崇礼，即使在礼崩乐坏的春秋时期，很多礼仪仍然被坚守。无论对于周王朝还是各诸侯国而言，祭祀与战争都是一个国家的头等大事，任何一个君王都不可能等闲视之。其中，祭祀的礼仪在春秋战国时期，也被各诸侯很好地遵守。即使在被中原诸侯视为南蛮的楚国，祭祀的礼仪也是十分严谨的。《国语·楚语下》记载楚昭王问观射父有关祭祀的礼仪，观射父为他详细介绍了祭祀的各种礼仪。昭王还问："祀不可以已乎？"观射父对曰："祀所以昭孝息民，抚国家，定百姓也，不可以已。"③这里再一次谈到祭祀对国家的重要意义。正因为明白了祭祀的重要性以及各种礼仪，楚昭王对祭祀十分慎重，不合礼仪的坚决不祭祀。《左传·哀公六年》载：

> 初，昭王有疾。卜曰："河为祟。"王弗祭。大夫请祭诸郊。王曰："三代命祀，祭不越望。江、汉、雎、章，楚之望也。祸福之至，不是过也。不穀虽不德，河非所获罪也。"遂弗祭。孔子曰："楚昭王知大道矣。其不失国也，宜哉！……"

---

① 马承源主编：《上海博物馆藏战国楚竹书(四)》，上海：上海古籍出版社2004年版，第199-201页。

② 杨伯峻编著：《春秋左传注》，北京：中华书局1990年版，第861页。

③ 徐元诰撰：《国语集解》，北京：中华书局2002年版，第518页。

这里，楚昭王与《柬大王泊旱》中的楚柬(简)王一样，都患有疾病。但二者的反应截然不同。昭王有疾，占卜称是黄河作祟，要求祭祀黄河神。大臣们也请求在郊野展开祭祀。但楚昭王坚决不同意祭祀河神。他的理由很简单：按照祭祀的礼仪，不能祭祀超过自己境内的神灵。楚国当时的国境，并没有到黄河。因此，他认为河神不可能降灾祸给他。这里，充分展现了一个懂礼并遵礼的楚国君王形象。而在《柬大王泊旱》中，楚柬(简)王生病，要求祭祀之官为其杀祭。显然，与昭王相比，楚柬(简)王是一个不懂礼也不遵礼的君王形象。

需要注意的是，祭祀之官拒绝柬(简)王的态度很坚决，理由也很充分，这表明，即使在楚国，祭祀也是一项十分神圣的大事，不能随意为之，即便是君王，也不能随意改变礼仪。我们看到，祭祀之官在陈述拒绝理由的时候，透露出一个重要信息："楚邦有常，为楚邦之鬼神主。"由此可见，楚国祭祀的对象十分严格，楚邦之鬼神主，也不大可能与中原华夏诸侯祭祀的鬼神一样。显然，在楚人看来，楚国是一个有固定神灵庇佑的国家。这一点，《楚辞·九歌》中对天地诸神的祭歌也表现得很充分。

2. 对君王形象的书写

上博楚竹书不少内容与楚史有关，因而很多都涉及对楚国君王形象的书写。与《春秋三传》，特别是《公羊》《穀梁》对楚国君王以贬为主不同，上博楚竹书很多都是楚人自己的书写，因而楚国君王形象大多为正面形象。如第四册《柬大王泊旱》中，楚国大旱，楚柬(简)王虽然要求祭祀之官为自己杀祭，但还是说"一人不能词(治)正(政)，而百眚(姓)㠯(以)𢇍(绝)"，认为大旱是上天对自己不能施政的惩罚，因而修四郊，后来终于天降大雨。这里的楚柬(简)王显然是一个勇于改过的君王形象。还有第四册《昭王毁室》，楚昭王新宫建成，正和大夫饮酒，有一人穿丧服而来，称其父母葬于新宫的阶下，现在昭王建了新宫，他将无法祭祀父母。昭王于是为之毁掉新宫。楚昭王在先秦文本中一向以懂礼的形象出现，这里的昭王能为成全平民百姓祭祀父母的孝心而毁掉新建的宫室，仍然展现了一个通人情、懂礼仪的君王形象。还有第六册的《平王问郑寿》、第九册的《陈公治兵》，展现了一个勇于改过的楚平王形象。

上博楚竹书中，最值得注意的是其对楚庄王的书写。《春秋三传》中，《公羊》《穀梁》对楚国多贬，但对楚庄王，《三传》均以褒扬为主。先秦诸子更是以浓墨重彩的笔调建构了一个胸怀宏图大志、知人善用的楚庄王明君形象。上博楚竹书对楚庄王也充满赞美之辞。第七册《郑子家丧》，记载郑子家弑君，楚庄王派兵围困郑国。关于郑子家弑君事，《春秋·宣公四年》仅云“夏六月乙酉，郑公子归生弑其君夷”，并言“冬，楚子伐郑”，并没有说楚庄王伐郑是因郑子家弑君。《左传·宣公四年》对郑子家弑君事记载十分详细，也记载了冬天楚国伐郑，但对此的解释是“楚子伐郑，郑未服也”。关于楚国伐郑，《公羊》《穀梁》均未做解释。从先秦史书，我们根本看不到郑子家弑君与楚庄王伐郑之间的联系。但上博楚竹书《郑子家丧》为我们揭示了楚庄王伐郑的原因。正是因为郑子家弑君，消息传到楚国，楚庄王决定伐郑。但从先秦史书的记载来看，楚庄王伐郑的真正原因，应该还是《左传》所说的“郑未服也”。楚国连年攻打郑国，其目的就是为了让其臣服于楚。而《郑子家丧》的价值在于，它为我们揭开了楚庄王在宣公四年冬天攻打郑国的借口。这一点，史书并未记载。

对于郑子家弑君一事，楚庄王言：“奠(郑)子豙(家)遉(颠)退(覆)天下之豊(礼)，弗愄(畏)魂(鬼)神之不恙(祥)，慼(戕)惻(折)丌(其)君。”①显然，楚庄王是从礼的角度来评价郑子家这件事的。臣弑君，子弑父，是违背周礼的大罪。在当时，诸侯对这样的事情都是有权利出兵征讨的。《公羊》对楚国一向以贬为主，但对于宣公十一年，楚庄王攻打陈国杀掉弑君自立的夏徵舒一事，却声称“上无天子，下无方伯，天下诸侯有为无道者，臣弑君，子弑父，力能讨之，则讨之

① 马承源主编：《上海博物馆藏战国楚竹书(七)》，上海：上海古籍出版社2008年版，第176页。

可也”①，对楚国的行为表示认同。而从《左传·宣公十一年》楚庄王解释其征讨陈国的理由“夏徵舒为不道，弑其君，寡人以诸侯讨而戮之”来看，楚庄王以此种借口攻打他国是常有的事。结合先秦史书来看，《郑子家丧》中楚庄王寻找攻伐他国的借口显然也是站得住脚的。

需要注意的是，楚庄王在评价郑子家弑君无礼的同时，还明确宣称“而逡(后)楚邦囟(思)为者(诸)侯正”②，要为天下诸侯正礼。如果翻看先秦史书及汉代《史记》，我们可以清晰地看到，楚国在很长一段时间不被周王朝及中原华夏诸侯承认，长期被视为蛮夷。这也是《公羊》《穀梁》对楚国以贬为主的原因所在。但从此处“楚邦思为诸侯正”以及《左传·宣公十一年》楚庄王所说“寡人以诸侯讨而戮之”来看，到了楚庄王的时代，中原诸侯似乎已经不再视楚国为蛮夷，而是将其当成华夏一族。可见，随着楚国的日益强大以及领土的扩张，其在中原诸侯眼中的形象逐渐开始转变。从《公羊》《穀梁》对楚庄王的无奈认同及赞赏，可以清晰看出这种形象的变化。从另一个方面来看，楚庄王处处以正礼为借口来讨伐郑、陈等中原诸侯，表明楚国经过长期的对抗，逐渐学会以华夏文化的言说方式来展开内政外交。这表明中原华夏文化对楚文化的影响逐渐深入。楚庄王娴熟地运用华夏文化的外交套路来攻打中原诸侯，也说明楚人在自觉接受华夏文化，并以华夏文化的方式来对付中原诸侯，进而将楚国势力进一步渗透至中原地区，因此楚文化也随之逐步对中原华夏文化产生影响。

从上博楚竹书对楚国君王形象的书写来看，楚国形象逐渐开始由蛮夷向懂礼、遵礼的华夏一脉转变。特别是到了楚庄王的时代，楚人开始自觉运用华夏文化的言说方式包装楚国形象，并成功将这种华夏一员的楚国形象传播至中原地区。

---

① 王维堤、唐书文撰：《春秋公羊传译注》，上海：上海古籍出版社2004年版，第325页。

② 马承源主编：《上海博物馆藏战国楚竹书(七)》，上海：上海古籍出版社2008年版，第174页。

3. 对楚国历代贤臣的书写

一个国家的形象，虽然主要由君王代表，但大臣的形象也在一定程度上代表了国家。有明君还需要有贤臣。楚庄王的时代，楚国形象之所以光彩照人，除了楚庄王的贤明以外，孙叔敖的忠贞勤勉、申公巫臣的精明等都是不可或缺的。上博楚竹书多以对话体而成，除了对君王多有书写外，与之密切相关的楚臣也是必不可少的。正是在这些书写中，也记载了不少楚国贤臣。如第七册《君人者何必安哉》谏楚昭王勿玩物丧志的范乘，第九册《陈公治兵》中替楚平王治兵的陈公、《邦人不称》中为楚复国的叶公子高，等等。与楚国形象的构建直接相关的，则是第八册的《命》。这篇文章专门探讨的是贤臣对国家的意义。子春被楚王任命为令尹，他为此与叶公子高及楚王进行商讨。令尹子春曰：

> 先夫₌(大夫)㚬(司)命(令)尹、受(授)司马，絧(治)楚邦之正(政)……萬(万)民，莫不忻(欣)憙(喜)，四海之内，莫弗䎽(闻)子胃(谓)昜(阳)为掔(贤)于先夫₌(大夫)，请昏(问)亓(其)古(故)?①

子春被任命为楚国令尹，他对此有些惶恐，因而问楚王以前的楚臣是如何把国家治理得井井有条的。这里所说的令尹、司马，是楚国主管行政、军事的最高官员。他们往往是楚臣的集中代表。从子春的这句问话来看，在他之前的楚国，由于有“先大夫”群臣治理朝政，深得百姓拥戴。并且，天下都少有比楚国大夫更贤明的臣子。这颇有“惟楚有才”的意思。这一段言说，建构起政治清明、百姓拥戴的楚国形象，而这种形象正是由众多贤臣大夫共同构筑而成。

贤臣对于国家的意义重大，前后相继的贤臣群体，足以构成一个国家的历史。《战国策·楚策一》中，莫敖子华通过历数楚国历史上的五大

① 马承源主编：《上海博物馆藏战国楚竹书(八)》，上海：上海古籍出版社2011年版，第197-198页。

忠臣，构建了楚国的贤臣历史以及文化。楚威王问于莫敖子华曰：“自从先君文王以至不穀之身，亦有不为爵劝，不为禄勉，以忧社稷者乎？”

显然，楚威王想要知道的是楚国历史上一心为公的忠臣。莫敖子华则列举了横跨春秋战国、从楚文王到楚威王时期楚国历史的五大忠臣：

> 彼有廉其爵，贫其身，以忧社稷者；有崇其爵，丰其禄，以忧社稷者；有断脰决腹，一瞑而万世不视，不知所益，以忧社稷者；有劳其身，愁其志，以忧社稷者；亦有不为爵劝，不为禄勉，以忧社稷者。

这五大忠臣分别是：一是为官清廉、两袖清风，但忧心社稷的忠臣，令尹子文是其典型；二是拥有高官厚禄，仍然忧心社稷的忠臣，典型例子是叶公子高；三是为国捐躯但寂寂无闻的忠臣，这方面的典型是莫敖大心；四是劳心劳力为国着想的忠臣，这方面的例子棼冒勃苏；五是楚威王所提出的不要官位与爵禄、一心为国的忠臣，典型例子是蒙穀。这五大例子大都出自春秋时期。正是这种从春秋至战国楚国历代忠臣的梳理，足以建构出一段忠臣传统与历史，一个忠臣辈出的楚国形象也在这个过程中呼之欲出。

二、他者视域中的楚国形象

上博楚竹书，大多为楚人的记载，因而其中的楚国形象，大多为正面形象，少见负面与否定的建构。而这种负面形象，也多出于他国人之手。上博竹简中与此直接相关的，仅有第七册的《吴命》。这篇文章讲述吴王率军抵达陈国境内，晋国派使臣去交涉，二者以楚国为借口互相展开外交言辞。晋人质疑吴军深入陈国境内，其使臣居然说：

> 型(荆)为不道，胃(谓)余曰：“女(汝)，周之莿(旧)是(氏)……”①

① 马承源主编：《上海博物馆藏战国楚竹书(七)》，上海：上海古籍出版社2008年版，第311页。

吴人也采用同样的言说方式：

> 楚人为不道，不思丌（其）先君之臣事先王……不共承王事……①

晋人称楚为荆，显然是站在中原华夏正统的立场上，对楚国以夷狄视之。《公羊》在解释《春秋》称楚为荆的时候，往往都是认为这是《春秋》对楚国夷狄的贬斥。如《公羊·庄公十年》云："荆者何？州名也。州不若国，国不若氏，氏不若人，人不若名，名不若字，字不若子。……不与夷狄之获中国也。"显然，对楚国最尊敬的称呼应是"楚子"，称爵位；而最卑贱的称呼则是称荆，以州名代国名，将其视为天下九州之一，根本不承认其诸侯国地位，以夷狄视之。《穀梁·庄公十年》也云："荆者楚也。何为谓之荆？狄之也。何为狄之？圣人立，必后至；天子弱，必先叛：故曰荆，狄之也。"显然，称楚为荆，就是以夷狄视之，完全是以华夏异族的角度来贬斥楚国。吴国虽一直被视为华夏一脉，但长期僻处偏远之地，也不为中原诸侯所承认。因此，吴人并不会将接壤的楚国以夷狄视之。吴楚长期作战，因而吴人直接指斥楚国无道。

晋国与吴国之争，都指责楚国无道。这种不直言其事的外交言辞，在春秋时期十分常见，赋诗言志也正是从这种外交方式中产生的。但争端双方都不指责对方，反而一致指责第三方的情形并不多见。正是在这种指责声中，一个无道的楚国形象被建构起来。

先秦文献中，涉及对楚国的贬斥、否定与指责的内容，十分普遍。这种负面的指责，主要集中于《公羊》《穀梁》中，发起这种指责的基本都是其他诸侯国人，尤其以中原诸侯国人为主。综观《公羊》《穀梁》，楚国大多以夷狄形象出现，楚庄王以后，这种形象有所减弱，但二书特别是《公羊》对楚国基本以贬斥为主。《公羊·僖公四年》云："楚有王者

① 马承源主编：《上海博物馆藏战国楚竹书（七）》，上海：上海古籍出版社2008年版，第323页。

则后服，无王者则先叛，夷狄也，而亟病中国。”《穀梁·庄公十年》云：“圣人立，必后至；天子弱，必先叛：故曰荆，狄之也。”这种无道义的夷狄形象，是中原诸侯对楚国的基本判断。如《左传·成公四年》鲁国大夫季文子云：“晋虽无道，未可叛也。……史佚之《志》有之，曰：‘非我族类，其心必异。’楚虽大，非吾族也，其肯字我乎？”正如孟子所说“春秋无义战”①，诸侯之间的征伐根本毫无道义可言，鲁人也明确指出晋国无道。既然诸侯征伐都无道义可言，中原人指斥楚国无义，也就是有意为之了。鲁大夫季文子劝阻鲁君不要背晋与楚结盟，直接指出楚国非鲁族类，是不可能真心与鲁国修好的。实际上，即使是同为一族的晋国，也不可能真心与鲁国修好。但在中原诸侯看来，他们都为周王室近亲，同为一脉。这种血脉关系令他们在身份上自然更加亲近。不管中原诸侯之间彼此征伐多么厉害，他们对中原之外的诸侯仍然抱有先天的敌视。这是中原诸侯国人的普遍看法。再如《公羊·僖公二十一年》所载宋公子目夷对楚国的评价是：“楚，夷国也，强而无义。”这里指出了先秦楚国形象的三大要素：夷狄、无义、强大。可以说，在春秋时期，这三大要素基本构成了他者视域中的楚国形象的主要内涵。

值得注意的是，就现有文献来看，春秋时期，中原诸侯国人对楚国的评价并没有“无道”这个说法。上博楚竹书所载春秋晋人、吴人对楚国“无道”的评价可以填补这一空白。当然，在上博楚竹书面世之前，早在宋代就出土的秦国石刻《诅楚文》就已经痛斥楚人“无道”了：“今楚王熊相，康回无道。”②但此石刻所记时代已经是战国中后期，而非春秋时期。况且，在战国时期，由于秦国的强盛，秦国一直以“虎狼”形象出现。《战国策·魏策三》所载朱己劝魏王云：“秦与戎、翟同俗，有虎狼之心，贪戾好利而无信，不识礼义德行。苟有利焉，不顾亲戚兄弟，若禽兽耳。此天下之所同知也，非所施厚积德也。”③这种时刻想要吞并

① （战国）孟子：《孟子·尽心下》，上海：上海古籍出版社 2004 年版，第 295 页。

② 详见笔者博士论文《先秦文学中的楚国形象》，第二章第三节《〈诅楚文〉与战国后期的楚国》。

③ 刘向集录：《战国策》，上海：上海古籍出版社 1985 年版，第 869 页。

他国的“虎狼之心”天下皆知，对其他诸侯的威胁远大于楚国。可以说，战国时期，秦国成为天下诸侯争相笔伐的对象。这种“虎狼”形象带给天下诸侯的恐惧，与春秋时期的楚国强而无义的夷狄形象相比，有过之而无不及。

第二节　清华简：楚国世系的建构

从已经出版的《清华简》来看，与楚国形象直接相关的是《楚居》。《楚居》主要“叙述自季连开始到楚悼王共二十三位楚公、楚王的居处与迁徙”①，属于楚国的历史文献。与《世本》《史记》等史书不同，《楚居》为楚人所记，其中所构筑的楚国形象属于自我形象。对于先秦文学中的楚国形象而言，《楚居》的发现，进一步丰富了楚国自我形象的内容。

一、华夏正统血脉的确认

《史记·楚世家》云：“楚之先祖出自帝颛顼高阳。”屈原《离骚》开篇即云：“帝高阳之苗裔兮。”可见，在先秦，楚人自认为中原华夏正统血脉，为颛顼帝之后裔。《楚居》对楚人世系的叙述，没有追溯到颛顼帝，而是从楚人的直系祖先季连开始。这一点，也与《史记·楚世家》所载“六曰季连，芈姓，楚其后也”吻合。据《史记》所载，季连为颛顼帝之重孙，所以屈原称楚人为颛顼之后裔，显然也不为错。先秦史书中，从黄帝到颛顼，再从颛顼到祝融的世系清晰明了。楚国史书从季连开始叙述，记录了季连之后楚国23位楚公、楚王的迁徙历史，从上古一直到战国后期，显然接续上了华夏的正统血脉。这样，从黄帝到颛顼，从颛顼到祝融，从祝融到季连，再从季连到楚国历代君王，楚国的历史清晰明了，华夏正统血脉的世系也清晰明了。

① 李学勤主编：《清华大学藏战国竹简》(一)，上海：中西书局2010年版，第180页。

二、“楚人”的自我确认

由于文献的缺乏，先秦文学中楚国形象的自我建构文本偏少。先秦文学中，“楚人”这一称呼往往来自楚国以外的诸侯国人，大多为中原人。不仅如此，中原人口中的“楚人”大多为贬义。如《穀梁传·僖公二十七年》云：“楚人者，楚子也。其曰人何也？人楚子，所以人诸侯也。其人诸侯何也？不正其信夷狄而伐中国也。”这样的例子，在“春秋三传”中很多。关于“楚人”名称的由来，中原人也有诸多解释，在“春秋三传”中也多为贬义。荀子对“楚人”的解释稍有不同。其在《荀子·儒效篇》中云：“居楚而楚，居越而越，居夏而夏，是非天性也，积靡使然也。”在《荣辱篇》中也说：“譬之越人安越，楚人安楚，君子安雅，是非知能材性然也，是注错习俗之节异也。”显然，在荀子看来，“楚人”名称的由来，与所处楚地有关，居于楚地之人为楚人。但楚人、越人与君子的对举，显然其中也有贬义的内涵。《楚居》中首次出现楚人自己解释“楚人”这一名称的由来：

> 丽不从行，渭（溃）自䚗（胁）出，妣戱宾于天，𢀵（巫）戕（并）赅（该）亓（其）䚗（胁）以楚，氐（抵）今曰楚人。①

此处描述的是楚王熊丽的出生经历。熊丽是从其母亲的肋骨中剖出。关于这一传奇故事，史书多有记载。《大戴礼记·帝系》云：“鬼方氏之妹谓之女隤氏，产六子，孕而不粥，三年，启其左胁，六人出焉。”《世本》云：“启其左胁，三人出焉；启其右胁，三人出焉。”《史记·楚世家》则云：“陆终生子六人，坼剖而产焉。”这与当今的剖腹产十分相似。这种神奇的出生经历，与楚人名称的由来关系密切。按照《清华大学藏战国竹简》训释者的解释：熊丽为剖其母胁部而生，母亲因为难产而死，巫医用荆楚条包裹其母亲胁部，因此后来就称熊丽的后

① 李学勤主编：《清华大学藏战国竹简》（一），上海：中西书局 2010 年版，第 181 页。

代为楚人。也有学者对这一训释提出不同意见，认为荆楚条无法包裹胁部，意思应该是巫医用荆楚条剖开熊丽之母的胁部，楚人视荆楚为神奇之物，故而以此自称。①

不管是用荆楚条包裹还是切剖，荆楚条在楚王熊丽的传奇出生中占据了至关重要的地位，因此，楚人才以此自称。近代以来，很多楚史专家均对“楚”及“楚人”的由来提出自己的见解，大多以为是因为楚地多产荆楚条的缘故。②《楚居》的发现，则明确地回答了“楚人”名称的由来。这种楚人的自称，既不是荀子所谓的因地而名，也不是今人以为的因物产而名，而是因为这一物产在楚人祖先诞生过程中的神奇作用而被附上神奇色彩。

这种附魅与中原人对楚人的祛魅正好形成鲜明的对比。显然，中原人眼中处于贬义地位的“楚人”，通过楚人的自我建构，被附上神秘色彩，成为神奇祖先的后裔。不管是对楚国世系的详细梳理，对中原华夏正统血脉的确认，以及对“楚人”名称与身份的附魅，都充分展现了楚人自我建构楚国形象的努力。

近出楚简对楚国形象的书写，在大的框架下并没有超出先秦文学文本对楚国形象的书写，也主要呈现两个维度：楚人对楚国形象的书写与其他诸侯国人对楚国形象的书写，也就是自我形象与他者形象的建构。但现有先秦文学文本对楚国形象的书写大多为他者形象，是以其他诸侯国人尤其是中原诸侯国人的视野来建构楚国形象。楚人对楚国形象的书写并不多。显然，近出楚简在这方面丰富了楚国形象的内容。由于楚简大多出土于楚地，很多内容均为楚人书写，因而其中关于楚国自我形象的书写明显远超他者形象的书写。而且需要注意的是，近出楚简对楚国形象的书写，尤其对楚国历史世系、祖先神灵、明君贤臣的梳理与建构，正是现有先秦文学文本所缺少或者需要补充的内容。正是有了诸多楚简的出土，先秦文学中的楚国形象才更加立体与全面。从这个意义上

① 详见黄灵庚：《清华战国竹简〈楚居〉笺疏》，《中华文史论丛》2012 年第 1 期。

② 参见顾颉刚《讨论古史答刘胡二先生》以及张正明《楚史》等。

说，近出楚简对楚国形象的研究意义非凡。

近出楚简中对楚国形象的书写，虽然也有“无道”的他者形象，但主要以正面的自我形象建构为主。从其中楚人对楚国形象的自我建构，我们可以很清晰地看到一个具备华夏正统血脉、拥有祖先与神灵护佑、明君贤臣辈出的强国形象。这种文化的自我认同，显然与屈原《离骚》中对祖先的反复吟咏一样，都是文化的自我建构。正是这种强烈的文化认同，让楚国文学与文化呈现出独具魅力的特质，成为中国文学与文化不可缺少的组成部分。

第五章　楚国典型形象的演变

第一节　从夷狄到强国的转变

前面四章已经对先秦文本中的楚国形象作了一个大致梳理。我们看到，对他者形象的书写，主要集中于《春秋公羊传》《春秋穀梁传》《战国策》《论语》《孟子》《荀子》等书中。由于上述文本作于不同的历史时期，作者的言说动机各不相同，因而呈现在各个文本中的他者形象并不一致，即使在同一文本中，作为他者形象的楚国也呈现不同的形态。综合前面的分析，我们可以看到，以下几个楚国形象在先秦文本中反复出现。

一、夷狄形象

1. “夷狄”：从地理向文化的转变

夷狄本来只是一个地理意义上的名词。春秋以前，中原人按照地理位置、风俗习惯的差异将中原地带称为“中国”，而将四周偏远地带称为“夷狄”。《礼记·王制》云：

> 凡居民材，必因天地寒暖燥湿，广谷大川异制。民生其间者异俗，刚柔、轻重、迟速异齐，五味异和，器械异制，衣服异宜。修其教，不易其俗；齐其政，不易其宜。中国戎夷，五方之民，皆有性也，不可推移。东方曰夷，被发文身，有不火食者矣。南方曰蛮，雕题交趾，有不火食者矣。西方曰戎，被发衣皮，有不粒食者

矣。北方曰狄，衣羽毛穴居，有不粒食者矣。中国、夷、蛮、戎、狄，皆有安居、和味、宜服、利用、备器。五方之民，言语不通，嗜欲不同。达其志，通其欲，东方曰寄，南方曰象，西方曰狄，北方曰译。

中国地域广阔，各地气候、地理条件相差甚远：有的地方寒冷，有的地方暖和；有的地方干燥，有的地方潮湿；有的地方是山谷，有的则是平原和河流。自然条件的不同，也就相应导致各地居民生活习俗的差异。所谓"刚柔、轻重、迟速异齐，五味异和，器械异制"，即是指各地民风、饮食与器械各不相同。不仅如此，作者还进一步分析了中原地区以外的四方夷狄的风俗：东夷披着头发，穿着毛皮，不吃熟食；南蛮额头雕刻花纹，睡觉时两足相交，也不吃熟食；西戎同样披着头发，穿着毛皮，不食稻米；北狄则是穿着羽毛做成的衣服，居住在洞穴里，同样不食稻米。总而言之，中原与四方之人，"皆有安居、和味、宜服、利用、备器"，各有适合自身的衣、食、住、用的方式。他们之间并无高下之分，只是各地气候、地理使然。

《左传·襄公十四年》记载范宣子责怪戎子驹支泄漏晋国机密，驹支反驳说："我诸戎饮食衣服，不与华同，贽币不通，言语不达，何恶之能为？"前面《礼记·王制》也提到"五方之民，言语不通"，这里驹支反驳范宣子的一大理由也是诸戎与晋国言语不通。将这句话与《礼记·王制》对比，可以看到诸戎与中原华夏的区别主要体现在饮食、衣服、言语三大方面。这三大区别，同样只是地理风俗的差异。《荀子·荣辱篇》也说："譬之越人安越，楚人安楚，君子安雅，是非知能材性然也，是注错习俗之节异也。"所谓"君子安雅"，是指华夏安居于中原。荀子说得很清楚：越人居于越地，楚人居于楚地，中原人居于中原，这些都不是根据智能、才干而区分，而是根据风俗的差异区分的。虽然"君子安雅"一句已经点出荀子心中根深蒂固的中原优越论思想，但这句话也从一个侧面表明先秦人在一定程度上是以地理、习俗来区分中国与夷狄的。

如果中原与四方民族一直处于互不接壤、互不冲突的状态，这种地理、风俗的区分依然是唯一的标准。但随着中原文明的不断发展，以及四方民族的强大，“中国”与“夷狄”之间开始频繁的领土冲突，“华夷之防”的观念逐渐在中原地带流行开来。“夷狄”开始更多地成为文化意义上的名词。根据史书记载，这一过程应该在西周统一天下之后。《史记·周本纪》记载：周代始祖后稷之母乃姜氏。章太炎、傅孟真、童书业等人以为，“姜”与“羌”同源，周人乃羌人后裔。① 这一说法不无道理。《史记·周本纪》说后稷之子奔于戎狄之间，公刘、古公亶父等周代先祖也一直在戎狄之间。而且，武王攻打商朝，也得到了夷狄民族的协助，有庸、蜀、羌、髳、微、彭、濮人等。②《史记》关于周代先祖历史之梳理，很多神话传说在内，不可全信，但周代先祖与夷狄民族关系密切这一点应该问题不大。然而周朝的建立并没有导致中原民族与四方夷狄民族的和睦相处。周朝统一天下以后，武王大封功臣与同姓，“封尚父于营丘，曰齐；封弟周公旦于曲阜，曰鲁；封召公奭于燕；封弟叔鲜于管，弟叔度于蔡，余各以次受封”。③ 周初分封之目的，是为了让各诸侯国屏藩周室，使周王朝统治巩固。因而无论是武王还是成王，他们只分封那些信得过的功臣与宗室。那些曾经追随武王打天下的夷狄民族并不在受封之列。不仅如此，周王朝分封诸侯，正是要这些诸侯代替周王室去防备与抗击夷狄民族的侵扰。这种分封制的最大好处是可以将国家统一在强有力的王室之下，周王室与各诸侯成为铁板一块的整体。但其缺陷也显而易见，这种分封制具有强烈的排外性，周王室与各诸侯是一个整体，周边未受封的夷狄民族则被排斥在外。正是这种强烈的排外特征，使得周朝与周边夷狄民族的关系紧张，并由此爆发多次战争。史书记载：成王时期多次对东夷用兵；昭王在对南蛮用兵的路上

---

① 参见童书业：《春秋史》，北京：中华书局 2006 年版，第 4、27 页。

② 参见(汉)司马迁：《史记·周本纪》，北京：中华书局 1959 年版，第 112-115、122 页。

③ 参见(汉)司马迁：《史记·周本纪》，北京：中华书局 1959 年版，第 127 页。

去世；穆王征伐犬戎，得四白狼、四白鹿而归；到了周幽王时期，周王朝被申侯联合西夷、犬戎所破，幽王被杀，其子平王被迫东迁。①

正是周朝的分封制，使得夷狄民族被牢牢地排斥在中原文化之外，“夷狄”也最终由一个地理意义上的名词，演化为中原人对周边少数民族的贬称。《春秋公羊传·成公十五年》评价《春秋》时说：“《春秋》内其国而外诸夏，内诸夏而外夷狄。”这里所谓的“内其国而外诸夏”，是说《春秋》以鲁国为内而以其他诸夏为外；“内诸夏而外夷狄”，则是说以诸夏为内而以夷狄为外。“内其国而外诸夏”，表明春秋时期中原各国都以自己为本位；“内诸夏而外夷狄”，则清楚地表明在涉及民族关系时，中原诸夏是一个整体，夷狄被排斥在整体之外。《左传·闵公元年》记载狄人伐邢，管仲请求齐侯出兵时说：“戎狄豺狼，不可厌也；诸夏亲昵，不可弃也。”同样，在管仲眼里，邢国是诸夏的一分子，而诸夏是一个整体，一旦其中一国受到夷狄侵略，其他国家有义务救援。“诸夏亲昵，不可弃也”，说明当时的中原诸国虽然彼此征伐，但他们在文化认同上依然一致，彼此都视对方为姬姓之国。正是这种血缘与文化的纽带，将中原诸夏联系在一起。“戎狄豺狼，不可厌也”，则表明夷狄在中原华夏诸国看来，不仅是外人，还是敌人，豺狼成性，贪得无厌。“豺狼”一词，不仅表明在诸夏眼中，夷狄未开化，生活方式上接近野兽，也表明诸夏对夷狄的恐惧与仇视。正由于“中国”与“夷狄”之间的对立与冲突，管仲才被春秋时人视为华夏的英雄。孔子在《论语·宪问》中感叹：“微管仲，吾其被发左衽矣。”孔子的意思很清楚：没有管仲，中原华夏将被夷狄吞并。“被发左衽”，是夷狄的生活方式，在这里已经带有强烈的贬义。《春秋公羊传·僖公四年》对此解释得很清楚：“南夷与北狄交，中国不绝若线。”从这段话我们可以看到，当时中原华夏遭遇到南夷与北狄的夹击，危在旦夕。如果不是管仲辅佐齐桓公，令齐国强盛，打退外敌，中原华夏早已沦为夷狄。这样的例子很多，从“春秋三传”及《论语》《国语》《史记》等书中，我们都能看到类似

① 参见《左传》《国语》《史记·周本纪》相关记载。

的例子。总之，到了春秋时期，由于“夷狄”对“中国”的威胁越来越大，“夷狄”一词越来越多地成为文化意义上的贬义词。

2. 楚国由“夷狄”向“华夏”的转变

按照《史书》记载，楚国本为中原华夏之后。《国语·郑语》说楚乃祝融之后：“且重、黎之后也，夫黎为高辛氏火正，以淳耀敦大，天明地德，光照四海，故命之曰‘祝融’，其功大矣。”祝融后代有八姓：己、董、彭、秃、妘、曹、斟、芈。楚即是芈姓之后。《史记·楚世家》也说：“楚之先祖出自帝颛顼高阳。”重黎为高阳玄孙，曾为祝融，后为帝喾所杀，其弟吴回继为祝融，吴回生子陆终，陆终第六子季连，芈姓，楚国即是其后代。两个说法并不完全相同，但楚乃中原华夏始祖之后却是一致的。这样说来，楚国乃正宗的华夏一族，中原诸夏不应该将之摒除在外。而且，《左传·昭公十七年》说：“郑，祝融之虚也。”郑乃祝融故地。郑地是今天的河南新郑。如果该地确实为祝融故土，则身为“祝融八姓”之一的芈姓也应在附近一带。楚国与郑国邻近，芈姓由郑迁徙至楚地也很正常。因此，无论从先祖，还是活动区域，楚国都不应该被中原诸夏视为“夷狄”。

但到了春秋时期，楚国完全成了夷狄的典型代表，成为中原诸夏最恐惧的夷狄。《左传·桓公二年》记载：“蔡侯、郑伯会于邓，始惧楚也。”从史书记载看，这是中原诸夏恐惧楚国的开始。春秋时期，周代大一统的局面破裂，周王室逐渐衰弱，无法控制各诸侯国。随着实力的壮大，各地诸侯再也不把周王室放在眼里，为了扩充地盘，它们开始互相征伐。正是由于以前铁板一块的分封制出现了很大的裂缝，四周的夷狄开始侵入中原。《春秋公羊传·僖公四年》的“南夷与北狄交，中国不绝若线”，说的正是这种情形。其中，南夷即是楚国。楚国与中原邻近，趁着周王室衰弱、周王朝无力南顾之机，在南方迅速坐大，吞并了周围大大小小的土著部落，成为一个地域广阔的大国。不仅如此，楚国开始将触角伸入中原，邻近的蔡、郑两国最先受到冲击。我们在第二章已经提到，按照《左传》的记载，楚国从武王、文王时期开始，扩张的重心逐渐向中原倾斜。正因其不断向中原扩张，使得彼争我伐的中原诸夏同时感受到了强烈的威胁。在这种恐惧心理下，中原诸夏的文化认同空前强烈起来，“夷狄”这个名词所蕴含的意义活现在中原人眼前。

中原人对楚国的仇视，从《春秋公羊传》《春秋穀梁传》《论语》《孟子》等书明显看出。《春秋·庄公十年》记载楚国与蔡国的战争时说：“秋九月，荆败蔡师于莘，以蔡侯献舞归。”《公羊传》以为，这里称楚国为“荆”是对楚国的贬斥，因为“荆者何？州名也。州不若国，国不若氏，氏不若人，人不若名，名不若字，字不若子”。称州名而不称楚王爵位，对楚国之贬斥到了极点。不仅如此，《公羊传》还以为，蔡侯被楚军俘获而《春秋》不书，是因为《春秋》“不与夷狄之获中国也”。《春秋·僖公二十一年》记载：“秋，宋公、楚子、陈侯、蔡侯、郑伯、许男、曹伯会于霍，执宋公以伐宋。”同样，这里宋公也是为楚国所擒，但《春秋》并没有写明。《公羊传》以为：“曷为不言楚子执之？不与夷狄之执中国也。”在《公羊传》作者看来，楚国是夷狄，蔡国与宋国都是中原华夏，夷狄擒拿华夏诸侯是以下犯上、以卑犯尊，实在是大逆不道，《春秋》对楚国的行为都予以了贬斥。《春秋穀梁传》对楚国的仇视也十分明显。《春秋·僖公二十七年》记载：“冬，楚人、陈侯、蔡侯、郑伯、许男围宋。”这里，随从楚国攻打宋国的诸侯都写出了爵位，唯独主盟的楚王以“人”相称，很明显《春秋》作者对楚国有贬斥之意。《穀梁传》对此进一步解释说：“楚人者，楚子也。其曰人何也？人楚子，所以人诸侯也。其人诸侯何也？不正其信夷狄而伐中国也。”在《穀梁传》作者看来，陈、蔡、郑、许等国是中原华夏，宋国也同为华夏，它们都是一个整体，反而楚国是夷狄，是这个整体的敌人。同为华夏，陈、蔡、郑、许应该与宋国共同抵抗楚国。但事实恰恰相反，陈、蔡、郑、许反而听从楚国的命令，跟随楚国一起攻打宋国。这完全违背了“内诸夏而外夷狄”的文化传统，因而《春秋》予以贬斥。不仅如此，定公四年，吴国大败楚国于柏举，《春秋》记载：“冬，十有一月庚午，蔡侯以吴子及楚人战于伯举，楚师败绩。”吴国一向被中原诸夏以夷狄视之，但这里居然书“吴子”而称“楚人”，显然对吴国褒而对楚国贬。《穀梁传》以为，这里称“吴子”的原因是“吴信中国而攘夷狄”。吴国居然因为与蔡国一起攻打楚国，而被《春秋》与《穀梁》称赞，可见当时中原华夏对楚国仇恨之深。

值得注意的是，《公羊》与《穀梁》对楚国的书写，给“夷狄”这个名词赋予了更多文化意蕴。僖公四年，齐桓公率诸侯联军攻打楚国。此事《春秋》及“春秋三传”均有记载，《春秋》只记载齐桓公伐楚并与楚结盟，《左传》的记载很详细，但其与《春秋》一样，并无褒贬。《穀梁》对这件事有褒贬，但比较冷静；《公羊》则表现出空前的激动与兴奋。《公羊》云：“师在召陵，则曷为再言盟？喜服楚也。何言乎喜服楚？楚有王者则后服，无王者则先叛，夷狄也，而亟病中国。南夷与北狄交，中国不绝若线。桓公救中国，而攘夷狄，卒怗荆，以此为王者之事也。”前面已经说过，《公羊》作者对南夷与北狄交相侵入中原深恶痛绝。正因中原在夷狄侵入下命悬一线，齐桓公率领诸侯联军起来反击夷狄就显得尤其可贵。因此，《公羊》对此事大书特书，认为其行的是“王者之事”。所谓“王者之事”，东汉何休的《解诂》解释说：“言桓公先治其国以及诸夏，治诸夏以及夷狄，如王者为之，故云尔。”①这个解释很有道理，齐桓公将中原诸夏重新团结成一个整体，并率诸侯联军平定夷狄，这本来应该是周天子的职责，齐桓公代替天子做的事自然是“王者之事”。齐桓公“救中国，而攘夷狄”，这对中原华夏十分重要，因而《公羊》言“喜服楚”，喜悦之情表露无遗。齐桓公也因此被视为救世主一般的人物。在褒扬齐桓公事业的同时，《公羊》对楚国作了一个评价：“楚有王者则后服，无王者则先叛，夷狄也，而亟病中国。”所谓“有王者”“无王者”，并非有没有天子，而是有没有能够统一天下的“王者”。这里的王者，是德威并重、宾服四海的天子，而非春秋以后孱弱的周天子。因此，“楚有王者则后服，无王者则先叛”，意思是说一个强有力的天子出现后，楚国一定是最后一个臣服；一旦王室衰弱，楚国一定是

① （汉）何休解诂、（唐）徐彦疏：《公羊注疏》，《唐宋注疏十三经》（三），北京：中华书局1998年影印本，第82页。

第一个背叛。这里，作者下了一个定语——“夷狄也”，意思是说，楚国就是夷狄。综合前面的一句话，作者实际上给“夷狄”下了一个准确的定义：“有王者则后服，无王者则先叛，夷狄也。”《穀梁传·庄公十年》也提出了类似的定义：“荆者楚也。何为谓之荆？狄之也。何为狄之？圣人立，必后至；天子弱，必先叛：故曰荆，狄之也。”这里的“圣人立，必后至，天子弱，必先叛”，与《公羊》“有王者则后服，无王者则先叛”意思相同。所谓“圣人”，也就是那种德行被于四海、天下宾服的天子。这里，《穀梁》作者同样对“狄”给出了一个定义：“圣人立，必后至；天子弱，必先叛。”也就是说，到了春秋、战国时期，“夷狄”与“中国”再不仅是从地理、风俗上区分，而是更多从文化上区分，二者在文化上已经有了高下之别。既然在文化上高下有别，那么二者相区别的饮食、语言、服饰等就随之有了高下之别。因此，孔子对没有被“披发左衽”的夷狄统治深表庆幸，孟子将楚人的语言贬斥为“南蛮鴃舌”。而《左传·成公四年》季文子更是直接以“非我族类，其心必异”说明楚国与中原华夏不同族类，以此劝阻鲁成公不要背叛晋国而投靠楚国。

然而，春秋中期以后，楚国形象再一次发生变化。正如我们在第二章分析的那样，楚国形象以楚庄王时期为界，发生了根本性的变化。楚庄王之前，楚国虽然强大，但由于不断侵扰中原，给中原人造成巨大的恐慌，因而“夷狄”色彩浓厚。楚庄王当政以后，虽然也经常对中原用兵，但由于其成功地掌握华夏文化中的“礼”与“德”，加之楚国强大的实力，使得中原诸侯对楚国的恐惧大大降低，自觉臣服于楚国。这时的楚国，完全脱去了“夷狄”外衣，成功融入中原华夏文化中，成为中原华夏的一分子。《公羊》对楚国一直以“夷狄”视之，对其贬多褒少，但还是对楚庄王义释郑国表示赞赏，“不与晋而与楚子为礼也”。《穀梁》也对楚庄王与宋国和平结盟表示赞赏，“善其量力而反义也”。“春秋三传”中，《左传》对楚庄王的书写最为详细，评价也最高。《左传·宣公十二年》记载晋楚邲之战前夕，晋国随武子对楚国的评价是“德立、刑行、政成、事时、典从、礼顺”，劝阻晋军不要与楚军作战。这里的德、刑、政、事、典、礼完全按照中原礼仪文化来观照楚国，而楚国能一一符合中原礼仪典范，可见楚国在与中原诸夏的多年征战中，已经大量吸收中原文化。即使从中原正统观点来看，楚国也完全符合一个礼仪之邦的标准。从这点上说，楚庄王已经使楚国摆脱“夷狄”身份，成功融入华夏文化圈。晋国另一位大夫也对楚国评价很高。栾武子详细分析了晋军与楚军的优劣，认为楚国“不骄”“不老”“有备”，因而不可与之作战。不仅如此，邲之战后，楚国大夫建议收集晋军尸首来修筑京观，以炫耀战功，向后代表明武力的重要性。楚庄王并不同意这样做，他对武力有另一番解释：“非尔所知也。夫文，止戈为武。”止戈为武，这是从字形上解释“武”。从字形上看，武就有消弭战争之义。因而楚庄王提出“武”有七大作用：“夫武，禁暴、戢兵、保大、定功、安民、和众、丰财者也。”很明显，这里楚庄王所说的七大作用，又是典型的中原文化的标准。我们可以看到，这里对楚国的书写有两重视域：随武子与栾武子对楚国的看法是一重视域；《左传》对楚庄王的书写又是一重视域。这两重视域中的楚国，都已不再是“夷狄”，而是一个比中原诸夏更加懂礼仪的国家。可以说，楚庄王之所以能成为春秋五霸之一，礼仪是其让中原诸夏臣服的重要因素。

楚庄王以后，楚国对中原的扩张进一步加大，楚文化与中原文化的碰撞、交流加剧，楚国进一步摆脱了夷狄身份。春秋中期以后，周天子已经名存实亡，各诸侯国为了生存开始了残酷的竞争。在如此恶劣的环境里，唯有强者才能生存。因而，对各诸侯国来说，实力的强大才是最重要的，文化上的区分已经显得并不重要。《孟子·告子下》说：“五霸者，三王之罪人也。今之诸侯，五霸之罪人也。”正如我们前面看到的，楚庄王代表的春秋五霸，虽然一直想取代周天子成为天下的主宰，但他们进行战争都要寻找一个冠冕堂皇的理由；要得到天下诸侯和百姓的臣服，他们的行为处处要受到礼仪的约束，并不敢恣意妄为。但到了战国时期，这种礼仪的约束力已经荡然无存，各诸侯国开始了赤裸裸的彼争我伐。《庄子·胠箧》云：“彼窃钩者诛，窃国者为诸侯；诸侯之门，而仁义存焉。”只要谁掌握了国家大权，自然也就掌握了言说仁义的权力。

因而当时的诸侯，只对强权感兴趣，对文化的建构则心不在焉。由于楚国横跨春秋、战国，一直是当时的大国，在很长一段时间里成为霸主的最有实力的竞争者。因而，春秋中期以后，楚国更多以强者的形象出现。除了少数中原学者如孟子坚持“以夏变夷”、荀子“居楚则楚，居夏则夏”以及《公羊》《穀梁》的詈骂以外，在先秦文本中已经很难看到“夷狄”楚国的影子。而到了战国时代，楚国的疆土已经延伸到黄河流域，即使从地理上看都已不再是夷狄。

二、强国形象

从武王开始，楚国历代国君都将经略中原作为一项重要任务，对中原的扩张持续不断。正是这种持续扩张，让中原诸夏感到空前的恐惧。因而，楚庄王以前，中原诸夏对楚国的印象主要有两点：第一，强国；第二，夷狄。《春秋公羊传・僖公二十一年》中公子目夷说得很清楚：“楚，夷国也，强而无义。”这里，宋国公子对楚国的认识可谓一针见血：楚国乃夷狄，这就意味着楚国没有礼义观念。但即使这样，公子目夷也不得不承认楚国的强大。楚庄王以前，楚国已经很强大，特别是楚成王时期，楚国差点成为春秋霸主。《左传・僖公二十二年》借叔詹之口预言楚成王即将死亡，同时，作者直接评价说：“诸侯是以知其不遂霸也。”所谓“不遂霸”，即称霸不遂。从《左传》的叙述来看，楚成王已经具备了称霸天下的条件，但其最终不能完成霸业，正因其在礼义上还有缺憾。楚庄王之所以能成为春秋五霸之一，正在其完全符合中原文化的礼义标准。但《左传》对楚成王“不遂霸”的评价表明，楚国在成王时期已经是当时最为强大的国家之一，完全可以争夺霸主之位。楚庄王以后，由于楚国与中原的交流频繁，加之各诸侯国之间的竞争完全建立在实力之上，在中原诸夏眼中，楚国的夷狄特征逐渐淡化，变成一个具备争夺天下霸主的强国形象。

早在楚武王时期，邻近的郑、蔡两国就感受到楚国的威胁。《左传・桓公二年》记载两国君主相会于邓，正是为了应对楚国的威胁。但从《左传》记载来看，楚国文、武两代君王都没有对中原发动大规模的战争，他们的重心还在吞噬楚国周边的诸侯国与部落。因此，除了蔡、邓、郑等中原小国感受到楚国的威胁，其他的中原诸侯仍然高枕无忧。到了楚成王时期，楚国对中原进一步渗透，但先后受到齐桓公、晋文公两大春秋霸主的阻击。但即使这样，楚国仍然成功地将势力延伸到中原。齐桓公率中原诸侯讨伐楚国不久，中原又重新陷入一片散沙，楚国乘机进入中原，令郑国臣服，并大败宋襄公。虽然最后楚国在城濮大战中败给晋国，成就了晋文公的霸主之位，但楚成王时期的楚国已经让中原诸侯见识到它的强大。从楚成王、晋文公开始，楚国与晋国从此进入漫长的争霸期。从齐桓公去世之后，到吴王阖闾称霸之前，春秋大势就是晋、楚争霸。《左传·宣公十二年》郑国子良所说“晋、楚不务德而兵争”，正是指两国争霸的情形。楚国之强大因此深入中原诸夏心中。楚庄王时期，楚国达到鼎盛，晋、楚邲之战后，楚国的实力凌驾于晋国之上，晋国由此对楚国经略中原的行为避而不理。《左传·宣公十二年》记载楚国伐宋，宋人向晋国求救，晋大夫伯宗曰：“天方授楚，未可与争。虽晋之强，能违天乎?”在伯宗看来，楚国的强大是上天赐予的，晋国再强也强不过天，因此不可与楚国争锋。可见邲之战对晋人的打击有多大。连中原最强大的晋国都对楚国退避三舍，可知楚国之强。庄王之后，楚国实力下降，与晋国争霸战多以失败告终。即使这样，楚国仍然是霸主的有力争夺者。这从楚灵王如此暴虐，依然能多次召集诸侯就可以看出。

战国时期，格局发生巨大变化。晋国一分为三，宋国、越国为楚所灭，吴国早在春秋末期即被越所灭，因而春秋大国只剩下齐、楚与秦国。战国七雄中，秦国实力最强，其他六国实力较弱；在六国之中，又以楚国实力最强。因此，在很长一段时期，战国大势主要是秦、楚争霸。从《战国策》中我们可以看到，在秦人眼中，楚国是他们称霸天下的最大强敌；而在六国人眼中，楚国是他们抗拒强秦的盟主。《战国策·秦策一》田莘对秦惠王说：“今秦自以为王，能害王者之国者，楚也。”在当时，由于秦国的实力明显高于其他六国，因而“自以为王”，秦人早已将天下看成自家的。唯一能对他们产生威胁的，就是楚国。

《战国策·楚策一》记载苏秦游说楚威王时，也说："纵合则楚王，横成则秦帝。"天下大势，不是秦国称帝，就是楚国称霸。其中的原因很简单，楚国经过春秋与战国初期的扩张，成为战国七雄中疆域最大的国家，地大物博，人口众多，从经济与军事上都是秦国的劲敌。《史记·楚世家》记载：成王时期"楚地千里"，到了战国时期的顷襄王，"楚之地方五千里"。从千里到五千里，战国时期楚国的疆域比春秋时期扩张了几倍。不仅如此，楚国虽地处南蛮，但物产丰富，国家富裕。《汉书·地理志》云："楚有江、汉、川泽、山林之饶。江南地广，或火耕水耨。民食鱼稻……饮食还给，不忧冻饿，亦亡千金之家。"《战国策·宋卫》记载墨子劝阻楚王攻宋时也说："荆之地方五千里……荆有云梦，犀兕麋鹿盈之，江汉鱼鳖鼋鼍为天下饶……荆有长松、文梓、楩、楠、豫樟……"楚国地大物博，有长江、汉水等众多河流，又有山林环绕，还有大片的平原，水里出产鱼鳖鼋鼍，山上有犀兕麋鹿和长松、文梓、楩、楠、豫樟，而平原之地又盛产稻米，这些优越的自然条件使得楚国在地理与经济上占据着竞争优势。由于疆域广阔，加之地理条件优越，楚国人口自然也多，这些条件使楚国能够常年保存庞大的军队。《战国策·中山》记载秦王责备白起说："楚地方五千里，持戟百万。"所谓"持戟百万"，也就是说楚军士兵有百万之众。《史记·楚世家》也说顷襄王时，楚国"带甲百万"。"带甲百万"与"持戟百万"相同，都是说楚军有百万之众。

《战国策》中，苏秦主张合纵，张仪主张连横，二者处于势不两立之境地。他们都有对楚国的评论，而他们的评论最能展现楚乃强国这一形象。《战国策·楚策一》记载苏秦游说楚威王说：

> 楚，天下之强国也……楚地西有黔中、巫郡，东有夏州、海阳，南有洞庭、苍梧，北有汾陉之塞、郇阳，地方五千里，带甲百万，车千乘，骑万匹，粟支十年，此霸王之资也。夫以楚之强与大王之贤，天下莫能当也。今乃欲西面而事秦，诸侯莫不南面而朝于章台之下矣。秦之所害于天下莫如楚，楚强则秦弱，楚弱则秦强，

此其势不两立。

正如第二章所分析的那样，苏秦游说之术十分高明。其开宗明义就提出："楚，天下之强国也。"这里，苏秦指出楚乃强国，而且还不是一般的强国，是"天下之强国"，也就是可以主宰天下走势的强国。其并未指出秦国之强大，但秦国是天下最强大的诸侯国，这是当时人的共识。这样，苏秦一张口就将楚国摆在与秦国同样强大的地位。正因二者同样强大，都可争霸天下，因而楚与秦势不两立。苏秦称楚为"天下之强国"并非信口开河，而是有依据的——楚"地方五千里，带甲百万，车千乘，骑万匹，粟支十年，此霸王之资也"。这句话点出楚国具有争霸的资本："地方五千里"，加上之前的"西有黔中、巫郡，东有夏州、海阳，南有洞庭、苍梧，北有汾陉之塞、郇阳"，充分表明楚国不仅地大物博，而且地理条件优越，四面均有军事要塞，外敌很难入侵；"带甲百万，车千乘，骑万匹"，从士兵、战车与骑兵等多兵种的角度说明楚军之强大；"粟支十年"，则说明楚国有雄厚的物资储备，不怕常年征战。地理、军队与物资储备之优越，足以支撑一个争霸天下的强国。这样的强国，如果起来争霸天下，"天下莫能当"。苏秦言下之意很明显，如果楚国起来争霸天下，秦国也无法与之争锋。反之，如果楚国臣服秦国，则天下诸侯莫不望风归顺。因此，秦国能否称帝，最大的敌人就是楚国，解决了楚国，天下唾手可得。所以苏秦云："秦之所害于天下莫如楚，楚强则秦弱，楚弱则秦强，此其势不两立。"天下只有一个，秦与楚两强相争，必然是势不两立。

张仪是秦国的代表，其为了破坏六国联盟，也四处游说。《战国策·楚策一》记载张仪游说楚怀王时，说了与苏秦相似的一段话："凡天下强国非秦而楚，非楚而秦，两国敌侔交争，其势不两立。"在张仪看来，能主宰天下走势的强国，除了秦国就是楚国；最终能够一统天下的国家，不是秦国就是楚国。所谓"纵合则楚王，横成则秦帝"，当时天下的命运就操于秦、楚这两个强国之手：要么秦国对六国各个击破而统一天下；要么六国奉楚国为盟主，灭掉秦国，然后楚国称霸。正因楚国是唯一能与秦国抗衡之强国，其臣服于秦还是起而率六国攻秦，天下形势将截然不同。所以，无论主张六国合纵抗秦的苏秦，还是主张秦国连横以各个击破六国的张仪，都充分意识到楚国的重要性，纷纷前来游说楚王。《战国策》在记载这些纵横家言行的同时，也对楚国的强国形象进行了大量书写。

第二节　华夏与蛮夷的模糊指称

对自我形象的书写，主要集中于《楚辞》《左传》《战国策》等文本中。综合而言，作为自我形象的楚国，有以下两大典型形象。

一、“帝高阳之苗裔”

如前所述，根据史书所载，楚国乃华夏后裔。《国语·郑语》云楚国乃祝融之后；《史记·楚世家》则云楚乃颛顼高阳之后。值得注意的是，这两个说法并不尽相同。《国语》云楚国乃重、黎之后，黎为帝喾高辛氏火正，称为祝融，其后代有八姓，芈姓即是其中之一，楚国就是芈姓后裔。《史记·楚世家》也说楚国乃祝融后代，但祝融另有其人。《史记》载重黎曾为帝喾火正，为祝融，后因诛共工氏不尽而被杀，帝喾起用其弟吴回为祝融。吴回生陆终，陆终生子六人，其六为季连，芈姓，楚国乃季连后代。我们看到，二书主要有两大差异：第一，《国语》重、黎乃两人，而《史记》重黎为一人；第二，《国语》云楚国乃黎之后人，《史记》则云楚国乃重黎弟吴回之后人。二书所载孰真孰假，我们不得而知。但二书都承认：楚国乃祝融之后，正宗的华夏后裔。

不仅如此，楚人也自认为华夏之后。《左传·昭公十二年》记载楚灵王说：“昔我皇祖伯父昆吾，旧许是宅。”昆吾乃《国语》“祝融八姓”之己姓。而己姓是八姓之首，芈姓是八姓之末。因而楚灵王云“皇祖伯父昆吾”。按照《史记》所说，陆终生六人，老大为昆吾，最小者为楚国先祖季连。楚灵王云“皇祖伯父昆吾”也对。这里的“旧许是宅”，意思是说：昆吾居住在旧许。所谓“旧许”，许国本来居住在许昌，后来迁居他地，因而许昌被称为“旧许”，为郑国所占。① 楚灵王说这一句话的目的，是向郑国要这片土地，“皇祖伯父”只是他的借口。但这也从一个侧面反映出，楚人承认自己乃祝融之后。《左传・僖公二十六年》记载楚国灭掉夔国，其理由就是“夔子不祀祝融与鬻熊”。鬻熊乃楚国直系先祖，祝融为远祖。从《左传》记载看到，夔国先王熊挚是楚国王子，因为有病失去继承王位资格而逃到夔地。因此，夔国乃楚国直系亲属。按理，夔人也应该祭祀楚国先王。这里楚人责备夔子不祭祀祝融与鬻熊，虽然是其出兵灭夔的借口，但也从侧面反映出：楚人祭祀祝融与鬻熊。祝融能进入楚国祭祀的主要先祖之列，足以证明其在楚人心中之地位，表明楚人是以祝融后人自居。

直接说出楚国乃华夏后裔的楚人是屈原。其在《离骚》首句就说：“帝高阳之苗裔兮。”高阳即是颛顼帝，为中华民族历史上最著名的“五帝”之一。《史记・楚世家》云：“高阳者，黄帝之孙，昌意之子也。”“帝高阳之苗裔”，屈原说自己乃颛顼的后代。正如我们在第三章分析的那样，屈姓乃楚国王族大姓。楚武王的时候，其儿子瑕被封在屈地，因而以封地为姓，其后代都以屈为姓氏。屈原认为自己乃颛顼后代，也即楚国乃颛顼后代。值得注意的是，屈原这里并未提到祝融。前面已经说过，祝融乃楚国最重要的远祖之一。屈原这里未提祝融，显得有些不合情理。

我们看到，上述关于楚国祖先的书写中，唯有《史记》与《离骚》云楚国乃颛顼高阳后裔，《国语》《左传》都只提祝融。《史记》既提颛顼又提祝融，显然是综合先秦文本而成，因而梳理了颛顼到祝融及陆终六子的世系。司马迁这样梳理的目的很明显，其要“通古今之变”，找出楚国的来源及变迁。《离骚》只提颛顼不提祝融，原因可能很简单：颛顼比祝融更古，且为“五帝”之一，地位更加显赫，屈原追溯祖先的荣光，自然要追溯更加远古与显赫的祖先。司马迁将楚国世系向前推到颛顼，

① 参见杨伯峻：《春秋左传注》，北京：中华书局 1990 年版，第 1339-1340 页。

可能是受到《离骚》的影响，也可能是先秦文本构建了从黄帝到祝融的世系。而屈原将楚国先祖向前推到颛顼，则更多受到战国时期的文化语境的影响。我们看到，《国语·郑语》论述世系兴衰时，最远只提到帝喾高辛氏，然后是尧、舜、禹，并未提到黄帝，《左传》虽然提到黄帝，但并未大肆渲染。《论语》虽然"祖述尧舜"，《墨子》称颂大禹，《老子》崇尚远古，但都鲜有提到黄帝。可见，春秋时期，黄帝之地位并没有后世那么显赫。然而，到了战国，情形就不一样了。《庄子》花了大量的篇幅来谈黄帝，甚至更远古的真人、圣人；《孟子》《荀子》也对黄帝有过论述；《韩非子》《吕氏春秋》也涉及黄帝。可见，战国诸子互相竞争，都将自己的学问追溯到远古，将华夏历史大大向前推进。到了汉初，"黄老"之术盛行，黄帝逐渐成了中华民族的始祖。屈原虽是南蛮楚国大夫，但由于其博学多才，又经常出使中原，对华夏文化及中原诸家学问都有涉猎。我们看其《天问》，对华夏历史提出如此多的问题，可见其之博学以及对华夏历史之熟稔。正因其受到战国诸子风气的影响，他也要为楚国寻找一个更加显赫的远祖，因而将楚国历史大大前推，最后选择颛顼为楚国始祖。祝融虽然也威名赫赫，火正之官也很重要，但毕竟是帝喾之臣子。而颛顼身为"五帝"之一，与帝喾一样都是远古帝王，且比帝喾更远古，祝融这个臣子身份自然不能与更加显赫的颛顼帝相提并论。因而屈原选择颛顼为祖先，不仅将楚国的历史大大前推，而且给楚国罩上了更加神圣的光晕。身为颛顼帝的后代，楚国不仅为华夏后裔，而且还是华夏正宗与正统。

楚国灭夔是楚成王时期，向郑国索要旧许之地是楚灵王时期，而屈原的时代则是战国楚怀王时期。从春秋前期到战国后期，这三个时期贯穿整个楚国历史，因而很有代表性。《左传》与《离骚》的上述记载表明：不管承认颛顼还是祝融为祖先，楚人自认为华夏一脉是毫无疑义的。

二、"我蛮夷也"

从《史记·楚世家》看，其记载的内容大多出自《左传》《国语》和《战国策》。但楚武王以前的记载，则显然是司马迁根据其他先秦典籍写成。综观这一部分文字，楚国两位君王自称“蛮夷”引人注目：

> 当周夷王之时，王室微，诸侯或不朝，相伐。熊渠甚得江汉间民和，乃兴兵伐庸、杨粤，至于鄂。熊渠曰：“我蛮夷也，不与中国之号谥。”乃立其长子康为句亶王，中子红为鄂王，少子执疵为越章王，皆在江上楚蛮之地。及周厉王之时，暴虐，熊渠畏其伐楚，亦去其王。
>
> (楚武王)三十五年，楚伐随。随曰：“我无罪。”楚曰：“我蛮夷也。今诸侯皆为叛相侵，或相杀。我有敝甲，欲以观中国之政，请王室尊吾号。”

这两段文字分别讲的是两个时代的事情，前者是西周年间，后者则已进入春秋时代。但两段文字的背景十分相似：王室衰微，中原诸侯不再听从天子号令，开始各自为政，互相征伐。正如第一节所言，周代分封制将四周夷狄排斥在外。在周天子具有绝对权威时，中原诸侯与王室成为铁板一块的整体，形成一股强大的力量，四周夷狄望而生畏，没有丝毫机会侵入中原。然而，一旦王室衰微，中原诸侯各自为政，这个铁板一块的整体很快分崩离析，四周夷狄很容易乘虚而入。《春秋公羊传·僖公四年》所说的“南夷与北狄交，中国不绝若线”，正是因为周代分封制崩溃，中原再也不是一个强大的整体，给了四周夷狄侵入的机会。《史记·楚世家》的两段文字说的也是这种情形。王室衰微，诸侯各自征伐，中原乱成一团，一向被排斥在外的南蛮楚国自然不甘寂寞，趁机坐大，并公然僭越周代礼仪，公开称王。我们看《史记》对各诸侯国的记载，在当时唯有楚国敢如此大逆不道，中原诸侯直到战国才敢公开称王。楚国之所以敢公然称王，并非其实力在所有诸侯中最强，而是因为其地处南蛮，周代礼仪文化对其影响太小，自然想称王就称王。等到周厉王当政，王室又重新恢复强硬，各地诸侯俯首听命，楚国也不敢再当“出头鸟”，因而乖乖地将“王”去掉。到了春秋初期，周王室再度衰微，诸侯再也不把天子放在眼里，各自侵伐，楚国再次蠢蠢欲动。第二段文字中，楚武王效仿先祖熊渠，再次要求周王室“尊吾号”，使楚国得到合法而尊崇的地位。

值得注意的是，楚国两次乘虚而入，打的旗号很独特——“我蛮夷也”。所谓“我蛮夷也，不与中国之号谥”，意思说得很明白：楚国乃蛮夷，不用遵守周朝的礼仪。按照周朝礼仪，只有天子才可称王，最尊崇的诸侯也只是公、侯。诸侯称王即是僭越，是对周天子权威的公然挑衅。如果王室强盛，自然会率领天下诸侯讨伐楚国。但周夷王时期的王室显然没有那么强势，只能听之任之。而楚武王的那段话也充分表明楚国并非想得到更高封号那么简单。“今诸侯皆为叛相侵，或相杀”，点明了当时中原诸侯完全不将王室放在眼里，互相征伐。而“我有敝甲，欲以观中国之政，请王室尊吾号”，表面看来，楚国颇有匡扶王室之心，只要周天子给楚国一个名号，楚国就可以帮助周王室平定中原诸侯。再加上前面那句“我蛮夷也”，楚国的意思很清楚：中原诸侯已经将周朝礼制践踏殆尽，楚国虽是蛮夷，但有匡扶王室、挽救中国之心。然而，楚国毕竟是蛮夷，名不正言不顺，不能公然出兵帮助王室，所以，楚国希望周天子给一个更高的封号，让其可以名正言顺地讨伐中原诸侯。其实封号是假，楚国借天子之名，堂而皇之进入中原才是其最终目的。我们看到，这两段文字中的“蛮夷”也完全是一个文化意义上的名词。楚国两代君主以“我蛮夷也”这个理由支撑他们的行动。中原诸夏以“蛮夷”将楚国排斥在华夏文化圈之外，楚国则以子之矛攻子之盾，时刻不忘以中原诸夏给楚国贴的标签为借口，来对付中原诸夏。中原诸夏认定楚国是蛮夷，不懂礼仪，没有文化，熊渠云“我蛮夷也”，正是公开承认楚国乃蛮夷、没有文化，因而也不用遵守中原礼仪，公然称王。中原诸夏以礼仪文化将楚国排斥在外，楚国则摆出一副坦然受之的架势，很轻松地将礼仪踏在脚下。反观齐、晋等中原诸侯，它们的实力并不在楚国之下，自立为王之心也不下于楚国，但由于身处华夏文化圈核心，不敢公然撕下礼仪伪装，反而处处受制。与熊渠不同，楚武王云“我蛮夷也”，则有一种幸灾乐祸的味道。中原乱成一团，楚国在旁边虎视眈眈。楚武王请随侯转告周天子的话，摆出一副有心勤王、只恨身份低微不便插手的架势。其在此时提出身份问题，自然是与周王室讨价还价，可以给其进入中原浑水摸鱼的行为冠上一个名头。所谓"请王室尊吾号"，楚国正是要借此机会摆脱夷狄身份，名正言顺成为华夏一员，不仅从文化上摆脱受歧视的地位，还可以堂而皇之将势力扩张至中原。

春秋时期，诸侯之间互相征伐，本国的利益对各诸侯而言是第一位的，因此华夷之防并不是绝对意义上有效。我们在第二章中分析楚国与中原诸侯关系时看到，郑国夹在晋、楚两强之间，谁打它，它就与谁结盟。不仅郑国如此，中原诸侯也是如此，因而，楚国的夷狄身份总在不断变化。即使喊出"非我族类，其心必异"的鲁国，也多次臣服楚国，前往楚国朝拜。因而，"夷狄"这个标签的使用，往往只是作为一种策略。这一点，对中原诸夏来说如此，对楚国而言也如此。前面所引《史记》两段话充分表明了这一点。《左传·昭公十二年》记载楚灵王准备向周王室求鼎，特地向右尹子革咨询：

> (灵王)与之语曰："昔我先王熊绎，与吕伋、王孙牟、燮父、禽父，并事康王，四国皆有分，我独无有。今吾使人于周，求鼎以为分，王其与我乎?"对曰："与君王哉！昔我先王熊绎，辟在荆山，筚路蓝缕，以处草莽。跋涉山林，以事天子。唯是桃弧、棘矢，以共御王事。齐，王舅也。晋及鲁、卫，王母弟也。楚是以无分，而彼皆有。今周与四国服事君王，将唯命是从，岂其爱鼎?"

这段对话道出了西周与楚国的一段旧事。据《史记·楚世家》记载：熊绎是楚国开国之君，"封以子男之田，姓芈氏，居丹阳"。楚灵王与子革谈的就是熊绎之事。熊绎与齐、晋、鲁、卫四国之先王一起事奉周康王，结果四国之君都被周康王赏赐了宝器，唯独熊绎没有得到任何宝器。对此，子革分析得很有道理："齐，王舅也；晋及鲁、卫，王母弟也。楚是以无分，而彼皆有。"熊绎之所以没有分到宝器，并非因其事奉不周，而是因为亲疏有别，其与周康王非亲非故，因而其他四国都有赏赐，唯独楚国没有。这里虽然没有提到楚国的“夷狄”身份，但熊绎被周天子视为外人却是确定无疑的。齐、晋、鲁、卫都是周天子的至亲，因而被封在王室四周，用来拱卫王室。因为他们与王室的血缘关系，所以深受王室信赖，赏赐也格外丰厚。而同样尽心事奉周王的熊绎，却被封在南蛮之地，不仅远离中原，而且处于穷山恶水之中。《左传》多次记载楚国先王筚路蓝缕、开辟山林，可见楚国立国之初地理位置之恶劣。① 正因周朝的分封制是以血缘亲疏为主要依据，齐、晋、鲁、卫等天子至亲诸侯都分到了肥沃的封地，并且时常得到丰厚的赏赐，被周王室视为匡扶天子的主要力量；而楚、秦这样的外人，则被封在夷狄之地，令它们与夷狄争夺地盘，不仅生存环境恶劣，而且周王室对它们根本不信任。② 正是由于长期受到排斥，楚国君王对周王室积怨甚深，楚国与周朝一直摩擦不断。《史记》《左传》等文本记载的周昭王南征楚国不返、楚武王借中原内乱要挟周王室“尊吾号”、楚庄王问鼎之轻重，以及楚灵王向周天子索鼎，都充分证明周王室与楚国关系之紧张。③ 因此，一有机会，楚国就利用“夷狄”这一身份，向周王室及中原诸侯施加压力。楚灵王向周天子索鼎，就摆出一副周王室有愧于楚国的架势，借楚国一向被排斥在中原之外这一事实，逼迫周王室臣服。

《左传·昭公十二年》的这一段记载，也在《史记·楚世家》中出现，但稍有不同。《史记·楚世家》云：“楚子熊绎与鲁公伯禽、卫康叔子牟、晋侯燮、齐太公子吕伋俱事成王。”《左传》记载四人事奉周康王，《史记》则谓事奉周成王。康王乃成王之子，两人差了一代。《史记》的记载承《左传》而来，但司马迁显然认为《左传》记载有误，因而将周康王改成了周成王。不管是周成王还是周康王，从两书的记载来看，楚国

① 除《左传·昭公十二年》外，《左传·宣公十二年》也记载楚国君王时刻不忘先王开国之苦：“训以若敖、蚡冒，筚路蓝缕，以启山林。”

② 楚国被封在南蛮之地，秦国则被封在西方狄人所在之地。直到秦国出兵帮助平王立国，秦国才勉强跻身中原华夏之列，但依然地位不高。参见《史记·楚世家》与《史记·秦本纪》。

③ 具体参见《左传·僖公四年》《左传·宣公三年》《左传·昭公十二年》，以及《史记·周本纪》与《史记·楚世家》。

从立国那一天起，就被排斥在中原文化圈外。楚国始封君熊绎在周王室的眼中是一个外人身份，因而被封在南蛮之地。久而久之，楚国在中原诸夏眼中不仅是外人，而且完全变成了夷狄。所谓“非我族类，其心必异”，周王室与中原诸夏从一开始就对楚国怀着戒备之心，因而将楚国的封地放在僻远的荆山。到了春秋时期，楚国已经成了南方最大的诸侯国，周王室和中原诸夏对其更加戒惧。《史记·楚世家》记载楚成王即位之后，刻意与中原诸侯及周王室结好，周天子虽然正式承认楚国之地位，但仍命令其“镇尔南方夷越之乱，无侵中国”。这一纸诏令说得很清楚，周王室与中原诸侯只希望楚国在南方活动，镇压南方夷越之乱，并不希望楚国将势力侵入中原。可以说，直到春秋时期，中原诸夏仍然将楚国当成“他者”防备。

实际上，从《楚辞》《左传》《国语》等文本来看，楚国相对于中原诸夏的异质特征很明显。首先，从祭祀体系看：虽然楚国与中原诸夏一样，都祭祀先祖与天地众神。从《左传》来看，祝融、鬻熊、熊绎、若敖、蚡冒以及历代楚王均是楚国祖先祭祀的主体，与中原诸夏不同在情理之中。然而，对天地众神的祭祀的差异，则深刻反映出楚国与中原诸夏之异质。对比《九歌》与《诗经》，楚国祭祀之天神、山川之神与人鬼不仅在神名上不同，而且在人神关系上显示出文化根源之异质。我们在第三章说过：《诗经》中的神威严刚直，让人恐惧，所以中原人对天神敬畏。《九歌》中的神感情丰富，令人亲近，所以楚人对天神爱慕。《左传·成公十三年》云：“国之大事，在祀与戎。”祭祀是先秦国家最重要的大事之一，祭祀文化的不同，直接反映出文化根源之不同。楚国与中原诸夏在祭祀上差别如此大，充分表明二者在文化根源上之异质。所以，鲁人以“非我族类”来看待楚国，并非毫无根据。其次，从政治体制来看：根据《左传》《史记》所载，楚国早在西周即僭越称王，其官僚体系与中原不同。单从官职来看，楚王以下，重要官职有令尹、莫敖、司马、右司马等，这与周代实行的“天子、诸侯、卿、大夫、士”官僚体系截然不同。再次，从文化层面来看：孟子曾经诋毁楚国语言为“南蛮鴂舌”，显然表明楚国与中原诸夏在语言上差异很大。这一点对比

《诗经》与《楚辞》就可以清楚看出。《诗经》四字为一节，《楚辞》则形式多样；《诗经》明白易懂，《楚辞》则多奇文异字；更重要的是，《楚辞》每句诗中必然出现“兮”字，这充分展现了南方语言的特征。而且，《诗经》之朗朗上口，《楚辞》之瑰丽浪漫，不仅显示南北方文学表现形式之差异，更是两地精神气质之差异。此外，《左传·成公九年》载楚囚锺仪在郑国抚琴“操南音”，表明楚国与中原诸夏在音乐上也不同。

总之，《史记》所载楚国君王以“蛮夷”这一身份对抗周王室与中原诸侯，虽然更多是一种策略，“夷狄”与“华夏”之区分总随不同的历史语境而不同。但《左传》《国语》《楚辞》等文本已经向我们构建了一个鲜明的楚国形象，这个楚人精心构建的楚国形象截然不同于中原诸夏，而是一个与中原诸夏异质并且双峰并立的文化实体。正如《诗经》与《楚辞》同为中国诗歌的两大源头一样，楚文化与诸夏文化也对后代影响深远，成为中华文化的重要组成部分。而且，随着春秋战国时期楚国与中原诸侯不断碰撞与交流，以及历代大一统王朝的磨合，楚文化与诸夏文化逐渐融合成一个兼容并包的整体。

第三节　楚国形象演变的文化逻辑

通过前面对楚国形象演变历程的梳理，我们可以看出：先秦文学中的楚国形象，表面看来杂乱无章，各个文本中的楚国形象都不相同。但是，从春秋以前及春秋时期的夷狄形象向战国时期的强国形象演变，却是楚国形象在先秦文学中演变的总体脉络。而从先秦文学多个文本对楚国形象的建构来看，楚国形象在先秦的演变有其内在的文化逻辑。

一、楚国形象演变的进程与中华文化的形成及融合进程是一致的

《史记》以《五帝本纪》开篇，“五帝”又以黄帝为首。“五帝”之颛顼、帝喾、尧、舜，以及夏朝先祖大禹都是黄帝之后。按照《史记》对周代及春秋诸侯的记载，周代始祖与春秋诸侯祖先都能追溯到黄帝。就

连被视为夷狄的楚国，其祖先也可追溯到黄帝之孙颛顼。东周建立才列于诸侯之林的秦国，其祖先也能追溯到颛顼。① 司马迁对先秦历史的种种书写，告诉我们一个简单的结论：中华民族都是黄帝的后裔。到今天还流传的"炎黄子孙"的说法，就是《史记》的功劳。其实，司马迁之所以将中华民族的始祖归为黄帝，将所有的诸侯国都视为黄帝后裔，源于其朴素的唯物史观。先秦诸子学说迥异，但他们都相信：世界的进化是从无到有、从少到多。老子《道德经》所说的"道生一，一生二，二生三，三生万物"，典型地道出古人对世界演变的理解。司马迁显然也认同这一观点，因而将华夏民族的祖先归之于黄帝。

《史记·匈奴列传》云："匈奴，其先祖夏后氏之苗裔也。"连先秦时期夷狄的典型代表匈奴，都是正宗的华夏之后。可见，《史记》显然以为，天下皆是黄帝之后。这样就没有华夏与夷狄之分。然而，事实并非如此简单。华夏与夷狄的斗争从先秦到清朝一直延续着。以楚国为例，其与中原华夏的关系经历了三个时期。

1. 春秋之前

春秋之前的史实，《史记》记载最详细，《左传》《国语》等先秦文本只有零星的记载。《史记》虽然是汉人的作品，不在我们的考察范围之内，但由于司马迁距先秦未远，其参考的资料远比我们现在看到的丰富得多，因而《史记》为我们了解先秦历史语境提供了一个很好的参考。将《史记》与《左传》《国语》等先秦文本对比阅读，春秋之前的历史文化发展脉络依然相对清晰。

正如我们前面所说，西周时期的分封制主要基于血缘关系。西周统一天下之后，大封亲族和功臣，从分封的情形可以清楚看出各地诸侯与周天子之亲疏。《史记·周本纪》记载："于是封功臣谋士……封尚父于营丘，曰齐。封弟周公旦于曲阜，曰鲁。封召公奭于燕。封弟叔鲜于管，弟叔度于蔡。余各以次受封。"这是周武王分封诸侯的情形，从中可以看出亲族占了最大的比重。我们再看看《史记·楚世家》所载周成

① 参见（汉）司马迁：《史记·周本纪》《史记·秦本纪》及其他诸侯世家。

王分封楚国的情形："熊绎当周成王之时，举文、武勤劳之后嗣，而封熊绎于楚蛮，封以子男之田，姓芈氏，居丹阳。楚子熊绎与鲁公伯禽、卫康叔子牟、晋侯燮、齐太公子吕伋俱事成王。"熊绎之所以被封，是几代人事奉周王的结果。其与鲁、卫、晋、齐四国君王一起事奉周天子，结果四国君王都被赏赐镇国之宝器，唯独楚国没有。而且，四国诸侯非公即侯，地位崇高，而楚国君王仅仅是子，地位低微。不仅如此，楚国之封地在南蛮，远离中原，处于崇山峻岭之中，环境险恶。同是事奉周天子，为什么楚国之待遇与鲁、卫、晋、齐四国相差悬殊呢？《史记》没有告诉我们答案，《左传·昭公十二年》则给出了明确的答案："齐，王舅也。晋及鲁、卫，王母弟也。楚是以无分，而彼皆有。"原因很简单，鲁、卫、晋、齐都与周天子有血缘关系，属于至亲，自然得到周天子的厚赐。而熊绎只是一个外人，能被封以子男之田，已经很不错了。如果楚国的例子还不够说服力，我们可以看看秦国的情形。秦人一向僻处西戎，秦国君主也有西戎血统，因而一直备受周王室排斥，直到西周灭亡，秦国出兵护送周平王东迁，为建立东周立下赫赫战功，因而被封为公侯。应该说，秦襄公立下如此功劳，又被封为公侯，地位应该与鲁、卫、晋、齐等诸侯并列，但事实并非如此。《史记·秦本纪》记载："平王封襄公为诸侯，赐之岐以西之地。曰：'戎无道，侵夺我岐、丰之地，秦能攻逐戎，即有其地。'"从这个封地来看，周王室对秦人依然防备有加，周天子将秦国封在西戎杂处之地，目的很明确，让秦人对付西戎。这样可以一举多得：既可以报被夷狄灭国之恨，又不虞秦国威胁中原，还可以让秦国成为对抗西戎的防线。周王朝这种策略十分高明。尽管秦国君王贵为公侯，但与楚国一样，都被周王室及中原诸夏以夷狄视之。周王室将楚国封在南蛮之地、将秦国封在西戎之地，实际上采用的是以夷治夷的策略。这种策略也十分有效。楚国直到春秋时期才平定南方，将势力侵入中原。而秦国在春秋时期还在忙于与西戎争夺地盘，对中原根本无暇顾及，这也是《春秋》及"春秋三传"中秦人活动很少的原因所在。

所以，在春秋之前，中原诸夏虽然将楚国当作夷狄，将其排斥在华夏文化圈外，但由于实力相差悬殊，楚国的反应并不激烈。周昭王南征楚国，楚人并不敢正面对抗，只能在暗地做些手脚，使得昭王溺死于江中。① 周夷王时，王室衰微，楚国因此喊出“我蛮夷也，不与中国之号谥”，以“夷狄”身份为借口，僭越称王。等到周厉王即位，王室重新强硬，楚国又乖乖将王号去掉。

2. 春秋时期

进入春秋时期，随着楚国实力的强大，以及中原诸夏陷入四分五裂的局面中，楚国面对中原诸夏以夷狄视之的做法，做出了如下两种反应。

(1)公然以蛮夷自居

实际上，楚国对中原诸夏的反抗，从西周后期就已经开始。前面所提周夷王时期，楚国喊出“我蛮夷也，不与中国之号谥”，公开僭越称王，公然挑战周王室的权威，就是一个例子。只不过，那时的楚国，实力还不足以跟周王朝直接对抗，僭越称王只是一次试探。到了东周以后，这种试探逐渐增多。而以“蛮夷”的姿态，公然践踏周朝礼仪，成为楚国向中原诸夏对抗的第一种方式。

正如前面所说，“夷狄”这个名词从地理意义向文化意义转变，就带有浓厚的意识形态特征。文化意义上的“夷狄”是一个范围广泛的名词，它代表着中原诸夏对周边民族全方位的否定，包括饮食、衣着、语言、礼仪等。而其核心内涵，则是夷狄民族没有礼仪文化。所谓“有王者则后服，无王者则先叛，夷狄也”，正是因为夷狄没有礼仪文化，只能接受圣人的逐渐感化才能臣服，一旦感化天下的圣人不存在了，夷狄自然不再臣服。楚国反抗中原诸夏的第一种策略，正是基于这一点。中原诸夏给楚国贴上不懂礼仪的“夷狄”标签，楚国则坦然承受，公开表明自己的“夷狄”身份，将不懂礼仪文化的特征放大，公然拒绝周王朝

① 昭王南征不返，《左传》《史记》《吕氏春秋》等均未明言是楚人动了手脚，但《史记正义》引《帝王世纪》则云楚人给昭王进贡胶船，至江中胶水融化，昭王因此溺死。

的礼仪文化。所以，中原诸夏以“非我族类，其心必异”“楚有王者则后服，无王者则先叛，夷狄也”等为借口将楚国排斥在中原文化圈外，楚国则以“我蛮夷也，不与中国之号谥”为借口，彻底抛开礼仪文化的束缚，为所欲为。

第一种方式完全是针锋相对的抗争。楚国在与中原诸夏打交道初期基本采用这种对抗式的策略，凭借强大的实力为后盾，蛮不讲理地将势力侵入中原。根据《史记》《左传》等文本的记载，春秋初期楚国与周王室为代表的中原诸夏第一次正面冲突在楚武王时期。《史记·楚世家》记载：

> 三十五年，楚伐随。随曰：“我无罪。”楚曰：“我蛮夷也。今诸侯皆为叛相侵，或相杀。我有敝甲，欲以观中国之政，请王室尊吾号。”随人为之周，请尊楚，王室不听，还报楚。三十七年，楚熊通怒曰：“吾先鬻熊，文王之师也，蚤终。成王举我先公，乃以子男田令居楚，蛮夷皆率服，而王不加位，我自尊耳。”乃自立为武王，与随人盟而去。

自从周厉王时期，楚国因害怕被周王朝讨伐，自动去掉王号之后，楚国一直到春秋初期依然未敢称王。楚武王之所以敢自立为王，完全是因为周王室已经衰落，中原诸侯开始各自为政，互相征伐，中原陷入混乱之中。楚国面对的再也不是那个铁板一块的整体，而是一个四分五裂的中原。中原诸侯都开始肆意践踏周代礼仪文化，楚国这个蛮夷自然也不甘落后。为了进入中原，楚武王首先采用的是符合礼仪的正常途径。这个途径很复杂：楚国先用武力迫使随国这个江汉姬姓诸侯臣服，令其向周天子传达楚国匡扶王室的忠心，要求天子去掉楚国的夷狄身份，以中原诸侯之地位来对待楚国。然而，这个途径并没有成功，周王室拒绝了楚国加封号的要求。实际上，从周王室的这个行为可以看到：周王室对楚国这种夷狄国家依然戒备重重，并不相信。符合礼仪的道路不通，楚国再次采用先祖熊绎“我蛮夷也，不与中国之号谥”的做法，彻底撕掉礼仪的伪装，公开称王。这时的周王室已经衰微，中原诸侯互相征伐不休，谁也没有实力来制止楚国的无礼行为。于是，楚国称王的传统一直延续下来。

此后，以“蛮夷”自居的楚国开始不断侵扰中原，先是灭掉紧邻的江汉诸姬，接着侵入邓、蔡等中原诸侯，再然后则开始攻打中原大国郑国。对于这些行为，《春秋公羊传》与《春秋穀梁传》都予以贬斥，对楚国这个夷狄的鄙视之情表露无遗。面对楚国肆无忌惮的扩张，中原诸夏除了鄙视，更多的则是恐惧。《左传·桓公二年》记载：“蔡侯、郑伯会于邓，始惧楚也。”正是在恐惧的促使下，中原诸侯逐渐再次靠拢。等到齐桓公任用管仲使得国力强盛，中原诸侯终于在齐国的带领下形成一个整体，一起出兵远征楚国。这次中原诸侯一起讨伐楚国的行动意义巨大：正如《论语》《公羊》《穀梁》高度评价的那样，齐国的强大使中原再次形成一个整体，齐桓公带领中原诸夏走出“南夷与北狄交，中国不绝若线”的困境，在华夏与夷狄之争中保持了中原华夏的尊严。而这次中原诸夏集体讨伐楚国，也给楚国上了一课，楚人由此看到，仅仅采用针锋相对的方式是不够的。

尽管楚国在春秋时期依然会时不时采取这种针锋相对的方式，如楚庄王陈兵王庭附近，向周大夫王孙满询问鼎之轻重，颇有取鼎回楚国之心；以及楚灵王摆出为祖先讨债的架势，强令周天子献出九鼎等。然而，齐桓公率中原诸侯伐楚之后，楚国开始更多地以第二种方式对抗中原诸夏。

(2)宣扬正宗华夏血统

面对中原诸夏的“夷狄”标签，楚国的第二种反应是宣扬自己的华夏血统。第一种方式蛮不讲理、完全抛弃中原诸夏共同遵守的礼仪文化；第二种方式则处处讲礼，以德服人。对楚国而言，两种方式各有各的好处。两种方式的使用完全根据形势的变化。

前面已经说过，第一个明确说出楚国乃华夏后裔的楚人是屈原。其在《离骚》首句追溯自己的祖先时说：“帝高阳之苗裔兮，朕皇考曰伯庸。”所谓“帝高阳之苗裔”，即是说自己乃颛顼帝高阳的后代。由于屈姓乃楚国王族大姓，第一个被封为屈姓的楚人是楚武王的儿子。因而屈原说自己的祖先是颛顼帝，也就是说楚国的祖先是颛顼帝。按照《史记·五帝本纪》记载：颛顼帝是黄帝的孙子，黄帝驾崩之后，颛顼就继承了帝位，成为中国历史上的第二位帝王。这样说来，楚国是颛顼后裔，也就是黄帝后裔。而中原华夏皆为黄帝后裔，因而楚国与中原诸夏一样，都是正宗的华夏血脉。屈原的这种说法，既是为了给楚国寻找一个辉煌的祖先，同时，黄帝后裔的身份也直接回击了中原诸夏"非我族类""夷狄也"之类的指责。

屈原的"帝高阳之苗裔"说并非空穴来风，早在春秋时期，楚国乃正宗华夏血统的说法已经多次出现。《国语·郑语》史伯断定楚国必将大兴，原因是"成天地之大功者，其子孙未尝不章"。楚国祖先乃"祝融"，有"光照四海"之大功，楚国自然会大兴。先秦文献中，这是第一次明确说出楚国乃祝融之后。史伯非楚人、《国语》作者也非楚人，因而此处楚国乃华夏后裔这一形象是他者形象。《左传》对楚国乃祝融之后也有所描述。《左传·昭公十二年》记载楚灵王以"昔我皇祖伯父昆吾，旧许是宅"为借口，向郑国索要许地。昆吾乃祝融之孙，也表明楚人自认祝融后裔。不仅如此，《左传·僖公二十六年》记载楚国以"夔子不祀祝融与鬻熊"为借口灭掉夔国，更进一步证明楚国将祝融当成自己的祖先来祭祀。此外，《左传·昭公十七年》说："郑，祝融之虚也……卫，颛顼之虚也，故为帝丘。"郑，乃现在的河南新郑。卫，则是现在河南濮阳县西南之颛顼城。① 再加上《左传·昭公十二年》记载昆吾旧居许昌。新郑、濮阳、许昌，这三地均为河南境内。可见，在《左传》看来，颛顼与祝融的活动范围均在河南一带。战国时期的郢都，为现在的湖北江陵。湖北与河南紧邻，新郑、濮阳、许昌三地与江陵并不遥远。如果《左传》记载属实，颛顼、祝融居住地在河南三地，楚国又是颛顼或者祝融之后，从河南迁徙至湖北，完全在情理之中。而不管《左传》的记载与真实历史是否符合，从《国语》《左传》来看，至迟到春秋时

① 杨伯峻：《春秋左传注》，北京：中华书局1990年版，第1391页。

期，楚国乃华夏后裔这一说法已经开始在楚国与中原流传。而且《左传》作者还认定：祝融的后裔沿着河南一带向周围繁衍，其中有一支逐渐迁徙到湖北境内，并建立了楚国。

虽然今天我们看到的文本中，楚国乃华夏后裔这一说法最早出自《国语》。然而，由于资料的缺乏，我们并不能断定这一说法最早出自中原还是楚国，因而也无从判断这一说法究竟是否楚人的自我建构。但我们至少可以肯定：楚人对自己华夏正宗血统的标榜是不遗余力的。上述屈原、楚灵王对祖先身份的确认以及对祝融的祭祀，都充分说明了这一点。不仅如此，华夏身份最核心的区分标准——礼仪文化，开始被楚人有意识地遵守。很多时候，楚国将自己包装成一个有礼仪文化的国度。《公羊》《穀梁》一向以“夷狄”贬斥楚国，但对楚国主动来中原诸夏聘问却表示赞赏。这一点，我们在第一章已经分析得很清楚。实际上，正如《孟子·滕文公上》中说的那样：“吾闻用夏变夷者，未闻变于夷者也。”对长期处于中心地位的中原诸夏而言，他们习惯了“用夏变夷”，夷狄臣服于华夏被他们视为理所应当。因此，夷狄主动向中原示好，按照华夏礼仪改造自己，这对中原诸夏看来是值得赞赏的。为了在中原大展拳脚，进一步将势力扩张至中原，楚国经过与中原诸侯多次战争，终于意识到礼仪的重要性。对春秋时期的诸侯而言，虽然“礼崩乐坏”，但礼仪的影响还在，中原诸侯在很多场合还遵守礼仪，至少在表面上装出遵守礼仪的样子。这一点，从《左传》对很多事情的评价及对当时诸侯、卿、大夫等语言行动的记载，都可以看得很清楚。礼仪对大国尤其重要。从《左传》看到，大国总会抓住小国失礼之事，以此为借口侵伐小国。这样的事例，《春秋》及“春秋三传”处处皆是。按照周代礼仪，只有天子才有征伐诸侯的权力，诸侯是没有这样权力的。但春秋时期情况特殊，天子衰微，无力征讨诸侯，这时，征讨无道之国的任务就落在大国身上。这并不符合周代礼仪，却是春秋时期诸侯普遍默认的规则。《公羊传·宣公十一年》云：“上无天子，下无方伯，天下诸侯有为无道者，臣弑君，子弑父，力能讨之，则讨之可也。”只要是打着征讨无道之国的旗号，往往不仅不被天下诸侯唾骂，反而会招来一片赞扬之声。

楚国在与中原诸夏不断碰撞中，终于把握到这一规则，且运用起来得心应手。以楚庄王为例，其之所以能成为天下臣服的霸主，并不仅仅因为楚国实力之强大，更重要的是其对礼仪之运用。虽说《左传》对其问鼎中原予以批评，但对其余行为都称赞"有礼"。比如楚庄王率兵围困郑国，最后将郑国都城攻破，差点灭了郑国。如果不是楚庄王最后放了郑国一马，郑国就成了楚国的一个县。对于这种差点灭掉一个中原大国的行为，其他的中原诸侯并无不满，连赶来救援郑国的晋国也认为楚国的行为"有礼"。正如《左传・宣公十二年》晋国大夫随武子所说："楚军讨郑，怒其贰而哀其卑，叛而伐之，服而舍之，德刑成矣。"楚国攻打郑国，是因为郑国刚与楚国结盟，立马背叛楚国，又与晋国结盟。"叛而伐之"，楚国"有礼"。而楚军攻破郑国都城，郑国臣服之后，楚庄王又下令撤军，这是"服而舍之"，也有礼。楚庄王对郑国的攻打，是向天下诸侯立威；当郑国臣服又放其一马，楚国又向中原展现懂礼的一面。在楚庄王那里，武力与礼仪完美地结合在一起，正是这种刚柔并济的策略，使得楚国被中原诸侯接受。

不仅宣称自己具备正宗华夏血统，而且在与中原诸夏的交往中以礼仪包装自己，楚国的第二种方式效果明显，楚庄王以后，楚国逐渐被中原诸夏接受，成为华夏一员。到了春秋中后期，连楚人也逐渐认同自己的华夏身份。《左传・襄公十三年》记载楚共王死，大臣商量谥号，令尹子囊曰："赫赫楚国，而君临之，抚有蛮夷，奄征南海，以属诸夏，而知其过，可不谓共乎？请谥之'共'。"所谓"抚有蛮夷"，是一种委婉的说法，实际是说楚国统治蛮夷。这四个字说得很明白，楚国并非夷狄，而是镇压、安抚南方蛮夷的华夏。而"奄征南海，以属诸夏"，说得更明白：楚国远征南海，是为了让这一地方臣服华夏。"以属诸夏"，显然不是单纯指王室为代表的中原诸夏，而是包括楚国在内的华夏。显然，随着楚国在中原活动的增多，以及郑国等中原诸侯的臣服，楚人已经逐渐抛弃"夷狄"身份，融入华夏大家庭中。

3. 战国时期

春秋中期以后，随着周天子进一步衰微，天下诸侯的竞争更加剧烈。面对彼争我伐的恶劣局面，天下诸侯深切地体会到实力的重要。到了战国时代，这种优胜劣汰的局面进一步加剧，春秋时期的小诸侯国纷纷被大国吞没，连宋国、越国这样的春秋大国都被楚国灭掉，天下诸侯逐渐演变成七国争雄的局面。实力强者得天下，实力弱者则难逃被灭亡的下场，这样残酷的事实使得华夷之防变得没有多大意义。再加上，从春秋初期开始，楚国即已在中原活动，到了战国时代，楚国的疆域已经延伸至黄河流域，楚国已经完全脱掉了夷狄外衣，成为横跨中原与南蛮的大国。因此，除了孟子、荀子这样顽固坚守华夷之防的学者外，中原诸夏只看到楚国的强国形象，早已不再关心其夷狄身份，而把其当成天下霸主最有力的争夺者。从《春秋公羊传·僖公二十一年》“楚，夷国也，强而无义”，到《战国策·楚策一》“楚，天下之强国也”，我们可以鲜明看到楚国的这一变化。到了汉代，由于汉朝开国君臣有不少楚人，楚文化对汉代影响甚深，尤其在文学方面，汉赋直接源于楚辞，楚人逐渐融入大一统的汉王朝之中，楚文化也成了中华文化的重要组成部分。

与楚国的演变轨迹相似，秦国在东周之前，完全是夷狄。《史记·六国年表》说：“秦始小国僻远，诸夏宾之，比于戎翟。”到了秦襄公，因为保护周平王东迁有功，被封为公侯，爵位非常高，秦国之地位有所改变，但夷狄身份还在。一直到战国时期，还有人将秦国当成夷狄。《战国策·魏策三》云：“秦与戎翟同俗，有虎狼之心，贪戾好利而无信，不识礼义德行。苟有利焉，不顾亲戚兄弟，若禽兽耳。此天下之所同知也，非所施厚积德也。”又是虎狼，又是禽兽，可见当时六国人对秦国之敌视。但秦国最终还是灭掉六国，统一天下，建立了中国历史上第一个封建王朝。正如清人谭嗣同所言：“二千年之政，秦政也。”①从汉代开始，虽然历朝封建社会都对秦朝的暴政予以批判，但秦王朝建立起来的政治制度却为后代沿袭。秦国之夷狄特征在秦王朝建立后荡然无存，秦文化也彻底融入中华文化。

实际上，楚文化与秦文化融入华夏文化大家庭的历程，也是中华文

---

① （清）谭嗣同：《仁学》，北京：华夏出版社 2002 年版，第 169 页。

化逐渐形成与融合的过程。中华文化本身就是以华夏文化为核心，逐渐吸收其他地域文化形成的。应该说，楚与秦代表的地域文化与周朝代表的中原华夏文化虽然有诸多不同，但二者还是有根本的相通之处的。按照《史记》的说法，楚国与秦国都是颛顼的后裔，与中原地区同源。《左传》也认为楚国是从河南向湖北一带迁徙过去的。20 世纪以来专注楚族来源的学者，不管是坚持北来说、东来说还是西来说，都认为楚国乃是从华夏地区迁徙至湖北地区。由此可见，楚、秦等地域文化与周代礼乐文化是同源异流的关系，正因为二者同源，所以形成合流也是必然的事情。而且楚国与秦国都受周王朝分封，长期受周代礼乐文化熏陶，为它们融入华夏文化奠定了基础。然而，两种文化的交流与融合并非一蹴而就，必然要经过长期的碰撞与磨合。春秋以前及春秋初期，楚国与中原的多次战争，以及楚国被视为“非我族类，其心必异”，正是两种文化激烈碰撞的结果。等到楚国在中原地区活动频繁，与中原诸侯的交往逐渐增多，双方的了解进一步加深，楚国开始接受礼仪文化并娴熟地运用礼仪与中原诸侯交流，二者逐渐接受对方的存在，楚文化与中原华夏文化逐渐融合。像屈原这样对中原华夏历史了如指掌，并且将华夏文化与楚文化完美地融合进文学作品中的人，正是两种文化融合的结晶。从春秋时期鲁国大夫季文子对楚国喊出“非我族类，其心必异”，到战国时期苏秦称楚国为“天下之强国”，再到战国后期屈原自称楚国乃颛顼后裔，楚国形象演变的过程，也就是楚国逐渐融入华夏大家庭、楚文化与中原华夏文化合二为一的过程。

此外，中国历史上两次少数民族主导的封建王朝，也充分证明了这一点。蒙古人与满族人在入主之初，也被宋朝、明朝视为夷狄。元朝建立后，将所有人分为四等，特别是将宋人列为最低等，因而激化了民族矛盾，导致元朝很快灭亡。但蒙古人从草原向中原的迁徙过程中，也在逐渐向华夏文化靠拢，逐渐融入中华大家庭。而清朝的例子更为典型。满人在入关前是游牧民族，完全是明朝人眼中的夷狄。清朝建立后，全国范围内掀起大大小小无数的反清复明运动。清朝统治者一方面对这些运动进行残酷镇压，一方面也在与汉人打交道的过程中意识到文化的重要性。于是他们开始学习华夏经典，重用汉族大臣，并采用科考取士制度让天下读书人归心。尽管清初统治者推行了残酷的“文字狱”，对那些以诗文作品抨击、嘲讽清朝的汉人进行残酷迫害。但从康熙皇帝开始，清朝统治者着力推行“满汉一家”的政策，从文化上主动与华夏文化合流，从而成功统治两百多年。可以说，中华民族五千年的历史，正是多民族不断碰撞与融合的历史。中华民族正是以中原地区为中心，不断吸收周边地区民族，最终形成今天这样一个兼容并包的大家庭。中华文化的形成也是如此。从先秦时期，周代礼乐文化与楚、秦地域文化的融合，到后来佛教文化融入中华文化，再到蒙古、满族地域文化逐渐融入中华文化：正是因为不断有新鲜血液融入，中华文化才能始终葆有青春和活力，并不断推陈出新，适应时代发展。

二、历史叙事的文学性与文学叙事的历史性

先秦文学是一个相对模糊的指称。按照今天的学科划分，我们很难将先秦文本完全归入历史或文学的范畴。在我们重点考察的九大文本中，《左传》被后代视为“正史”，其与《春秋》的很多记载，直接被后人当成真实历史对待，成为判断其他材料是否真实的依据。然而，《左传》也是先秦文学巅峰的代表作品，其文学性早被世人公认。先秦诸子百家散文，既被当成文学文本，也是哲学、史学等学科研究的重要材料。或许正因先秦文本的多学科属性，才造成春秋战国时期百家争鸣的盛况。而这种多学科性，也为我们提供了多种研究视域。从跨专业的研究角度看，先秦楚国形象建构中，历史叙事的文学性与文学叙事的历史性，尤其值得注意。

从先秦开始，中国古代历史叙事就具备文学性特征。这种文学性的最主要表现就是虚构。以《左传》为例。为了叙事的需要，《左传》往往进行如下几方面的虚构。

1. 虚构人物

《左传》作者对很多历史事件都有强烈的言说欲望，但他又不方便直接发表评论。于是，他经常虚构历史人物来对历史事件发表评论。最

典型的例子是我们前面分析过的“君子曰”。“君子”是一个宽泛的所指，并不代表某个具体的人。《左传》正是用这种指称不明的“君子曰”来代替作者的直接评论。这样既不容易破坏叙事呈现的真实性，也表达了作者的观点。叙述完某个历史事件之后，在结尾部分对历史事件发表直接评论的做法也成为中国历史叙事的典型特征。到了汉代，司马迁继承了《左传》的传统，在《史记》中对大量的历史事件发表直接评论。不过，“君子曰”这种借他人酒杯浇自己块垒的方式毕竟不够畅快淋漓，因而《史记》不再用这种指称不明的“君子曰”进行评论，而是直接以“太史公”的身份发表评论。如司马迁在《史记·楚世家》中对楚国历史评论说：

> 太史公曰：楚灵王方会诸侯于申，诛齐庆封，作章华台，求周九鼎之时，志小天下；及饿死于申亥之家，为天下笑。操行之不得，悲夫！势之于人也，可不慎与？弃疾以乱立，嬖淫秦女，甚乎哉，几再亡国！

这里，司马迁不再掩饰自己的言说欲望，直接介入到历史叙事中来。其对楚国两位君主——楚灵王与楚平王不守操行及滥用权势予以猛烈抨击。他要得出的结论其实很简单：“操行之不得，悲夫！势之于人也，可不慎与?”而司马迁之所以不再掩饰身份，直接发表自己的观点，与其“成一家之言”的写作宗旨及政治上不得志的遭遇有关。到了后代，“太史公曰”这种无须掩饰身份的直接评论方式成为中国古代历史叙事的通例，如《汉书》的“赞曰”、《后汉书》的“论曰”、《三国志》的“评曰”等。

除了直接指向作者的“君子”，《左传》还常虚构具体的人物来对历史事件发表评论。而这种评论往往具有预言性质。《左传》虚构这些有名有姓的人物，其目的除了发表对某个历史事件的看法外，更重要的就是借预言来推动故事的发展及增强神圣性。值得注意的是，《左传》中出现的预言几乎没有不实现的。这样的例子多不胜数。我们在第二章里所举的叔詹预言楚成王将死、子大叔预言楚康王将死及楚国没有十年的时间不能重新称霸诸侯等，最后都一一实现。《左传》正是要通过这种明显的、有意为之的书写方式，来传达其固执的礼仪观念——守礼则兴，无礼则亡。到了后代，这种虚构人物的方式在历史叙事中进一步发展，成为推动故事发展必不可少的因素。如《史记》记载汉高祖刘邦年轻时遇见白帝子化作的蛇、老人赠张良兵法书等，都是明显虚构人物。相比《左传》，《史记》的虚构更离谱，几乎可以等同于神话，具有鲜明的文学性。

2. 虚构情节及人物对话

为了故事发展的必要，《左传》往往会虚构一段情节及人物对话。如《左传·庄公四年》记载：

> 四年春，王三月，楚武王荆尸，授师孑焉，以伐随，将齐，入告夫人邓曼曰："余心荡。"邓曼叹曰："王禄尽矣。盈而荡，天之道也。先君其知之矣，故临武事，将发大命，而荡王心焉。若师徒无亏，王薨于行，国之福也。"

楚武王与其夫人的这段情节及对话，显然是作者的虚构。虽然先秦"男女有别"的礼仪并未被严格遵守，但楚王夫人所处的后宫显然不是一般人能进去的。楚武王与夫人在后宫的对话，楚国史官不大可能陪在旁边，将其记录下来。《左传》虚构这一段情节及邓曼的话语，只是为了塑造一个预言家，对楚武王将要死亡进行预言，从而在后来的叙事中证明这一预言的准确性。对宫闱、床第之间的私密话语的记载，是中国古代历史叙事的一大特色。发生于宫闱、床第这些外人绝难进入的空间的故事与对话，中国古代历史叙事却往往记载详细，如亲临现场一般。不仅《左传》如此，汉代的《史记》也如此。如《史记·高祖本纪》记载吕公认为刘邦有贵人之相，因而将女儿许配给他，为此遭到妻子的责难。吕后父母二人的对话没有第三人在场，《史记》居然记得如此详细，显然是虚构。《史记》之后，中国古代史书都有这种虚构情节与人物对话的传统。

此外，《左传》叙事往往讲究前因后果，将看似凌乱的历史事件排列在一起，完全是情节完整的故事。20世纪英国作家福斯特曾说："'国王死了，不久王后也死去'便是故事；而'国王死了，不久王后也因伤心而死'则是情节。"①这里，他所说的故事实际上是事件，而情节则是按因果关系组织起来的事件，其中包含作者的主观判断。这种对小说的分析同样适用于《左传》。正如我们前面分析晋楚邲之战所说的那样，《左传》对这场战争前后的叙述表面看来杂乱无章。楚国与郑国结盟、郑国叛盟、楚国攻打郑国、晋国前来救援、晋国与楚国展开邲之战以及楚国取得邲之战的胜利：这一个个的事件被分散地列于《左传》对宣公十一年和宣公十二年史实的叙述中。这些事件与两年之内春秋发生的大大小小的事件混杂在一起，表面看来都是孤立的，是典型的"实录"，没有夹杂作者的主观判断。然而，我们将这些事件从《左传》的书写中抽出来，将它们按时间先后顺序排列在一起，就会惊人地发现这些事件之间彼此互相关联。楚国攻打郑国，是因为楚、郑两国刚结盟不久，郑国就叛盟；晋国救援郑国，则是因为郑国背叛楚国，结盟的对象正是晋国；晋楚邲之战则因为两国一个要救郑、一个要攻郑，冲突所致。有了因果逻辑的串连，这些看似孤立的事件，就被串连成情节完整的故事。而且这些事件串连起来后，作者的主观判断也随之出现。在作者看来，楚国攻打郑国、楚国取得邲之战的胜利都是守礼的结果。而一个守礼的楚国形象也在这种不动声色的书写中呈现出来。到了《史记》，这种情节完整的故事更多，文学性也更强。因而鲁迅称《史记》为"史家之绝唱，无韵之《离骚》"②，对其文学性给予高度评价。

与历史叙事的文学性相比，中国古代文学叙事的历史性也很有特色。我们考察的九大文本中，《楚辞》往往被视为相对纯粹的文学文本。

① [英]福斯特：《小说面面观》，苏炳文译，广州：花城出版社1984年版，第75页。

② 鲁迅：《汉文学史纲要》，上海：上海古籍出版社2005年版，第53页。

但这个文学文本中，具有鲜明的历史性。《离骚》首句云："帝高阳之苗裔兮，朕皇考曰伯庸。"这句说的是屈原的家世。前半句说屈原是颛顼的后裔，后半句说他父亲名叫伯庸。这里本来叙述的就是从颛顼到屈原的历史。这种类似家谱的叙述方式，在中国来说是很具有权威性的，很容易让人相信是真实的。而屈原这里将自己的家族追溯到颛顼，显然也是当成真实的历史来叙述的。实际上，屈原这种追溯远祖的做法是战国时期流行的社会风气。春秋至战国的学术演变，有一个很显著的特色：春秋时期，中华民族的祖先谱系还比较模糊，《论语》多讲周公与尧舜，少有提及远古，老子虽讲远古之时，但只是泛泛而谈。然而到了战国时期，中华民族的祖先谱系变得清晰起来。战国诸子崇尚远古，为了增强言说的权威，他们竞相搬出更遥远的古代。黄帝在战国被频繁提及，比黄帝更古的伏羲氏、神农氏、女娲氏等中华民族祖先一一出现，并逐渐形成清晰的传承谱系。这种追溯远古历史的书写方式在先秦诸子散文中比比皆是。尤其是文学性越强的作品，这种历史书写的方式越常见，如《庄子》。这种追求历史真实的书写方式，在中国古代文学中十分常见。杜甫之所以名传天下，成为中国文学的巅峰，除了其炉火纯青的艺术手法外，其诗歌真实再现"安史之乱"那一段历史，将普通百姓在那段时期的生活、情感状态表露无遗，也是打动无数读者的重要原因。而文学叙事的历史性最典型的例子在小说。东晋大诗人陶渊明的名作《桃花源记》虚构了一个渔夫迷路进入世外桃源的故事。在故事的结尾，为了增加故事的真实性，作者写道："南阳刘子骥，高尚士也，闻之，欣然规往。未果，寻病终。后遂无问津者。"本来是一个虚无缥缈的故事，作者偏偏要加上真实的人名和地名，就是为了告诉读者：这个故事是真的，还有人专门去考察过，只是他没找到地方罢了。这种真假夹杂、虚实难测的书写方式，反而使文学作品更富有迷人的魅力。

正如我们在导论中所说，从某种程度上看，历史叙事与文学叙事存在相通之处。历史叙事是对真实历史的理解与阐释，文学叙事则是对现实世界的理解与阐释。二者都是作者想象与建构的产物，不能与真实历史或生活世界完全等同。就这一点而言，历史叙事之所以具有文学性，正是因为作者的想象与虚构。真实的历史千变万化，任何历史叙事都不可能将它一览无遗地展现出来。作为理解与阐释的历史叙事必然是有选择性地展现其中的一小部分。历史叙事正是通过因果关系或其他逻辑，将一个个的事件串连成一部可以理解的历史。历史学家选择哪一个事件，不选择哪一个事件，与小说家选择素材一样，不同的选择会有不同的故事，呈现不同的意义。如我们前面分析的楚晋邲之战。如果只叙事邲之战的过程及结果，这场战争就完全成了两大强国的争霸战。如果只叙述楚国攻打郑国、晋国前来救援、晋楚展开邲之战，这场战争就成了晋郑同盟抗击楚国侵略的战争。《左传》则叙述了楚郑结盟、郑国叛盟、楚国攻打郑国、晋国前来救援及晋楚邲之战，从而说明了楚国是守礼的一方，其攻打他国是合礼的。

同样，文学叙事之所以具有历史性，正在于其是对现实世界的理解与阐释，无论作者如何想象与虚构，都多多少少会折射现实。如《西游记》是一部神魔小说，其中的神仙与妖魔鬼怪都是虚构与想象的产物。然而，这些神仙与妖魔鬼怪，都是根据现实中的人来想象与虚构的，都是夸张、变形的人。这些神仙与妖魔鬼怪都具有人的性格与感情。猪八戒之贪吃、好色，孙悟空之争强好胜，沙僧之老实本分，以及妖怪强抢民女、神仙护短等，都能从现实世界中找到对应的人。因而，无论是历史叙事还是文学叙事，它们都是作者对真实世界的理解与阐释，既与真实世界不同，又多少有真实世界的影子。

对于先秦文学中的楚国形象而言，如果历史叙事没有这种文学性，《左传》建构的楚国形象不会如此丰富多彩。我们也无法看到《左传》建构楚国形象的机心。如果没有注意到文学叙事的历史性特征，屈原在《离骚》与其他楚辞作品中追溯楚国历史的内容也会被忽略。而他对楚国历史的追溯，是先秦文学中楚国自我形象的典型内容。

三、他者形象与自我形象的对话

作为他者形象的楚国，与作为自我形象的楚国，二者虽然千差万别，但彼此之间也存在着千丝万缕的联系。他人眼中的楚国，与楚人眼中的楚国，必然会在某些方面互相排斥、互相呼应。将楚国的自我形象与他者形象作一个对比分析，我们会发现：在以下几个方面，他者形象与自我形象构成一个完整的对话，二者彼此攻讦，或者互相印证。正是这种对话，让我们更深入地理解楚国形象及背后的历史语境。

1. 夷狄与华夏之争

我们在前面梳理楚国典型形象的时候发现：一个他者形象往往会有一个自我形象与之对话。如前所述，春秋之前及春秋初期，作为他者形象的楚国主要以夷狄形象出现。当时，中原华夏将所有不属于周代礼乐文化圈的群体都视为夷狄，楚国与秦国都不能幸免。尤其随着实力的壮大，楚国开始在南方蠢蠢欲动，对中原的威胁逐渐加大。在华夏优越感与恐惧的双重心理下，楚国的夷狄形象更加突出。《左传·成公四年》记载鲁国大夫季文子的一句话最能代表中原华夏眼中的楚国形象："非我族类，其心必异。"面对中原华夏在文化上的鄙视与压制，楚国自然要做出反应。因而这时期的楚国自我形象也主要针对夷狄来展开。《史记·楚世家》记载楚王熊渠以"我蛮夷也，不与中国之号谥"为借口，公开反抗周王朝。自称"蛮夷"，公然践踏周代礼制，这是典型的自我形象建构。而楚人建构的蛮夷形象，正与中原华夏建构的夷狄形象针锋相对。作为他者的夷狄形象，是一个落后的、没有礼仪文化的国家形象。作为自我的蛮夷形象，内涵基本相同。楚人建构同样一个形象的原因，正在于以子之矛攻子之盾。周代文化圈称楚为夷狄，不懂礼仪文化。而对楚人来说，既然中原华夏称其不懂礼仪文化，那他们就不用遵守周代礼仪文化。楚人以蛮夷自居，正好名正言顺地抛弃周代礼仪文化，僭越称王。

到了春秋中期及战国时期，天下诸侯互相征伐，楚国的势力早已延伸至中原地带。在战乱的时代，国家的经济与军事实力最为重要，文化建设反而被忽视。由于久居中原，且长期为左右天下大局的诸侯国，楚国的他者形象逐渐发生变化，在中原华夏眼中，楚国不再是夷狄，而是一个争霸天下的强国。与之相对，楚人建构的自我形象也发生变化。楚国在与中原长期的交流中慢慢融入中原华夏文化圈。为了更好地争霸天下，让中原华夏宾服，楚人开始按照华夏文化的习惯模式建构楚国形象。从楚庄王开始，春秋时期的楚国往往都能遵守周代礼制，按照礼仪文化的游戏规则来攻打中原诸侯，或与中原诸侯结盟。他们用行动建构起一个彬彬有礼的楚国形象。不仅如此，战国时期的屈原还将楚国的祖先追溯到颛顼，将楚国抬高到华夏正宗分支的地位，从文化上完全与中原华夏平等。这样，楚国的自我形象由蛮夷向华夏正宗后裔转变。而这种华夏后裔的身份，也为楚国融入华夏文化圈打下坚实的基础。到了汉代，司马迁将屈原的这一说法吸收并进一步补充，楚国完全成了中华大家庭的一员。

2. 屈原时期的楚国

屈原身处战国末期，其时楚国虽然依旧是大国，但已无力与秦国争霸天下，加之君昏臣佞，国家日益削弱，灭亡之期不远。对这一时期的楚国形象的书写，《楚辞》与《战国策》表现出惊人的一致性。

(1)国家日弱

从《战国策》记载来看，楚威王的时候，楚国还很强大，是秦国称霸天下最主要的对手。因而苏秦说“楚，天下之强国”“从合则楚王，横成则秦帝”，并以此游说楚国联合诸侯攻打秦国。到了楚怀王前期，楚国成为六国攻秦的从长，一度成为秦国的心腹大患。但因楚怀王一意孤行，贸然与秦国大战，连吃几次败仗，损失惨重，最后怀王甚至客死异乡。到了顷襄王时期，楚国已经无力与秦国为敌，白起率兵大破楚国都城，顷襄王被迫迁都避敌，百姓流离失所。《战国策·秦策四》云：“顷襄王二十年，秦白起拔楚西陵，或拔鄢、郢、夷陵，烧先王之墓，王徙东北，保于陈城，楚遂削弱，为秦所轻。”《战国策·中山》记载秦王责备武安君白起时说：“楚地方五千里，持戟百万。君前率数万之众入楚，拔鄢、郢，焚其庙，东至境陵，楚人震恐，东徙而不敢西向。”从这两段话看来，秦楚之间的这次大战是秦国主动进攻楚国，并且秦军大胜，楚国不仅西陵、鄢、夷陵等地被攻下，而且楚国都城也被攻破，楚国不得不迁都。“楚人震恐，东徙而不敢西向”，说的正是楚王迁都，百姓惊慌迁徙的情形。这一点，屈原在《九章·哀郢》中写道：“民离散而相失兮，方仲春而东迁。去故乡而就远兮，遵江夏以流亡。”这里的“东迁”，也就是《战国策》所说的“东徙”。春天正是耕种的季节，楚人却在这个季节抛下土地与家园，逃离故乡，沿着江水和夏水流亡。从《九章》的这段描述来看，《战国策》“楚人震恐，东徙而不敢西向”的说法并没有太多夸张。不过，迁都并不能一劳永逸，楚国在秦国的持续打击下国力日益衰弱，很快就被秦国所灭。

(2)君王昏庸

第三章中，我们归纳出《楚辞》中的怀王形象有三大特征：亲小人，远贤臣；出尔反尔；不重人才。这三大特征主要是从一个忠臣的眼光去看君王。《战国策》对楚怀王的书写角度完全不同。《战国策》着重书写战国时期纵横天下的策士形象，对苏秦、张仪为代表的纵横家进行了浓墨重彩的刻画，在对他们言行的书写中，展现出战国时期风云变幻的历史。由于这些纵横家游说的对象是王侯将相，加之当时天下大势主要是六国合纵抗秦与秦对六国展开各个击破的连横策略之间的较量，因而秦与楚两国君王成为纵横家游说的重心，《战国策》对两国形象的书写也不少。从《战国策》对楚怀王的书写来看，楚怀王也具备亲小人、远贤臣及不重人才的特征。

《战国策》描述张仪纵横于秦、楚之间的同时，也着重描述了另一个纵横家——陈轸。陈轸本是秦人，但由于受到楚国的厚待，经常将秦国内幕透露给楚国，后来干脆来到楚国。从《战国策》来看，陈轸之才智与张仪不相上下，因而陈轸在秦国之时，常遭张仪排挤，来到楚国之后，其与张仪各为其主，自然交锋的机会很多。本来，陈轸来到楚国之后，楚国同时拥有了一文一武两大能臣：文有陈轸之智，武有昭阳之善用兵。怀王如能用好此二人，楚国不可小视。然而，陈轸来到楚国之后，虽然也得到怀王重用，其不少计谋都被怀王采用，但在关键问题上，怀王一意孤行，对陈轸之劝阻置若罔闻。如《战国策·秦策二》记载：楚国与齐国结盟攻打秦国，秦国对此深感不安。楚与齐单个实力都在秦国之下，但楚国与齐国这两大强国联合起来，实力要比秦国强不少。且齐在东方，楚在南方，正好对秦国形成夹攻之势。因而秦国要想自保，必先破齐楚联盟。为此，张仪亲自出马游说楚怀王，许诺只要楚国与齐国绝交，秦国将给楚国六百里地。怀王大悦，当即答应。陈轸对张仪之图谋一眼看穿，深知楚齐绝交的后果，因而群臣一片叫好，唯独陈轸极力劝阻怀王。然而怀王为六百里地所蒙蔽，根本不听劝阻，坚持与齐国绝交。楚齐同盟瓦解之后，秦国的威胁立马解除，自然不愿意给楚国六百里地。土地未曾要到，同盟又绝交，怀王一怒之下，想要发兵攻打秦国。此时，陈轸又加以劝阻，并献上一计：楚国与秦国结成同盟，共同攻打齐国，这样楚国不仅不用与强秦直接对抗，反而可以从齐国那里掠夺大片土地。楚怀王再次置若罔闻，执意发兵攻打秦国，结果大败而归，楚国之实力也大为削弱。对此，《战国策》作者也批评楚怀王"计失于陈轸，过听于张仪"。

正是因为楚怀王有人才而不知重用，关键问题上一意孤行，听不得谋臣的反对意见，最终酿下恶果。而从上面的描述也可看出，楚怀王之缺点并非仅仅是不重人才那么简单。其最大的弱点是贪财好利，听到秦国要送六百里地，就贸然与同盟绝交。而且其处事冒进、性格暴躁，做事完全不考虑后果。秦国出尔反尔，最终只答应送地六里，楚怀王被愚弄之后恼羞成怒，举全国兵力攻打秦国，完全不考虑是否具备足够的实力，以及贸然攻打秦国的后果。《战国策》与《楚辞》的书写，不仅丰富了楚怀王形象，而且彼此呼应，令这一形象更具真实性。

(3)群臣奸佞

正因楚怀王一意孤行，亲小人、远贤臣，楚国政权逐渐被奸佞小人把持。《离骚》云："世溷浊而嫉贤兮，好蔽美而称恶。闺中既以邃远兮，哲王又不寤。"正因楚王宠幸小人，因而楚国小人当政，他们在楚王周围构成一道不可逾越的人墙，贤臣被排挤在这个圈子之外。所谓"世溷浊而嫉贤兮，好蔽美而称恶"，说的正是小人结党营私，形成一股强大的势力，他们是非颠倒、妒忌贤才，美好的东西被遮蔽，而丑恶的一面却在楚国大行其道。这一切，处在深宫中的楚王并没有意识到。屈原对朝中奸臣当道的情形十分愤懑，其在《楚辞》中对楚国把持朝政的小人大加鞭挞。其着重刻画了楚国奸臣的两大特征：结党营私、造谣诽谤。由于《楚辞》表达方式隐晦曲折，我们今天并不能从中明确知道楚国奸臣当道的情形。但在《战国策》中，楚国的死敌秦国对这一情形了如指掌。《战国策·中山》记载白起攻破楚都城，对其之所以轻易取得胜利作了一个分析："是时楚王恃其国大，不恤其政，而群臣相妒以功，谄谀用事，良臣斥疏，百姓心离，城池不修，既无良臣，又无守备。"这段话充分展现了白起眼中的楚国形象：楚国君王昏庸无能，以为楚国乃战国疆域最大的诸侯国就可以高枕无忧，根本没有想到秦国敢来攻打楚国，对楚国的治理一团糟。国君如此，群臣更是不堪。群臣只知道互相妒忌，对君王阿谀奉承，对贤臣则大力排斥，导致无人劝谏国君，百姓因此对国家心灰意冷。君主不贤明，群臣奸佞，身为国家栋梁的贤臣又被排斥，楚国空有大国之名，而无强者之实，"既无良臣，又无守备"，自然一击即溃。

总之，通过《战国策》与《楚辞》对比阅读，他者形象与自我形象互相印证，屈原时期的楚国形象不仅清晰可见，而且丰富生动。更重要的是，他者形象与自我形象的呼应，让我们对当时的历史语境有一个更为真实的把握。

说到底，自我形象与他者形象是两个不同整体的意识形态的反映。由于两个整体在文化、历史等方方面面的不同，导致了他者形象与自我形象的不同。楚国与中原诸夏虽然同属周王朝诸侯之列，但楚国地处僻远，其与中原诸夏在地理环境、生活习惯、政治体系甚至语言、文学等诸多方面存在差异，形成了两个截然不同的整体。即使面对同一个对象，它们的理解也截然不同。因而，楚人眼中的楚国形象与中原诸夏眼中的楚国形象也相差悬殊。而且，随着楚国实力的壮大及中原地区的混乱，楚国与中原诸夏形成直接的对立，双方构建的楚国形象也随之代表各自的立场，自我形象与他者形象之间形成紧张的对话关系。针对中原诸夏建构的楚国夷狄形象，楚人建构出两个自我形象予以对抗：一是自称夷狄，公然践踏中原礼仪文化；二是对夷狄形象进行反驳，代表华夏正宗血统的颛顼后裔这一楚国自我形象也随之建构出来。这种紧张的对话关系随着双方接触频繁、两个整体逐渐融合在一起而结束。然而，从另一个方面说，自我形象与他者形象虽然千差万别，但它们毕竟针对的是同一个对象，二者必然也有共同之处，这也是它们形成对话的基础。春秋中期以后，作为他者形象的楚国与作为自我形象的楚国，在强国形象这一点上逐渐达成共识，二者的对话也趋向缓和与统一。此外，对于楚怀王时期的历史，《战国策》与《离骚》虽然立场不同，一个批判，一个哀叹，但两者在楚国政治黑暗这一点上也形成了对话关系，并且达成共识。正是由于彼此代表的意识形态不同，所持立场迥异，因而在言说同一个对象时，他者形象与自我形象很自然地形成紧张或缓和的对话关系。这种对话关系，不仅丰富了形象本身，而且清晰地揭示出背后代表的意识形态及历史语境。

结　　语

至此，我们对先秦文学中的楚国形象的分析告一段落。前面五章，我们对先秦文学文本中的楚国形象一一进行了梳理，从他国人眼中的楚国形象与楚人眼中的楚国形象两个方面对先秦文本展开分析。在文本分析的基础上，我们进一步深入分析了楚国形象产生的历史语境与文化逻辑。通过前面五章的分析，我们可以得出如下结论：

一、先秦文学中楚国形象的多元化

前面的论述中，我们重点分析了“春秋三传”《战国策》《论语》《孟子》《荀子》《诅楚文》《楚辞》以及楚简等文本中的楚国形象，并对《韩非子》《吕氏春秋》《国语》等文本也进行了侧面分析。从十多个文本的分析看来，先秦文学中的楚国形象并不是单一的，而是呈现出多样化特征。不同的文本有不同的楚国形象，即使是同一个文本中，楚国形象也不尽相同。大体而言，《公羊》《穀梁》《论语》《孟子》《荀子》这五大文本建构的楚国形象相对单一，而《左传》《战国策》两大文本中的楚国形象十分复杂，《楚辞》所建构的楚国形象也相对丰富。

1. 儒家体系建构的楚国形象

《公羊》《穀梁》《论语》《孟子》《荀子》这五大文本都具有浓厚的儒家色彩。后三书乃儒家经典文本，《公羊》《穀梁》世代相传出自子夏，而且主要由儒生撰述而成，也是儒家体系重要著作。除《荀子》外，其余四本均被列入《十三经》。正因五书都出自儒生之手，而且由儒生口耳相传、代代相续，因而五书在思想上接近，对楚国形象的建构也呈现出惊人的一致。

《公羊》《穀梁》对楚国基本都以夷狄视之。二书都对楚国下了一个相近的定义。《公羊》云："楚有王者则后服，无王者则先叛。"《穀梁》则云："圣人立，必后至；天子弱，必先叛。"正因楚国是夷狄，不懂礼仪文化，所以两书对楚国基本通篇都持贬斥的态度。《论语》对楚国的直接评价不多，一句"夷狄之有君，不如诸夏之亡"，充分证明孔子心中夷狄与诸夏之对立。而从"微管仲，吾其被发左衽矣"一语可看出，孔子显然认为诸夏要比夷狄优越。管仲辅佐齐桓公称霸后，对夷狄的一项重要行动即是率中原诸侯联军远征楚国。孔子以为，没有管仲，中原就要被夷狄吞并，因而对管仲的功绩大加赞赏。可见，其对中原诸侯的这次伐楚行为十分赞同。其对楚国也是以夷狄视之。孟子的华夷之防观念更强烈，其云："吾闻用夏变夷者，未闻变于夷者也。"他只坚持"用夏变夷"，而对"夏变于夷"极端仇视。正因如此，其对楚国语言大为反感，骂其为"南蛮鴃舌"。孟子不仅以夷狄看待楚国，而且对其反感与仇视。荀子坚持中原正统，也以夷狄看待楚国。其云"越人安越，楚人安楚，君子安雅"，以"君子""小人"来比喻中原诸夏和楚人之分别。

我们看到，先秦文本中，华夷之防观念在儒家那里最为根深蒂固。从春秋时期的孔子，到战国末期的荀子，华夷之防观念被儒家代代相传。因而楚国的夷狄形象在儒家文本中也代代相传。而儒家对华夷之防观念的坚持，与其文化根源密切相关。《论语·八佾》中孔子明确说出其理论来源："周监于二代，郁郁乎文哉，吾从周。"而周代礼仪文化以分封制为基础，其重要特征是稳固性。所谓"君君、臣臣、父父、子子"①，正是强调社会各个阶层从上到下的稳固性。如果所有的人都按照自己的身份处事，整个社会自然会如铁板一块稳固，当然天下太平。对天下诸侯来说，也要遵从尊卑有别的规则。正如第四章所说，分封制主要基于血缘关系，天下诸侯之地位也主要根据其与周王室之血缘亲疏来决定。王室至亲，自然被封在地理环境优越、紧挨王室的地方；而与

① 《论语·颜渊》，见杨伯峻《论语译注》，北京：中华书局1980年版，第128页。

王室没有血缘关系的诸侯，则被封在远离王室之处，甚至是夷狄之地。对至亲，周王室自然信赖有加，而对没有血缘之亲的诸侯，王室则戒心重重。不仅如此，血缘之亲疏也决定着诸侯地位之尊卑。对天下诸侯来说，也要各自按照身份行事。这种稳固的礼仪制度，决定了公侯永远是公侯，庶民永远是庶民；而那些被封在夷狄之地的诸侯，则永远是夷狄。诸夏永远是诸夏，夷狄永远是夷狄，这种尊卑分明且永远不变的关系，自然保证了天下的稳定。然而，到了春秋时期，王室衰微，礼崩乐坏，这种稳固的制度开始分崩离析，夷狄与诸夏的地位再也不是一成不变，而是随着实力的变化而变化。当稳固的礼仪制度崩溃之后，社会的稳固性也随之失去，天下开始陷入四分五裂、战火频仍的局面。以孔子为代表的儒家士人认为只要重新确立周代那种稳固的礼仪制度，社会就将由混乱走向稳定。因而他们以周代礼仪文化为自己的理论根源，试图重新恢复社会的稳固性，恢复到周代文明的辉煌，自然对以前稳固的华夷关系十分怀念，他们坚持华夷之防也就顺理成章。正因如此，楚国在上述儒家经典中都是夷狄形象。

2.《左传》《战国策》中的楚国形象

《左传》虽然也是儒家经典，但由于其侧重史实的叙述，对楚国的直接评价并不多，因而我们不能轻易看出《左传》对楚国的论断。实际上，正由于《左传》侧重史实的梳理，涉及大量的楚国历史，因而其呈现的楚国形象在先秦文本中最为复杂多样。《左传》对楚国形象的呈现主要表现在以下几大视域：第一，《左传》作者的直接评述。这类评述可以直接看出《左传》作者眼中的楚国形象。因为这类直接评述不多，所以显得尤为可贵。如楚庄王讨伐陈国，《左传》评论曰“书有礼”；楚共王时期，楚国再次讨伐陈国，《左传》解释说“陈无礼故也”，等等。从这些评述可以看到，《左传》对楚国的直接评述主要以“有礼”或“无礼”为评价标准。第二，《左传》对史实的“有意”书写。这种别具匠心的书写，也能看出《左传》对某段时期楚国的看法。同样一段历史，采用不同的书写方式，意义截然不同。以《左传》对晋楚邲之战的叙述为例。如果《左传》只是叙述邲之战的过程及结果，就会给我们“春秋无义战”

的感觉，只知道两国是为了争霸天下而开战。然而，《左传》对历史的叙事喜欢展现它们的因果关系。《左传》首先叙述楚国与郑国结盟；接着是郑国的叛盟与楚国的讨伐；然后是楚国攻破郑国都城、郑国臣服，以及两国再次结盟；再然后是晋国救援郑国来迟，晋国上卿率领的军队与楚国君王率领的军队相遇；最后是楚国不想与晋军交战，而晋国大夫执意要战，因而双方大战，晋军惨败。从《左传》对整个事情的描述，我们可以很容易知道：邲之战，楚国必然会胜利，因为楚国处处“有礼”。楚国攻打郑国是因为后者叛盟，符合礼仪；攻下郑国都城后楚国又撤军，更是有礼；与晋军遭遇后，楚王派使者与晋军议和，也有礼。由始至终，楚国都占着一个“礼”字，其与晋军大战是被迫自卫而战，自然大胜而归。《左传》正是通过这种因果关系的叙述，告诉我们“礼”的重要性。而《左传》对楚庄王时期的楚国多以“有礼”视之，充分展现这一时期的楚国是一个有礼之邦。第三，被叙述的历史人物对楚国的评价。《左传》不仅记事，而且记载了大量的历史人物的言论。这些历史人物出现在当下的历史中，对当下的事件、人物发表评论。虽然我们有理由相信，《左传》对某一事件叙述结尾经常出现的“君子曰”，在很大程度上类似《史记》的“太史公曰”，也算是作者的直接评论。但由于资料的匮乏，我们对书中大量的历史人物的言论之来源无法作出准确的判断。不过，我们也相信，《左传》中大量历史人物的言论，不可能全是作者的杜撰，多少反映出当时人对楚国的评价。第四，“客观”书写所展示的楚国形象。正如我们在导论中说过的那样，我们现在看到的历史大多只是历史学家阐释的历史。《左传》向我们展示的春秋历史，也只是其作者理解与阐释的历史，并不等同于真实历史本身。因而，从这个意义上说，《左传》的书写都烙上了作者的印记，不可能有真正客观的书写。然而，《左传》中也有不少叙事，我们无法看出作者的意图，因而将之命名为“客观”书写。这些只关注事件过程的书写，也在一定程度上展示了楚国形象。

由于《左传》对楚国形象的建构呈现出多重视域，因而《左传》中的楚国形象异常复杂。也正因此，我们对《左传》的梳理以楚王代序为分界，将楚武王、文王时期视为创业期，成王、穆王及庄王时期视为鼎盛期，而将共王以后的阶段视为衰落期。在三大分期之内，对每一代楚王时期的楚国展开梳理。这种梳理方式十分琐碎，但对《左传》而言却是必需的方式。笼统而言，从楚武王到庄王时期的楚国形象，在《左传》中更多展现出正面与积极的一面；而共王以后的楚国，《左传》的书写更多展现出消极的一面。

与《左传》侧重史实不同，《战国策》更侧重记载战国纵横家的言论。由于《战国策》记载了大量的言论，因而其主要通过他国人对楚国的言说来展现楚国形象。《战国策》记载纵横家众多，他们来自不同的诸侯国，代表不同的诸侯国言说，因而对楚国的评论各不相同。基于这一点，我们对《战国策》的处理也与《左传》不同。我们对《战国策》的梳理主要关注他国人与楚人对楚国的论述。由于言说立场及意图的差异，《战国策》中历史人物对楚国的言说也呈现多元化特征，大体可分为两类：一是他者视域中的楚国形象；二是楚人眼中的楚国形象。后者对楚国的评价很简单：楚国是一个历史悠久、忠良辈出的大国。第一类则比较复杂，其又可以分为三小类：一是敌人眼中的楚国。战国时期，楚国最大的敌人是秦国，同时，楚国也是秦国最大的敌人。因而在秦人眼中，楚国是一个他们时刻不忘灭掉的仇敌。二是盟友眼中的楚国。为了鼓动楚国起来号召六国攻秦，其盟友将楚国建构成能与秦相抗衡、并与秦国势不两立的“天下之强国”。三是其他人眼中的楚国。在那些不直接与楚国对抗与结盟的人看来，楚国是一个地域广大、物产富饶的国家。

3.《楚辞》与楚简中的楚国形象

《楚辞》中屈原、宋玉对楚国形象的建构比较丰富，楚简对楚国形象的建构也复杂多样。大体而言，《楚辞》与楚简中的楚国形象有几点：第一，楚国是正宗的华夏后裔，乃颛顼帝高阳的后代；第二，楚国是一个与中原诸夏截然不同的诸侯国，其祭祀的神灵无论从神名、还是神的气质都具有与众不同的特色；第三，屈原、宋玉时代的楚国已经不再是强国，不仅国家日弱，而且楚王昏庸、小人当道，贤臣被逐，离灭亡之期不远。

二、楚国形象发展的总体脉络

虽然先秦文学中的楚国形象复杂多样，但综合上述十多个文本的梳理，将他者形象与自我形象进行对比分析，我们仍然可以对楚国形象发展的总体脉络作一个简单梳理。

1. 楚人是正宗华夏后裔

《国语·郑语》在先秦文本中第一次明确说出楚国乃祝融之后。《左传·僖公二十六年》记载春秋初期楚国灭掉夔国，借口是夔子"不祀祝融与鬻熊"，也表明楚人自认为祝融之后。而且《左传·昭公十二年》记载楚灵王称呼昆吾为"我皇祖伯父"，昆吾乃"祝融八姓"之首，楚灵王这样称呼也表明楚国相信自己乃祝融之后。到了战国时代，屈原第一次明确喊出自己乃"帝高阳之苗裔"，将楚国先祖从祝融进一步前推，追溯到黄帝之孙颛顼。不管是《国语》《左传》记载的祝融，还是《离骚》的颛顼，都是华夏民族的先祖。这些先秦文本将楚国说成他们的后代，表明在春秋战国时代，楚国乃华夏后裔的观念已经在中原与楚国传播。

2. 楚国先祖对周朝有功，但受到排斥

《史记·楚世家》云："鬻熊子事文王，早卒。"并记载楚武王声称："吾先鬻熊，文王之师也。"这两段记载表明汉人司马迁相信楚国先祖在周文王时期就对周朝有功。《左传·昭公十二年》记载楚国先祖熊绎与齐、晋、鲁、卫四国先祖共同事奉周康王，结果四国先祖都被赏赐宝器，唯独楚国先祖没有。而且楚国被封在南蛮之地，爵位仅是子男，远远低于上述四国的公侯。楚国始封地之环境恶劣，可以从《左传》中多处出现楚国先王"筚路蓝缕"看出。而楚国之所以受到排斥，并非因为楚国先祖事奉周王不力，而是因为楚国与周王并无血缘关系，因而不能得到周王的信赖，被排斥出中原文化圈。

3. 西周至春秋初期，楚国被中原人以夷狄视之

早在西周时期，楚国就被中原贴上"夷狄"标签。因而，楚国不仅被周王朝排斥，而且还被周王讨伐。《左传》《史记》记载周昭王南征不返，正是在远征楚国的途中去世。《史记》云楚国先祖在周夷王时期公然称王，周厉王即位后又自动去掉王号。楚国先祖以“我蛮夷也”为借口称王，可见楚国一向被周朝视为夷狄。不过，这一记载并不见于先秦文本。《左传》对楚国的夷狄身份这一点记载很少，但《左传·成公四年》明确记载鲁国大夫以“非我族类，其心必异”来看待楚国。中原乃华夏一族，所谓“非我族类”，即是说楚国不是华夏，而是蛮夷。孔子感叹“微管仲，吾其被发左衽矣”，以“被发左衽”代指楚国，显然也有贬斥之意。而孟子更是直斥楚人乃“南蛮鴃舌之人”，荀子也认为楚地在文化上不如中原优越。《春秋公羊传》与《春秋穀梁传》更是通篇以夷狄来贬斥楚国，而且明确指出楚国的夷狄特征——“楚有王者则后服，无王者则先叛”“圣人立，必后至；天子弱，必先叛”。

中原诸夏之所以视楚国为夷狄，有三大原因：第一，正如鲁国季文子所云“非我族类，其心必异”，周朝以血缘关系来分封诸侯，中原诸夏与周王室都有着千丝万缕的血缘关系，而楚国则完全没有血缘关系，自然被诸夏以“非我族类”排斥在外。第二，楚国被封在南蛮之地，长期与蛮夷相处，逐渐带有蛮夷色彩，久而久之，自然被中原人视为蛮夷。第三，春秋初期，楚国成为南方最大的诸侯国，不断侵入中原，给中原诸夏带来了前所未有的恐惧，激起了中原诸夏的危机感及文化上的自我认同，因而中原诸夏能在齐国的率领下，集体远征楚国。楚国对中原诸夏肆无忌惮地侵扰，自然激起中原诸夏的反感，“夷狄”称呼开始在中原普遍扩散。

4. 春秋中期以后，楚国夷狄色彩逐渐消退，代之以强国形象

随着楚国与中原诸夏的不断碰撞，楚人终于从实践中学会怎样与中原诸夏相处。楚文化与中原华夏文化也在不断碰撞中逐渐融合。楚人逐渐意识到中原礼仪文化的重要性，开始得心应手地以礼仪为旗号对中原进行渗透。同时，楚国如此频繁地在中原出现，中原诸夏也慢慢习惯了这种状态，特别是当楚国君王以礼仪为纽带与中原相处时，中原诸夏也逐渐接受了楚国的存在这一现实。不仅如此，随着王室对诸侯的影响力进一步减弱，诸侯之间的竞争变得异常残酷，弱肉强食的局面让天下诸侯更加关注国家的实力，文化的建构开始变得不那么迫切与重要。当华夷之防变得没有多大意义之后，楚国强大的实力呈现在中原诸侯眼前，强国形象成为楚国的主导形象。春秋中期以后，特别是到了战国时代，楚国与中原诸夏交往起来驾轻就熟，楚国与中原诸侯并无太多不同，因而中原诸夏再也不以夷狄视之。而且楚国吞并不少中原诸侯国后，疆域已经扩张到中原，地理上的夷狄区分已经毫无意义。正因如此，除了前面所说的儒家体系顽固坚持华夷之防外，其余的先秦文本中楚国完全以强国形象出现，夷狄形象已经荡然无存。从《左传》记载楚国多次召集中原诸侯会盟，《战国策》多次强调楚国地方五千里、甲兵百万以及“天下之强国”的称呼可以看出：春秋中期以后，楚国的强国形象逐渐取代了夷狄形象。

三、先秦文学中的楚国形象对后世的影响

1. 楚文化对汉初文学的影响①

(1)汉初文化对楚文化的吸收与借鉴

汉王朝是中国历史上第二个统一的封建帝国。就政治而言，秦朝的很多开创性举措对后世影响深远，为汉朝所不及。但就文化而言，汉代文化是先秦文化的大融合，其成就与影响则非秦朝可比。在先秦文化中，楚文化对汉文化的影响十分深远。著名学者李泽厚曾宣称“汉文化就是楚文化，楚汉不可分”②。李长之先生也认为：“汉的文化并不接自周、秦，而是接自楚，还有齐。原来就政治上说，打倒暴秦的是汉；但就文化上说，得到胜利的乃是楚……就精神上看，楚实在是直接继续秦而统治着的，汉不过是一个执行上的傀儡而已。”③应该说，汉代毕竟是中华文化形成与发展历程中的一个重要阶段，汉文化并非是先秦某种文化的翻版，而是深深打上汉代烙印的文化。简单地说汉文化就是楚文

① 本部分内容也见本人参与编写《汉代文学艺术思想通史》第一章第一节。
② 李泽厚：《美的历程》，北京：中国社会科学出版社 1984 年版，第 85 页。
③ 李长之：《司马迁之人格与风格》，北京：三联书店 1984 年版，第 2-3 页。

化，或者先秦文化的复制，难免失之偏颇。但不可否认的是，汉文化对先秦文化，尤其是楚文化的吸收与借鉴也是十分明显的。特别是汉初，楚文化的影响巨大。

《史记·项羽本纪》云："夫秦灭六国，楚最无罪。自怀王入秦不反，楚人怜之至今，故楚南公曰'楚虽三户，亡秦必楚'也。""楚虽三户，亡秦必楚"，这个著名成语历代解释甚多，其关键在对"三户"的解释：有解释为三户人家；有解释为楚三大王族大姓；也有将其视为地名者。① 一般的解释是：楚国即使剩下三户人家，灭亡秦国的必然是楚国。我们看《战国策》可以知道，战国中后期唯一可以与秦国争天下的诸侯国即是楚国。正因楚长期是"天下之强国"，是能亡秦的唯一诸侯国，因而使楚国的强国形象深入人心，楚人之自信也由此而来。楚国即使只剩下三户人家，依然具备颠覆秦国的实力，这当然是一种夸张的说法。但秦朝确实是由三个楚人——陈胜、项羽、刘邦所灭。三人中，项氏家族世代为楚将，项羽是正宗的楚人。陈胜与刘邦则不能称为正宗的楚人。他们之所以被视为楚人是因为生长于楚地。陈胜为阳城人，刘邦为沛县人。阳城与沛县在战国时期都是楚国的领地，因而二人对楚文化从小耳濡目染，极为熟悉。《史记·陈涉世家》记载："其故人尝与庸耕者闻之，之陈……入宫，见殿屋帷帐，客曰：'夥颐！涉之为王沈沈者！'楚人谓多为夥，故天下传之，夥涉为王，由陈涉始。"与陈胜从小庸耕的伙伴说的楚语，则陈胜大概也说的是楚语。陈胜起事时诈为楚名将项燕，自立为王时号"张楚"，将其视为楚人并不为过。刘邦身上的楚文化因素更多，下文将有论述。正因如此，李长之先生认为汉的胜利实际上楚文化的胜利，还是有一定道理的。

汉初统治阶层对楚文化的偏爱自高祖刘邦开始。刘邦对楚文化的偏爱主要体现在对楚地音乐、舞蹈、语言、服饰及楚歌的喜爱上。《汉书·礼乐志》云："高祖乐楚声。"《史记·留侯世家》也记载："戚夫人

① 见(汉)司马迁撰，(宋)裴骃集解，(唐)司马贞索引：《史记·项羽本纪》，北京：中华书局1982年版，第301页。

泣，上曰：‘为我楚舞，吾为若楚歌。’”从这两段记载来看，刘邦对楚地音乐与歌舞之偏爱可见一斑。因此，项羽被围垓下，刘邦能轻易地通过“四面楚歌”来瓦解西楚军队的斗志。刘邦对楚地服饰的喜爱，从叔孙通改变其服饰来迎合他可以证明。《史记・刘敬叔孙通列传》记载：“叔孙通儒服，汉王憎之。乃变其服，服短衣，楚制，汉王喜。”而高祖对楚地语言的提倡，则与陈胜相同，都因其生长于楚地的缘故。《史记・高祖本纪》集解引《风俗通义》云：“沛人语初发声皆言‘其’。‘其’者，楚言也，高祖始登帝位，教令言‘其’，后以为常。”而汉高祖对楚文化的偏爱最突出的表现是其对楚歌的创作与提倡。汉高祖十二年，刘邦衣锦还乡，作《大风歌》，是典型的楚歌。刘勰对刘邦之楚歌赞赏有加。其《文心雕龙・时序》云：“然大风鸿鹄之歌，亦天纵之英作也。”其后，汉代皇帝多有创作楚歌者。如武帝有《瓠子歌》《秋风辞》等。正因汉高祖及汉初功臣集团中众多人均来自楚地①，因而楚文化也随着汉朝的建立逐渐流行开来，甚至“连汉初推行的‘黄老无为之治’，也是楚地固有的思想传统”②。

(2)楚文化对汉初文学的影响

由于汉初皇帝及功臣集团与楚文化关系密切，加之汉初上层贵族对楚文化的喜爱与提倡，楚文化对汉初文学产生多方面的影响。

(a)楚辞对汉赋的影响

汉代文学最有代表性的文体是赋。楚文化对汉代文学最大的影响就体现在汉赋上。赋这一文体并非汉人首创，而是源自先秦。班固《汉书・艺文志》云：

> 传曰：“不歌而诵谓之赋，登高能赋可以为大夫。”言感物造耑，材知深美，可与图事，故可以为列大夫也。古者诸侯卿大夫交

① 汉初功臣集团中萧何、曹参、韩信、周勃、陈平等皆来自楚地。

② 叶志衡：《楚风北袭与北学南渐——简论两汉文风的消长轨迹》，《文学评论》2006年第5期。

> 接邻国，以微言相感，当揖让之时，必称《诗》以谕其志，盖以别贤不肖而观盛衰焉。故孔子曰“不学《诗》，无以言”也。春秋之后，周道寖坏，聘问歌咏不行于列国，学《诗》之士逸在布衣，而贤人失志之赋作矣。大儒孙卿及楚臣屈原离谗忧国，皆作赋以风，咸有恻隐古诗之义。其后宋玉、唐勒，汉兴枚乘、司马相如，下及杨子云，竞为侈俪闳衍之词，没其风谕之义。

班固将赋分为两种：一是赋诗言志之赋，一是贤人失志之赋。这两种赋均是秉承先秦文学传统而来。由此可见，汉赋秉承的是先秦文学传统。关于这一点，下节有专文论述。而从班固后一类赋来看，汉赋与楚文化关系尤为密切。所谓“贤人失志之赋”，班固最先举的例子是荀子与屈原之赋。屈原是楚国贵族，荀子也长期居住在楚国并曾为楚官吏，二人与楚渊源深厚。而宋玉、唐勒都是楚辞的主要作者。由此可见，汉赋与楚辞存在直接的血缘关系。这一点，刘勰说得很清楚。其在《文心雕龙·时序》中云：“爰自汉室，迄至成哀，虽世渐百龄，辞人九变，而大抵所归，祖述楚辞，灵均余影，于是乎在。”在刘勰看来，西汉辞赋虽经历百年的变迁，但大体上仍然是祖述楚辞，受到屈原的影响。《宋书·谢灵运传》也云：“屈平、宋玉，导清源于前；贾谊、相如，振芳尘于后。”可见，汉赋乃是以屈原为代表作家的楚辞一脉相传的产物。王夫之《楚辞通释》论《九辩》云：“其词激宕淋漓，异于风雅，盖楚声也。后世赋体之兴，皆祖于此。”显然也认为楚辞是汉赋之祖。因此，李泽厚直接指出楚辞“是汉代赋体文学的祖宗”①。

楚辞对汉赋的影响是全方位的。从形式上看，汉赋直接脱胎于楚辞。马积高《赋史》将赋分为骚体赋、文赋、诗体赋三种，并认为：骚体赋由楚歌、楚辞演变而来；文赋由诸子问答体和游士的说辞演变而来，相传为屈原作的《卜居》《渔父》及宋玉的《风赋》也属此类。② 在汉

① 李泽厚：《美的历程》，北京：中国社会科学出版社 1984 年版，第 85 页。
② 马积高：《赋史》，上海：上海古籍出版社 1987 年版，第 4-6 页。

初，汉赋的主要形式是骚体赋。骚体赋直接继承了《离骚》为代表的楚辞在语言形式上的特点，即采用参差中见整饬、韵散结合的句式来表达感情。尤其是“兮”字的运用，骚体赋更是直接受到楚辞的影响。在意象的运用上，不仅《离骚》中的香草美人意象在汉赋中大量出现，远游、隐士甚至四方险恶的意象都在汉赋中反复出现。从内容上说，汉初赋体作家往往借用屈原忠而被谤的故事进行言说，以此表达作家对自己怀才不遇的感叹。最典型的例子是贾谊的《吊屈原》。不仅如此，汉初赋家甚至模拟楚辞的某一部作品来作赋。清人刘熙载《艺概·赋概》云：“长卿《大人赋》出于《远游》，《长门赋》出于《山鬼》。”不仅司马相如，其他很多赋家均有模拟楚辞之作。如淮南小山的《招隐士》是模仿《招魂》《大招》所作，东方朔的《七谏》则是模仿屈原《九章》，等等。班固《汉书·艺文志》列汉赋为四类，其中屈原赋之类有“赋二十家，三百六十一篇”，数量为四类中最多，可见以屈原赋为代表的楚辞对汉赋影响之大。

(b)楚文化对汉初诗歌的影响

汉赋是直接受楚辞影响而产生的文体类型。但楚辞与汉赋毕竟是两种不同的文体，前者是诗歌，而后者是“押韵的散文”①。在汉初，受楚文化影响而与楚辞同为诗歌文体的文学样式是楚歌诗。楚歌起源于楚地的民歌，屈原的《九歌》等作品中就有很多楚地民歌的影子。汉初，由于上层贵族很多与楚地关系密切，因而楚歌广泛流行。在刘邦之前，西楚霸王项羽在兵败垓下之时就曾作楚歌《垓下歌》。其辞云：“力拔山兮气盖世，时不利兮骓不逝。骓不逝兮可奈何，虞兮虞兮奈若何！”全诗运用楚语，充分表达了项羽面临绝地时的无奈，充满了英雄末路的感叹，与刘邦的《大风歌》基调相反，但都具有很强的感染力。汉兴，由于刘邦对楚歌的喜爱与提倡，汉初帝王大多对楚歌十分喜爱并有创作。刘邦《大风歌》之后，汉武帝的《秋风辞》也被后人认为是帝王文学的佳

① 游国恩、王起、萧涤非、季镇淮、费振刚主编：《中国文学史》第一册，北京：人民文学出版社2002年版，第89页。

作。其辞云："秋风起兮白云飞，草木黄落兮雁南归。兰有秀兮菊有芳，怀佳人兮不能忘。泛楼船兮济汾河，横中流兮扬素波。箫鼓鸣兮发棹歌，欢乐极兮哀情多。少壮几时兮奈老何！"王世贞《艺苑卮言》云："汉武故是词人。《秋风》一章，几于《九歌》矣。"实际上，此诗对秋天景物的描写更近于宋玉的《九辩》，而其对时不待我的哀叹则近于屈原的《离骚》。除帝王外，汉初诸侯王也作有很多楚歌，如赵王刘友、梁王刘恢、淮南王刘安等。① 此后，楚歌逐渐影响到一般文人，也成为汉代文人表达情感的一种文学样式。

楚文化对汉代诗歌的影响不仅仅体现在楚歌诗的影响上，其对汉初祭祀乐章也有影响。如汉武帝时期的《郊祭歌》就在很大程度上受到楚辞的影响。其中的《练时日》与楚辞关系更为密切。明代胡应麟《诗薮》认为其乃"骚辞也"，并称其"辞极古奥，意极幽深，错以流丽，大率祖述《九歌》"，明言其受到屈原《九歌》的影响。此外，《宋书·志第十一》载汉乐府《今有人》一诗云："今有人，山之阿，被服薜荔带女萝。既含睇，又宜笑。子恋慕予善窈窕。乘赤豹，从文狸，辛夷车驾结桂旗。被石兰，带杜衡，折芳拔荃遗所思。处幽室，终不见天，路险艰，独后来。表独立，山之上，云何容容而在下。杳冥冥，羌昼晦，东风飘飘神灵雨。风瑟瑟，木搜搜，思念公子徒离忧。"虽全篇不见"兮"字，但无论具体的语句还是主旨，均是屈原《九歌·山鬼》的翻版。可见楚辞对汉乐府也有所影响。

(c)屈原形象在汉初文学中的传播

以屈原《离骚》为代表的楚辞是楚文化的集中体现。楚文化在后世的传播也往往是以楚辞的接受为标志。在汉初，随着楚辞的传播，屈原形象在汉初文学中被反复书写，成为士人抒发情感的重要符号。屈原忠而被谤、怀才不遇的遭遇深深打动了很多汉朝士人，尤其那些同样怀才不遇的人。汉初文人对屈原的接受主要表现在两个方面。

---

① 详见郭预衡主编：《中国古代文学史》第一册，上海：上海古籍出版社1998年版，第282页。

第一，在作品中对屈原形象进行书写。最典型的作品有贾谊的《惜誓》《吊屈原》和东方朔的《七谏》。《惜誓》以屈原的口吻写成，要表达的主题是“非重躯以虑难兮，惜伤身之无功”，对屈原誓死殉国深表痛惜。《吊屈原》是贾谊的名篇，表达的思想与《惜誓》相同，认为屈原不应死守楚国，应“自引而远去”“远浊世而自藏”。这两篇文章虽然沿袭《离骚》建构的屈原忠贞形象，但对屈原不远走他乡而自沉汨罗江深表痛惜。东方朔《七谏》模仿《九章》，全部以屈原口吻写成，因而从内容到形式与屈原辞赋极为相似，对楚国与屈原的书写也基本一致。如《初放》“群众成朋兮，上浸以惑”“巧佞在前兮，贤者灭息”，直言楚国小人结党营私、楚王受到迷惑，贤臣被排斥；《哀命》“伤楚国之多忧”“何君臣之相失兮”，对楚国君王失去贤臣，国家忧患重重表示痛惜。正因如此，《七谏》中的屈原形象与《离骚》一致，“正臣端其操行兮，反离谤而见攘”，仍然是忠而被谤的形象。与贾谊不同，东方朔还在文中为屈原不远走他乡而自沉汨罗江进行了解释。其《怨世》云：“宁为江海之泥涂兮，安能久见此浊世?”在书写屈原忠而被谤形象的同时，也表现了屈原的志行高洁。

第二，在作品中书写屈原形象的同时，汉初文人还为屈原及其作品立传。典型作品有刘安的《离骚传》和司马迁的《史记·屈原贾生列传》。就现有文献看，刘安的《离骚传》是第一篇专门研究屈原作品的文章。此文已佚，班固《离骚序》曾引用其部分文字。从其引文来看，刘安《离骚传》的重要观点是：“《国风》好色而不淫，《小雅》怨悱而不乱，若《离骚》者，可谓兼之。”这一点，也为《史记·屈原贾生列传》引用。可见，刘安与司马迁一样，对屈原的《离骚》给予了高度评价。不仅如此，据班固所引内容来看，刘安还曾为《离骚》作注解，开了汉人为楚辞作注的先河。司马迁是现存文献中第一个为屈原立传的人。其《史记·屈原贾生列传》对屈原生平记述甚详，并对其《离骚》《渔父》《怀沙》《天问》《招魂》《哀郢》等文有所研究，提出了很多独到的见解。不仅“信而见疑，忠而被谤”成为后世论述屈原的基准，而且其以为“离骚者，犹离忧也”，认为“屈平之作《离骚》，盖自怨生也”，这一观点也成为解释

《离骚》题名由来的经典阐释。刘安和司马迁之后，汉人继续注释楚辞特别是《离骚》，取得了很多成果，刘向和扬雄撰有《天问解》，班固、贾逵撰有《离骚经章句》，马融有《离骚注》，王逸更是著有楚辞学经典著作《楚辞章句》。

实际上，楚文化对汉代文学最大的影响不在具体文学样式上，而在对汉代文学浪漫精神的影响上。李泽厚以为，汉代文学艺术都有相同的艺术气质，不管是汉赋、汉乐府，还是汉画像石和汉代雕塑中都体现出强烈的浪漫精神。这些都源于与中原理性文化迥异的楚文化。① 正是有这种浪漫精神的浸染与高扬，汉人才创造了独具时代特色的文学与文化。

2. 楚国形象对后世文学的影响

春秋战国时期，诸侯征伐，国家处于分崩离析之中，但这种混乱的局面反而激起先秦士人救世的热情。儒家、墨家、道家、法家等诸子百家互相争鸣，各自从不同的角度探讨使社会重新走向稳定的方案。正是这种百家争鸣的状态，使得先秦文化与文学空前繁荣，为后世留下了取之不尽、用之不竭的资源。先秦文化是中国传统文化的根基，对后世影响深远。伴随着先秦文化在后世的传播，先秦文学建构的楚国形象也在后世传播，并对后世产生影响。大体而言，这种影响有以下几大方面。

(1) 对史家的影响

先秦史家对后世影响极为深远。这一点，主要体现在《史记》对先秦史书的吸收上。正如我们前面所说，《史记》对先秦的记载，主要依据先秦史书而来，尤其对《左传》《国语》《战国策》中的史实吸收颇多。以楚国史料为例，《史记·楚世家》基本参照上述三书写成。因而我们可以从《史记·楚世家》中鲜明看出楚国形象发展的总体脉络：楚国先祖乃华夏正统。《国语》《左传》云楚国乃祝融后裔，《离骚》云楚国乃颛顼后裔，《史记》则综合上述观点，云楚国乃颛顼后裔，也即黄帝后裔。西周及春秋初期的夷狄身份。《左传》云楚国开国之君熊绎事奉周天子，

① 详见李泽厚：《美的历程》第四章，北京：中国社会科学出版社 1984 年版。

但因其与周王室无血缘关系而被排斥，这一点也被《史记》引用，只是将周康王换成了周成王。春秋中期以后，楚国开始以强国形象出现。春秋以后的活动，《史记·楚世家》借鉴《左传》《战国策》的地方尤多，不少均是直接引用。《史记》作为中国历史上第一部纪传体通史，对后世史书影响更为深远。《左传》《国语》《战国策》等先秦史书建构的楚国形象，随着《史记》在后世的传播而进一步传播。而《史记》对楚国历史的记载，往往成为后世史家论述的基础，楚国形象也经《史记》的记载初步固定下来。

(2)对文学的影响

(a)《楚辞》影响下的汉赋

在先秦诸国中，楚国文学最为发达。以楚辞为代表的楚国文学，对后世影响深远。楚辞与《诗经》，成为中国诗歌的两大传统，源远流长。楚辞的代表作家屈原，以其高超的文学才能与不朽的爱国精神为后人景仰。随着楚辞在后世的传播，其所建构的楚国形象也在后世文学中反复出现。

楚辞对后世最大的影响，无疑是在其直接影响下产生一门新的文学样式——汉赋。由于汉朝开国君臣诸多楚人①，因而楚地民歌及楚辞在汉代传播迅速，并很快形成汉赋这一新的文学样式。汉赋是在楚辞基础上诞生，因而楚辞建构的楚国形象也在汉赋中反复出现。屈原忠而被谤、怀才不遇的遭遇深深打动了很多汉朝士人，尤其那些同样怀才不遇的人。汉人在作品中怀念屈原的同时，也对屈原赋中楚王昏庸、小人当道的楚国形象反复引用。如贾谊《吊屈原赋》以鸾凤与鸱鸮、莫邪与铅刀异位，来比喻楚国贤臣被斥、小人当道。东方朔《七谏》模仿《九章》，全部以屈原口吻写成，因而从内容到形式与屈原辞赋极为相似，楚国形

① 秦末汉初，众多风云人物均为楚人。西楚霸王项羽世代为楚大将。刘邦乃沛县人，其地战国时属楚，刘邦定天下后过沛唱《大风歌》即楚歌，其封弟刘交为楚王，都彭城，沛县也属其地。因而刘邦也为楚人。此外，萧何、曹参、周勃、樊哙、夏侯婴等均为沛人，也为楚人。韩信乃淮阴人，后来被封为楚王，也因其为楚人。

象也基本一致。如《初放》“群众成朋兮，上浸以惑”“巧佞在前兮，贤者灭息”，直言楚国小人结党营私、楚王受到迷惑，贤臣被排斥；《沉江》“听奸臣之浮说兮，绝国家之久长”，斥责楚王宠幸奸臣，导致国家日弱，灭亡之期不远；《哀命》“伤楚国之多忧”“何君臣之相失兮”，对楚国君王失去贤臣，国家忧患重重表示痛惜。这样的例子在汉赋中还有很多，不一一列举。

(b)楚国故事在后世文学的传播

除了对汉赋的影响外，先秦文学中的楚国故事在后世大量传播，楚国形象也随着这些故事的传播而传播。如著名的“楚王好细腰，宫中多饿死”，即是出自先秦文学。《墨子·兼爱中》云：“昔者楚灵王好士细腰，故灵王之臣皆以一饭为节，胁息然后带，扶墙然后起。比期年，朝有黧黑之色。是其故何也？君说之，故臣能之也。”这里，墨子对楚国士人为了取悦灵王节食瘦腰予以抨击。《韩非子·二柄》云“楚灵王好细腰，而国中多饿人”也以此证明上行下效。同样的故事，在楚人看来，则是另一种评价。《战国策·楚策一》莫敖子华云：“昔者先君灵王好小要，楚士约食，冯而能立，式而能起。食之可欲，忍而不入；死之可恶，然而不避。”显然，在楚人的眼里，这是忠臣之所为。不过，《荀子·君道篇》则将这个故事安在楚庄王身上：“楚庄王好细腰，故朝有饿人。”从这四个文本来看，不管是楚庄王，还是楚灵王，楚国历史上确有一位君王喜欢大臣细腰，因而臣下都节食瘦腰。不过，由于楚庄王在历史上的赫赫威名，以及楚灵王的臭名远扬，后人都将这个故事安在楚灵王身上。东汉人马廖在《上长乐宫以劝成德政疏》云“楚王好细腰，宫中多饿人”，在后代首先引用这一故事。东汉范晔《后汉书》和北宋司马光《资治通鉴》都将马廖此文收入，也将这一故事进一步传播。直到今天，“楚王好细腰，宫中多饿死”也广为人知。由于《墨子》《荀子》《韩非子》等先秦文本都是将这一故事作为“君道”的反例，因而这个故事的传播也更多作为反面教材出现，楚灵王时期君王昏庸、臣下阿谀奉承的国家形象也随之广为传播。楚灵王由此成为楚国历史上最臭名昭著的君王。

此外，先秦文学中的楚国故事在后人书中屡次出现。这一点，我们看一下汉初的著作即可见一斑。《说苑》《新序》《韩诗外传》《淮南子》《新书》等书中出现了大量的楚国故事，这些故事大多承袭先秦文本而来。

(3)具体形象在后世的传播

除了上述两点外，先秦文学建构的具体形象也在后世反复出现。如楚国的夷狄形象，一直到清代，还有人痛骂不已。清儒顾栋高在《春秋大事表》中云“春秋大患在楚”，其对楚国之敌视甚深，要“鞭笞荆楚，披攘戎狄”。① 以“戎狄”称呼楚国，并要鞭笞，可见直到清代，楚国之夷狄形象还在传播。而楚国的强国形象，也在后世出现。《史记·项羽本纪》：“夫秦灭六国，楚最无罪。自怀王入秦不反，楚人怜之至今，故楚南公曰‘楚虽三户，亡秦必楚’也。”“楚虽三户，亡秦必楚”，这个著名成语历代解释甚多，一般的解释是：楚国即使剩下三户人家，灭亡秦国的必然是楚国。楚人的这句誓言，既是对秦人仇恨的表达，同时也充分展现了楚人一贯的自信。我们看《战国策》可以知道，战国时期唯一可以与秦国争天下的诸侯国即是楚国。正因楚长期是“天下之强国”，是能亡秦的唯一诸侯国，因而使楚国的强国形象深入人心，楚人之自信也由此而来。“楚虽三户，亡秦必楚”，楚国即使只剩下三户人家，依然具备颠覆秦国的实力，这当然是一种夸张的说法。但秦朝确实是由三个楚人——陈胜、项羽、刘邦所灭。这个成语在后代的传播，很大程度上得益于谶纬之说在汉代的流行。然而，这个成语的广泛传播，也从侧面证明楚国强国形象之深入人心。而楚国的强国形象，也随着这个成语的传播而广为流传。宋人黄庭坚曾作诗云：“我诗如曹郐，浅陋不成邦。公如大国楚，吞五湖三江。”②黄庭坚自比为小国曹、郐，而将苏东坡比为可吞五湖三江的楚国。这自然是黄庭坚的自谦之词，但苏东坡之

① （清）顾栋高：《春秋大事表》，清同治癸酉年山东尚志堂刻本。

② （宋）黄庭坚：《子瞻诗句妙一世，乃云效庭坚体，盖退之戏效孟郊、樊宗师之比，以文滑稽耳，恐后生不解，故次韵道之》，见《黄庭坚诗集注》，北京：中华书局2003年版，第191页。

才气确非黄庭坚所及。将宋代文学第一人比之为楚国，可见在宋人那里，楚国之强大也是深入人心的。

(4)从楚国形象到楚人形象的演变

秦代以后，由于楚国的消亡，楚更多地以地域作为一个整体呈现在世人面前，楚人形象逐渐替代楚国形象，出现在文本中。这种楚人形象主要表现在两个方面。

第一种是正面形象，最常见的形象是“楚人多才”。这种形象为《左传》首倡，后人从之，“惟楚有才”遂演变为成语流传至今。《左传·襄公二十六年》记载：

> 及宋向戌将平晋、楚，声子通使于晋，还如楚。令尹子木与之语，问晋故焉，且曰：“晋大夫与楚孰贤？”对曰：“晋卿不如楚，其大夫则贤，皆卿材也。如杞梓、皮革，自楚往也。虽楚有材，晋实用之。”

春秋战国时期，人才流动频繁，楚人流动到其他诸侯国十分常见。在当时，哪个诸侯国人才储备更多，就更能在诸侯争霸中占据优势。声子对于晋楚两国高层人才的评价很客观。在他看来，晋卿不如楚卿，但在大夫这个层面，晋大夫则要强于楚大夫，这也是晋国与楚国争霸的基础。但有意思的是，晋大夫不少都来自楚国。楚地不仅有特产，而且楚国也多人才。只是，正如楚地的特产输往中原，楚国人才也纷纷前往中原，晋国士大夫也多来自楚国。这种楚地多人才的形象，在先秦文本中十分常见，也是一种固定形象。《左传》中多个重要的政治人物均为楚人，足以证明这一点。

不仅如此，就文学而言，先秦文学作者众多，楚地作者也是一个重要的群体，楚地文学扛起了浪漫主义文学大旗，在先秦文学中地位举足轻重。屈原别具一格，在《诗经》之外开创“楚辞”文体，并经由宋玉等诸多楚地诗人的努力，在战国至汉初文学中别树一帜，引领风骚。《诗地理考》云：“林氏曰：江汉在楚地，诗之萌牙自楚人发之，故云：江汉之域，诗一变而为楚辞，即屈原宋玉为之唱，是文章鼓吹多出于楚也。”①将“楚辞”称为诗之源头也不为过，楚诗人辈出，也佐证了“惟楚有才”这一结论。《文心雕龙·辨骚》也云：

> 自《风》《雅》寝声，莫或抽绪，奇文郁起，其《离骚》哉！固已轩翥诗人之后，奋飞辞家之前，岂去圣之未远，而楚人之多才乎！②

刘勰对《离骚》的评价很高，值得注意的是，他从对《离骚》的肯定转到对楚人的肯定。他在这里用了《左传》同样的评价，即“楚人多才”。由此可见，不管是《左传》的“惟楚有才”还是《文心雕龙》的“楚人多才”，都充分表明，无论政治人才还是文学人才，楚地人才济济是楚人形象中最常见的形象。

楚人形象中常见的第二种形象是反面形象，由楚国的夷狄形象演变而来，进而形成楚人剽悍、轻率的形象。在先秦文本中，楚国形象与秦国形象是两个比较突出的形象，并逐渐在后代演变成楚人与秦人形象。楚国的夷狄形象主要为无礼、反叛，但在后世逐渐演变为楚人剽悍、轻率的形象。宋人司马光云：

> 闽人狭险，楚人轻易，今二相皆闽人，二参政皆楚人，必将援引乡党之士，充塞朝廷，风俗何以更得淳厚？③

司马光对于政敌的批评上升到地域之争，并断定“楚人轻易”。将整个地域的人贴上标签，并将之移植到个人身上，这是中国古代乃至当代的常用做法。宋代经济及政治重心南移，导致南北地域之争，由此形

---

① （宋）王应麟：《诗地理考》卷一，文渊阁四库全书本。

② （梁）刘勰：《文心雕龙注释》，周振甫注，北京：人民文学出版社1981年版，第35页。

③ 《续资治通鉴》卷六十七。

成南人与北人的固定形象。而楚人轻易，主要集中在楚人的轻率、随便上。汉代司马迁也发过这样的感叹："夫荆楚僄勇轻悍，好作乱，乃自古记之矣！"①这种形象直接来源于先秦文本中的楚国形象。司马迁的这一判断，也在后世广泛流传。明人郝敬《讲信书一》云："盖外议谓楚人剽悍，而吾邑为甚，不知此议何从起？"②可见，剽悍在明代成为楚人的固定标签。而司马迁的"僄勇轻悍"到宋人司马光那里变成了"轻易"，而这种轻率、剽悍的形象，也成为楚人形象中比较固定的形象之一。

此外，还有多愁善感形象，此由屈原而来，宋玉发扬光大，后世诗人沿袭之。在文学文本中，这种诗人形象最为普遍，为后世诗人所津津乐道。在唐宋以后的诗词里，对于楚人多愁善感的描述比比皆是。如宋人陆游《秋郊有怀（其一）》云："楚人固多孱，妄谓秋可悲。"宋人黄公度《悲秋》云："丈夫感慨关时事，不学楚人儿女悲。"③元人张昱《秋兴》诗云："一夜凉风便觉秋，楚人多感易生愁。"元人刘永之《题画竹木》诗云："楚人肠易断，莫唱鄂君歌。"④这些诗句，几乎无一例外地给楚人贴上多愁善感的标签，显然是屈原、宋玉等楚辞作家诗句所带来的影响。正因楚地有屈原、宋玉等著名诗人，楚人的多愁善感形象也逐渐定型，流传后世。

有意思的是，从先秦楚国的蛮夷、强国形象到汉以后有才以及剽悍、轻率的楚人形象，再到当代湖北人的聪明、狡猾形象，就内在的逻辑而言，这些形象是一脉相承的，这种形象的演变是在历史的长河中不断累积而成的。

---

① （汉）司马迁：《史记·淮南衡山列传》，北京：中华书局1959年版，第3098页。

② （明）黄宗羲：《明文海》卷二百二，文渊阁四库全书本。

③ 陆游、黄公度的诗参见《宋元诗会》，卷三十九、卷三十七，文渊阁四库全书本。

④ 张昱、刘永之的诗参见《元诗选》，初集卷五十七、二集卷二十二，文渊阁四库全书本。

参考文献

原典

1.（汉）孔安国、（唐）孔颖达：《尚书注疏》，《唐宋注疏十三经》，北京：中华书局 1998 年影印本。

2. 李民、王健：《尚书译注》，上海：上海古籍出版社 2004 年版。

3.（汉）郑玄、（唐）贾公彦：《周礼注疏》，《唐宋注疏十三经》，北京：中华书局 1998 年影印本。

4. 王文锦：《礼记译解》，北京：中华书局 2001 年版。

5.（唐）孔颖达：《毛诗正义》，北京：中华书局 1957 年版。

6.（唐）孔颖达：《春秋左传注疏》，《唐宋注疏十三经》，北京：中华书局 1998 年影印本。

7. 杨伯峻：《春秋左传注》，北京：中华书局 1981 年版。

8. 沈玉成：《左传译文》，北京：中华书局 1981 年版。

9.（唐）徐彦：《春秋公羊传注疏》，《唐宋注疏十三经》，北京：中华书局 1998 年影印本。

10. 王维堤、唐书文：《春秋公羊传译注》，上海：上海古籍出版社 2004 年版。

11.（唐）杨士勋：《春秋穀梁传注疏》，《唐宋注疏十三经》，北京：中华书局 1998 年影印本。

12. 承载：《春秋穀梁传译注》，上海：上海古籍出版社 2004 年版。

13.（宋）邢昺：《论语注疏》，《唐宋注疏十三经》，北京：中华书局 1998 年影印本。

14. 杨伯峻：《论语译注》，北京：中华书局 1980 年版。

15.（宋）孙奭：《孟子注疏》，《唐宋注疏十三经》，北京：中华书局 1998 年影印本。

16. 金良年：《孟子译注》，上海：上海古籍出版社 2004 年版。

17.（清）王先谦：《庄子集解》，北京：中华书局 1954 年版。

18. 陈鼓应：《庄子今注今译》，北京：中华书局 1983 年版。

19.（清）王先谦：《荀子集解》，北京：中华书局 1988 年版。

20.（清）王先慎：《韩非子集解》，北京：中华书局 1998 年影印本。

21.（战国）吕不韦、（汉）高诱：《吕氏春秋》，上海：上海书店 1986 年版。

22.《国语》，上海：上海古籍出版社 1978 年版。

23.（汉）刘向：《战国策》，上海：上海古籍出版社 1978 年版。

24.（汉）司马迁：《史记》，北京：中华书局 1959 年版。

25.（汉）班固：《汉书》，北京：中华书局 1962 年版。

26.（汉）赵晔：《吴越春秋》，南京：江苏古籍出版社 1999 年版。

27.（汉）王逸、（宋）洪兴祖：《楚辞笺注》，汲古阁校吴郡宝翰楼本。

28.（宋）朱熹：《楚辞集注》，上海：上海古籍出版社 1979 年版。

29.（清）蒋骥：《山带阁注楚辞》，上海：上海古籍出版社 1984 年版。

30.（清）王夫之：《楚辞通释》，上海：上海人民出版社 1975 年版。

31.（清）钱澄之：《庄屈合诂》，清刻本。

32.（宋）陈振孙：《直斋书录解题》，上海：上海古籍出版社 1987 年版。

33.（清）戴震：《屈原赋注》，上海：商务印书馆 1935 年版。

34.（宋）洪兴祖：《楚辞补注》，北京：中华书局 1983 年版。

35.（明）陆时雍：《楚辞疏》，明末缉柳斋刻本。

36.（清）李光地：《九歌注》，清康熙五十八年刻本。

37.（明）周用：《楚辞注略》，明嘉靖二十八年刻本。

38.（清）吴世尚：《楚辞疏》，清雍正五年刻本。

39.（清）王邦采：《屈子杂文》，清康熙六十一年刻本。

40.（清）王邦采：《离骚汇订》，清康熙六十一年刻本。

41.（宋）姚宽：《西溪丛语》，北京：中华书局 1993 年版。

42.（清）永瑢等：《四库全书总目提要》，上海：商务印书馆 1933 年版。

43.（清）马其昶：《屈赋微》，清光绪刻本。

44. 聂石樵：《楚辞新注》，北京：商务印书馆 2004 年版。

专著及论文

楚史类

45. 湖北省荆沙铁路考古队：《包山楚墓》，北京：文物出版社 1991 年版。

46. 李玉洁：《楚国史》，开封：河南大学出版社 2002 年版。

47. 何念龙：《千古绝响：楚国的文学》，武汉：湖北教育出版社 2001 年版。

48.（明）陶晋英：《楚书》，武汉：湖北教育出版社 2002 年版。

49.（明）吴管：《楚史梼杌》，武汉：湖北教育出版社 2002 年版。

50. 蔡靖泉：《楚文化流变史》，武汉：湖北人民出版社 2001 年版。

51. 蔡靖泉：《楚文学史》，武汉：湖北教育出版社 1996 年版。

52. 田锡富、张硕：《惟楚有才：楚国的名人贤士》，武汉：湖北教育出版社 2001 年版。

53. 高至喜：《楚文化的南渐》，武汉：湖北教育出版社 1996 年版。

54. 徐文武：《楚国宗教概论》，武汉：武汉出版社 2001 年版。

55. 石泉：《楚国历史文化辞典》，武汉：武汉大学出版社 1996 年版。

56. 宋公文、张君：《楚国风俗志》，武汉：湖北教育出版社 1995 年版。

57. 熊传薪：《楚国・楚人・楚文化》，台北：艺术家出版社 2001 年版。

58. 涂又光：《楚国哲学史》，武汉：湖北教育出版社 1995 年版。

59. 刘玉堂、贾济东：《铁马冰河：楚国军事史话》，武汉：湖北教育出版社 2001 年版。

60. 张正明：《楚史》，武汉：湖北教育出版社 1995 年版。

61. 罗运环：《纵横捭阖：楚国历史概说》，武汉：湖北教育出版社 2001 年版。

62. 顾久幸：《楚制典章：楚国的政治经济制度》，武汉：湖北教育出版社 2001 年版。

63. 郑昌琳编著：《楚国史编年辑注》，武汉：湖北人民出版社 1999 年版。

64. 魏昌：《楚国史》，武汉：武汉出版社 1996 年版。

65. 张正明：《楚文化史》，台北：南天书局 1990 年版。

66. 罗运环：《楚国八百年》，武汉：武汉大学出版社 1992 年版。

67. 何光岳：《楚源流史》，长沙：湖南人民出版社 1988 年版。

68. 王光镐：《楚文化源流新证》，武汉：武汉大学出版社 1988 年版。

69. 张正明：《楚文化志》，武汉：湖北人民出版社 1988 年版。

70.《春秋左传楚国大事年表》，清 1644 年抄本。

71. 楚文化研究会：《楚文化考古大事记》，北京：文物出版社 1984 年版。

72. 顾铁符：《楚国民族述略》，武汉：湖北人民出版社 1984 年版。

73. 湖北省社会科学院历史研究所：《楚文化新探》，武汉：湖北人民出版社 1981 年版。

74. 安徽省考古学会楚文化研究小组：《楚史参考资料》，安徽省考古学会 1980 年编印。

75. 湖北省社会科学院历史研究所：《楚国编年资料》，湖北省社会科学院历史研究所 1980 年编印。

76. 湖北省楚史研究会、武汉师范学院：《楚史研究专辑》，湖北省楚史研究会、武汉师范学院 1982 年编。

77. 楚文化研究会：《楚文化研究论集》，武汉：荆楚书社 1987 年版。

78. 文崇一：《楚文化研究》，台北：东大图书股份有限公司 1990

年版。

79. 林泊佑：《海峡两岸楚文化学术研讨会论文集》，台北：国立历史博物馆 2002 年版。

80. 姚汉荣、姚益心：《楚文化寻绎》，上海：学林出版社 1990 年版。

81. 河南省考古学会、河南省博物馆、河南省文物研究所：《楚文化觅踪》，郑州：中州古籍出版社 1986 年版。

82. 黄德馨：《楚国史话》，武汉：华中工学院出版社 1983 年版。

83. 郭沫若：《中国古代社会研究》，上海：联合书店 1930 年版。

84. 尚钺：《中国历史纲要》，北京：人民出版社 1954 年版。

85. 姜亮夫：《古史学论文集》，上海：上海古籍出版社 1996 年版。

86. 翦伯赞：《中国史纲》，重庆：五十年代出版社 1944 年版。

87. 吕振羽：《史前期中国社会研究》，北平：人文书店 1934 年版。

88. 吴泽：《古代史：殷代奴隶制社会史》，上海：棠棣出版社 1949 年版。

89. 林惠祥：《中国民族史》，上海：商务印书馆 1936 年版。

90. 范文澜：《中国通史》，北京：人民出版社 1978 年版。

91. 徐旭生：《中国古史的传说时代》，桂林：广西师范大学出版社 2003 年版。

92. 丁山遗：《商周史料考证》，上海：龙门联合书局 1960 年版。

93. 许倬云：《西周史》，北京：三联书店 2001 年版。

94. 郭伟川：《两周史论》，北京：北京图书馆出版社 2006 年版。

95. 杨宽：《西周史》，上海：上海人民出版社 2003 年版。

96. 张广志：《西周史与西周文明》，上海：上海科学技术文献出版社 2007 年版。

97. 许兆昌：《夏商周简史》，福州：福建人民出版社 2002 年版。

98. 杨宽：《战国史》，上海：上海人民出版社 2003 年版。

99. 沈长云、杨善群：《战国史与战国文明》，上海：上海科学技术文献出版社 2007 年版。

100. 童书业：《春秋史》，上海：商务印书馆 1946 年版。

101. 顾德融、朱顺龙：《春秋史》，上海：上海人民出版社 2003 年版。

102. 王美凤等：《春秋史与春秋文明》，上海：上海科学技术文献出版社 2007 年版。

103. 胡厚宣：《楚民族源于东方考》，国立北京大学潜社《史学论丛》第 1 册。

104. 舒之梅：《五十年来楚族源研究综述》，《江汉论坛》1983 年第 3 期。

105. 刘玉堂：《楚民族精神略议》，《华中科技大学学报（社会科学版）》2004 年第 5 期。

106. 蔡靖泉：《炎帝与楚人》，《江汉论坛》1994 年第 9 期。

107. 王贵民：《楚史盛衰与其意识形态关系之探讨》，《安徽史学》1986 年第 6 期。

108. 舒之梅：《楚同各诸侯国关系的古文字资料简述》，《求索》1983 年第 6 期。

楚辞类

109. 饶宗颐：《楚辞书录》，香港：苏记书庄 1956 年版。

110. 游国恩：《楚辞论文集》，上海：古典文学出版社 1957 年版。

111. 作家出版社编辑部：《楚辞研究论文集》，北京：作家出版社 1957 年版。

112. 蒋天枢：《楚辞论文集》，西安：陕西人民出版社 1982 年版。

113. 姜亮夫：《楚辞学论文集》，上海：上海古籍出版社 1984 年版。

114. 洪湛侯：《楚辞要籍解题》，武汉：湖北人民出版社 1984 年版。

115. 马茂元主编：《楚辞研究集成》，武汉：湖北人民出版社 1985 年版。

116. 马茂元：《楚辞鉴赏集》，北京：人民文学出版社 1988 年版。

117. 中国屈原学会：《楚辞研究》，济南：齐鲁书社 1988 年版。

118. [美]施奈德：《楚国狂人屈原与中国政治神话》，张啸虎、蔡靖泉译，武汉：湖北教育出版社 1990 年版。

119. 萧兵：《楚辞文化》，北京：中国社会科学出版社 1990 年版。

120. 赵辉：《楚辞文化背景研究》，武汉：湖北教育出版社 1995 年版。

121. 陈子展：《楚辞直解》，上海：复旦大学出版社 1996 年版。

122. 孙常叙：《楚辞〈九歌〉整体系解：孙常叙九歌研究》，长春：吉林教育出版社 1996 年版。

123. 过常宝：《楚辞与原始宗教》，北京：东方出版社 1997 年版。

124. 江林昌：《楚辞与上古历史文化研究：中国古代太阳循环文化揭秘》，济南：齐鲁书社 1998 年版。

125. 李诚、熊良智：《楚辞评论集览》，武汉：湖北教育出版社 2003 年版。

126. 潘啸龙、毛庆：《楚辞著作提要》，武汉：湖北教育出版社 2003 年版。

127. 孙作云：《楚辞研究》，开封：河南大学出版社 2003 年版。

128. 周殿富：《楚辞论：历代楚辞论评选》，长春：吉林人民出版社 2003 年版。

129. 周建忠：《楚辞考论》，北京：商务印书馆 2003 年版。

130. 林庚：《林庚楚辞研究两种》，北京：清华大学出版社 2006 年版。

131. 何新：《楚辞新解：圣灵之歌》，北京：时事出版社 2007 年版。

132. 周建忠：《楚辞讲演录》，桂林：广西师范大学出版社 2007 年版。

133. 崔世俊：《论〈九歌〉祭祀主体为楚人祖先祭祀》，《青岛大学师范学院学报》2004 年第 2 期。

134. 韩高年：《〈九歌〉楚颂说》，《中州学刊》2003 年第 1 期。

135. 蒋南华：《〈九歌〉多是颂祖抒情诗》，《贵州师范大学学报（社会科学版）》1992 年第 3 期。

136. 张中一：《考订〈九歌〉应是楚天神、地祇、人鬼之祭歌》，《贵州社会科学》1988 年 12 期。

137. 汤漳平：《再论楚墓祭祀竹简与〈楚辞·九歌〉》，《文学遗产》

2001 年第 4 期。

138. 国光红：《楚国巫坛上的蚩尤祭歌——〈九歌 · 云中君〉新解》，《河北师范大学学报(哲学社会科学版)》1998 年第 2 期。

139. 蒋南华：《〈招魂〉与楚国文化》，《贵州社会科学》1998 年第 4 期。

140. 祝恩发：《〈九歌〉——楚人的“神曲”》，《求索》1989 年第 2 期。

141. 颜新宇：《屈原生活年代的楚国》，《湘潭大学学报(哲学社会科学版)》1979 年第 3 期。

142. 张正明：《从考古资料看屈原在世时的楚国》，《贵州文史丛刊》1998 年第 5 期。

143. 李炳海：《从先楚祖宗谱系到屈原的文学创作——屈原血统与先楚神话传统的关系》，《延边大学学报(社会科学版)》2004 年第 1 期。

144. 黄华：《楚人的爱国传统与楚辞的爱国精神》，《武汉科技大学学报(社会科学版)》2000 年第 4 期。

145. 张中一：《〈九歌〉是叙述楚国反击秦军胜利的祭祀歌》，《贵州文史丛刊》1994 年第 2 期。

146. 曹大中：《〈招魂〉—屈原招楚国先王之魂》，《船山学刊》1987 年第 1 期。

147. 王从仁：《南楚雷神考——兼谈〈东君〉祀主原型及〈九歌〉》，《上海师范大学学报(哲学社会科学版)》1987 年第 3 期。

其他

148. 郭沫若：《诅楚文考释》，《郭沫若全集 · 考古编》，北京：科学出版社 1982 年版。

149. 孟华主编：《比较文学形象学》，北京：北京大学出版社 2001 年版。

150. 方维规：《形象、幻象、想象及其它》，《跨文化对话》第 22 辑，乐黛云、[法]李比雄主编，南京：江苏人民出版社 2007 年版。

151. 方维规：《关于形象学的若干思考——读〈启蒙时代欧洲的中

国观〉有感》,《博览群书》2007 年第 3 期。

152. [德]狄泽林克、方维规:《比较文学形象学》,《中国比较文学》2007 年 03 期。

153. 舒大清:《伍子胥和楚国的复仇模式》,《中国文化研究》2004 年第 2 期。

154. 刘自斌:《先秦时期楚与诸夏忠的观念之比较》,《湖北大学学报(哲学社会科学版)》1991 年第 2 期。

155. 王立:《从忠奸斗争与复仇意识看屈原对伍子胥的理解认同》,《广西社会科学》1994 年第 5 期。

156. 朱碧莲:《论屈原与伍子胥》,《江淮论坛》1992 年第 2 期。

157. 王清珍:《〈左传〉中的楚人引〈诗〉》,《文学遗产》2003 年第 2 期。

158. 李德尧:《论楚平王》,《荆州师范学院学报》1998 年第 1 期。

159. 宋公文:《试论楚成王初霸中原》,《湖北大学学报(哲学社会科学版)》1998 年第 4 期。

160. 何新文:《论楚灵王》,《湖北大学学报(哲学社会科学版)》1998 年第 4 期。

161. 李德尧:《论楚灵王——读楚史札记》,《荆州师范学院学报》1995 年第 6 期。

162. 胡圣文:《孔孟眼里的楚国形象——读四书随笔》,《江汉论坛》1995 年第 8 期。

163. 魏昌:《继往开来 奠基立业——评楚穆王的历史地位》,《荆州师范学院学报》1993 年第 6 期。

164. 魏昌:《楚成王争霸述论》,《荆州师范学院学报》1990 年第 3 期。

165. 张君:《楚国尚礼补证》,《华中师范大学学报(人文社会科学版)》1989 年第 3 期。

166. 刘正民:《谈春秋争霸时期楚人的文化意识》,《荆州师范学院学报》1988 年第 4 期。

167. 刘玉堂：《试论楚对异族文化的吸收》，《荆州师范学院学报》1988 年第 4 期。

168. 彭明哲：《略论楚成王称霸》，《湘潭大学学报(哲学社会科学版)》1986 年第 3 期。

169. 卢昌德：《简论楚文王》，《湖北大学学报(哲学社会科学版)》1985 年第 5 期。

170. 王德华：《楚庄王的霸业与楚国的出路——楚民族政治理性与民族个性精神的双重提升》，《史学月刊》2002 年 10 期。

171. 闫明恕：《论"五霸"之一的楚庄王》，《贵州师范大学学报(社会科学版)》1994 年第 2 期。

172. 王贵民：《应该充分评价楚庄王的历史地位》，《史学月刊》1989 年第 5 期。

173. 姜亮夫：《秦诅楚文考释——兼释亚驼、大沉久湫两辞》，《兰州大学学报(社会科学版)》1980 年第 4 期。

174. 孙作云：《秦〈诅楚文〉释要——兼论〈九歌〉的写作年代》，《河南大学学报(社会科学版)》1982 年第 1 期。

175. 陈伟：《〈诅楚文〉时代新证》，《江汉考古》1988 年第 3 期。

176. 史党社：《郭沫若〈诅楚文考释〉订补》，《文博》1998 年第 3 期。

177. 裘锡圭：《诅楚文"亚驼"考》，《文物》1998 年第 4 期。

后　　记

如果从出版顺序来讲，这是我的第二本学术专著。但从写作顺序而言，这是我的第一本学术专著。从2006年开始酝酿构思到2009年正式定稿，博士三年基本围绕本书度过。2009年博士毕业，参加工作至今，本书一直处于断断续续的修改中。其间，有过两次出版机会，但我一直想把它尽量完善，因此耽搁至今。十年磨一剑，不管是否达到心中的标准，作为博士岁月的总结与纪念，本书终于要出版了。

按理，这本书我应该请人写一篇序。这本来不是什么难事。如果我提出要求，我的导师，我的诸多师长以及相熟的知名学者，都会勉为其难地为我写序。但从第一本专著的出版经历来看，我的研究路向与兴趣，终究比较个性化，找人索序，结果并不一定能达到心中所想，反而会给我那些尊敬的师长增添困扰。我也考虑过自序，但思之再三，最终作罢。书的优劣，还是让读者诸君自品吧。

说来有趣，本书的选题源自一次偶然。我是湖北人，关于湖北人的形象问题，在现实生活中经常碰到，尤其当我走出湖北，在广东短期工作以及来到北京求学，这样的问题就特别凸显。但真正促使我将本书定为与楚人形象相关，源自硕士期间的一次听课。硕士期间，我的导师李春青先生给我们上了两门课。在一门“中国文化诗学”的课堂上，老师讲到楚庄王问鼎之轻重的时候，忽然感慨万分，说楚人云云。其实楚人的概念很广，当时课堂上还有湖南人，但大家似乎不约而同地笑着看向我及另一个湖北人。于是，我对楚人这个概念感受更深。就是这堂课，让我开始思考，楚人在古代是什么形象，这种形象对今天的楚人形象又有什么影响？硕士三年级的时候，我决定继续在北师大攻读博士学位。

在那个暑假，我常常彻夜难眠，终于将提纲完成。当时，我依然是从楚人的角度考虑，十分粗糙。

博士一年级的时候，我们北师大文艺学研究中心来了一位新老师，在德国待了 20 年的教授方维规先生。当时我的导师李春青先生还在文学院主管科研方面的工作，于是选派我去采访方老师，谈关于中德博士生培养方面的话题。那是我跟方老师的第一次单独见面。方老师很随和，跟我见面的地点在校内的三生石吧。时隔多年，虽然一些细节已经遗忘，但我依然很清楚地记得我们聊过的很多话题。在此前后，方老师给我们博士生讲过两次课，一次是形象学，一次是历史语义学，两次课给我留下了深刻的印象，甚至影响了我的研究方向。正是通过他的讲课，我第一次接触了文学形象学，并开始阅读相关理论文章与书籍。文学形象学更多研究的是文学中的国家形象以及背后的文化逻辑。正是因为文学形象学的理论，我开始再次思考我的博士选题，并最终将楚人形象上升为楚国形象，不仅探讨先秦文学中的楚国形象，还要研究背后的文化碰撞与融合。由此，我的博士选题逐渐完善，并形成可以系列化的研究路向。

本书的出版，是对北师大六年求学生涯的纪念。在北师大的六年，是我人生中最充实的一段岁月。在那里，不仅我的学术逐渐定型，而且我遇到值得交往一生的师长与同学。正是他们，给了我温暖。

我首先要感谢导师李春青先生。我曾经在多个文本中感谢过春青师，还专门写过一篇评价春青师的文章，后来大部分内容发表于《中国社会科学报》。在北师大的六年里，春青师与我相处融洽，他给我学术与精神上的帮助尤多。无论从学术还是精神上讲，北师大六年对我而言是一个逐渐独立的阶段。2003 年，我入师门的时候，春青师正是年富力强的年龄。当时的春青师，讲究师道尊严，注意与学生保持一定的距离，因此，他着力培养弟子的独立意识。他的课题，自己都能独立完成，不会假手弟子。每次见面，他都会问弟子读了什么书，有什么心得，着力培养弟子独立思考的能力。在这种近似放养的教育模式下，我在硕士阶段就开始朝着学术独立的方向发展。因此，硕士论文的选题，就是我独立思考的结果。不仅如此，我的博士论文选题也是在硕士期间萌芽的。这令我在博士论文选题遇到春青师的稍许异议的时候，依然能坚持独立，最终春青师还是同意了我的选题。从学术路向上讲，春青师对我的影响也很大。春青师治学，讲究多读书，重细读，力求还原话语背后的历史语境。在六年的时间里，春青师给博士、硕士甚至本科生的课程，我几乎都听了个遍；他的学术专著以及论文，大部分我都看过。因此，从硕士论文开始，我就选择了意识形态话语建构这一研究路向。一直到现在，研究路向始终没变。

在北师大的六年里，我跟文艺学研究中心的诸多老师结下深厚的情谊，他们给了我很多的帮助与温暖。我现在依然能够清晰地回忆起，刚到北师大求学的时候，童庆炳先生给我们讲述中心的几大战役。还能回想起博士一年级的时候，童先生带领我们班十八个博士生游香山的情形。我们从北师大开始坐公交出发，童先生已经年届七十，在公交上还能给人让座。到了山上，童先生带我们去参观香山饭店，却被告知不能参观，童先生十分生气，跟酒店交涉半天，最终得以进入香山饭店的大厅参观。爬山的时候，我特意问起童先生“十三太保”（童先生的第一届硕士，十三个人），童先生笑呵呵地扳着手指数着一个个的人名。硕士的时候，童先生没有给我们上课，但我们都十分喜欢听他的讲座。博士一年级的时候，童先生给我们开了《文心雕龙》课。我还记得最后一堂课是我讲《时序》，因为我的观点大胆，班上发生了激烈的争论，童先生就坐在我旁边笑呵呵地听着。博士答辩完后的谢师宴上，童先生早早离席，在送他的路上，童先生肯定了我的博士论文，并亲切地询问我找工作的情况，还说需不需要他给我面试的单位打个电话，令我十分感动。毕业后，我离开北京，跟童先生见面的次数十分稀少，几次去北京开会，也就见过一次。令人遗憾的是，有一次去北京开会，同学说要留在北京跟童先生见一面，而我因为赶火车离开了北京。后来，传来了童先生去世的消息，才知道那一次就是最后见童先生的机会。

还有如今已年届八十的程正民先生。程先生总是笑呵呵的，对我们和蔼可亲。因为跟我关系密切的同学是他的弟子，所以我跟程先生也很熟悉。程先生甚至对我的一些个人生活的事都比较了解，毕业后的几次开会见面，他甚至还问起我的个人问题。博士毕业的那会，程先生听别人说起我找工作的事情，他十分遗憾，怪我去其中一个单位面试之前没有告诉他，他好给那边打个电话。虽然最终由于我可怜的自尊，我没有寻求任何人的帮助，但童先生与程先生对后辈的心意，足以令人感动。

此外，方维规先生对本书的帮助至关重要。在适当的时刻，适当的老师出现，确实是幸运的。方先生给人印象深刻的，除了他的学问，还有为人。在所有的老师中，方先生是最热情与和蔼的一位。当然，据说他对后来的学生们十分严厉。但至少，他跟我们是谈笑风生的，常常把酒言欢。毕业以后我们多次在学术会议上见面，我们常常如朋友一般谈笑无忌。当知道他成功当选长江学者后，我甚至没大没小地跟他开玩笑，他也一笑而过。这种令人愉悦的师生关系，也只有在欧洲生活几十年的方老师身上才见到。

当然，在六年的时间里，还有很多老师给了我很大的帮助，他们的魅力令我至今印象深刻。或许，我博士论文的致谢最能表达我的心情："童庆炳先生娓娓道来的长者风范、程正民先生之平易近人、王一川先生之超强记忆力、李壮鹰先生之淡定、曹卫东先生之聪明、方维规先生之热情、季广茂先生之睿智，等等，都令人向往。"至于其他在我毕业的时候看来是年轻学者的赵勇先生、陈太胜先生、陈雪虎先生等，都给了我很多帮助，至今跟我都保持比较紧密的联系。

北师大的六年，是我人生中的一个无可取代的阶段。在这六年里，我拥有了很多新的同学，结下了外人难以想象的同学情。在北师大的六年里，我都住在学校操场边的研究生公寓 A 座，在那里，我养成了至今无法改掉的很多习惯。我同屋以及隔壁的哥们，同班的女生，以及其他认识的校友，他们像亲人一般给了我温暖。无论是学术还是生活，我都无法忘记他们的帮助。

我还要感谢工作单位的领导、同事，他们在我独自飘荡异乡的十年里，给了我不少帮助。此外，我还要感谢出版社的编辑，正是因为他们的辛苦工作，本书才得以顺利出版。

彭民权

于南昌艾溪湖畔